## Eine neue Grammatik, ein neues Konzept
## Was ist anders an der neuen Übungsgrammatik fı

### Sie ist progressiv.

Die Teile A, B und C bauen aufeinander auf, vom Einfachen zum Schwierigeren. Teil A schafft die Basis mit Verb und Substantiv und benutzt im Wesentlichen den Wortschatz des Anfängerunterrichts. Die Kapitel zu den Artikelwörtern, den Personalpronomen und den Possessivartikeln schließen sich an.

Teil B fügt das Adjektiv hinzu und ergänzt die Präpositionen, die Pronomen und die Adverbien. Den Partikeln ist ein eigenes Kapitel gewidmet; vor allem die häufig gebrauchten Partikeln sind leicht erlernbar und tragen wesentlich zum flüssigen Ausdruck bei.

Teil C vervollständigt den Verbalkomplex mit den Kapiteln Infinitivkonstruktionen, Passiv und Konjunktiv.

Bei der Wahl der Beispielsätze und der Konzeption der Übungen wurde weit gehend darauf geachtet, dass die Formen entsprechend der Progression benutzt werden. So taucht das attributive Adjektiv erst nach dem Kapitel Adjektiv auf.

### Die Übungsgrammatik integriert die Syntax.

Teil A beschränkt sich auf den Hauptsatz, Teil B bezieht die Nebensätze mit ein. Teil C ergänzt Infinitivsätze und die indirekte Rede.

Syntax-Bausteine sind überall dort eingefügt, wo sie sich von der Morphologie her anbieten. Die Frage mit Fragepronomen oder als Entscheidungsfrage rangiert ganz vorn am Ende des ersten Kapitels. Die Position des konjugierten Verbs gehört ebenfalls zu den ersten Syntax-Bausteinen. Fast von selbst ergibt sich zum Beispiel die Darstellung der Satzklammer in Verbindung mit den trennbaren Verben, gleich im Anschluss an die Modalverben.

Die Darstellung und Übung der Syntax geschieht also nicht isoliert, sondern wird mit morphologischen Kapiteln verknüpft. So ist zum Beispiel der Relativsatz leichter erlernbar, wenn die Formengleichheit mit dem Demonstrativpronomen transparent gemacht wird. Dass sich die Nebensätze mit den Subjunktionen verknüpfen lassen oder die indirekte Rede mit dem Konjunktiv I, ist selbstverständlich.

### Die Übungsgrammatik berücksichtigt die Wortbildung.

Ebenso wie die Syntax lassen sich Wortbildungsprinzipien mit bestimmten Kapiteln der Grammatik verbinden. So gehören Komposita zum Substantivkapitel, ebenso Substantivierungen, auf die auch bei der Substantivierung von Verben im Verbkapitel hingewiesen wird.

Wortbildungsmöglichkeiten werden an der Wortfamilie „fahren“ demonstriert. Verschiedene Vorsilben bereichern den verbalen Wortschatz. Im Adjektivkapitel zeigen Prä- und Suffixe die Wortbildungspalette. Gleichzeitig mit dem Erwerb grammatischer Kenntnisse kann der Lerner somit seinen Wortschatz besser durchschauen und erweitern. Der Wortschatz entspricht dem Zertifikat Deutsch als Fremdsprache.

### Die Übungsgrammatik bezieht den Lerner mit ein.

Zahlreiche Lerntipps geben dem Lerner wichtige Hinweise an neuralgischen Punkten des Lernprozesses. Diese Tipps betreffen das Lernen im Allgemeinen und zielen auch auf besondere Lernschwierigkeiten des Deutschen hin. Die Tipps und Tricks haben spezielle Stolpersteine und sprachliche Besonderheiten des Deutschen im Visier.

### Die Übungsgrammatik hat eine besondere Übungstypologie.

Die Übungen schließen an die grammatischen Kapitel, die Syntax-Bausteine und die Wortbildungstabellen direkt an. Der Lerner übt auf Wort-, Satz- und dann auf Textebene. Übungen unter der Überschrift „Grammatik im Text“ zielen darauf ab, den Aufbau von Texten durchsichtig zu machen und das selbstständige Verfassen von Texten vorzubereiten. Damit leistet die Übungsgrammatik wichtige Vorbereitungen auf die Textarbeit in der Mittelstufe.

Anspruchsvollere Übungen, insbesondere Textübungen, sind durch helleren Druck besonders gekennzeichnet und können im zweiten Durchgang bearbeitet werden. Die Übungen wurden, wo immer möglich, im Sinnzusammenhang konzipiert.

Die Übungsgrammatik für Anfänger kann parallel zu jedem Grundstufenlehrwerk benutzt werden. Alle grammatischen Erklärungen sind sprachlich so einfach gehalten wie nur irgend möglich. Ein umfangreiches Register vereinfacht das Nachschlagen, die durchgehende Nummerierung ermöglicht schnellste Orientierung.

Terminologisch entspricht diese Übungsgrammatik dem Zertifikat Deutsch als Fremdsprache. Insbesondere durch die Einbeziehung diskursrelevanter Strukturen kommt sie den neuesten Anforderungen entgegen.

# Teil A

## Teil B

# Teil C



**Abkürzungen**

| | | | |
|---|---|---|---|
| A | Akkusativ | N | Nominativ |
| Akk. | Akkusativ | n | neutral |
| D | Dativ | Nr. | Nummer (am Buchrand) |
| Dat. | Dativ | P. | Person |
| etw. | etwas | Pl. | Plural |
| f | feminin | Refl. P. | Reflexivpronomen |
| G | Genitiv | S. | Seite |
| jmd. | jemand | Sg. | Singular |
| jmdm. | jemandem | ugs. | umgangssprachlich |
| jmdn. | jemanden | z. B. | zum Beispiel |
| m | maskulin | | |

**1. *Unterstreichen Sie die Infinitive.***

gehe reisen arbeitest sammeln
wechseln antwortet heißen rechne
ändern dauert lächle lernen
zeichnet öffne beweise bittest

*Regel:* Der Infinitiv hat die Endung ___ oder ___.

**2. *Wie heißen die Verben? Ergänzen Sie.***

Ich heiß___ ______________
Ich wohn___ ______________
Ich komm___ ______________

Wohn___ Sie ______________?
Arbeit___ Sie ______________?
Komm___ Sie ______________?

Wie heiß___ ______________?
Wo wohn___ ______________?
Woher komm___ ______________?

**3. *Markieren Sie t/d, m/n, ß, ss, z, tz, eln in den Abschnitten Nr. 5–7. Ergänzen Sie Verben aus Übung 1.***

**4. *Wie heißt das Verb? Benutzen Sie ein Wörterbuch.***

a) die Wohnung *wohnen – er/sie wohnt*
b) die Arbeit ______________
c) die Reise ______________
d) das Studium ______________
e) die Frage ______________
f) die Antwort ______________
g) die Rechnung ______________

## 8 Unregelmäßige Formen

| | geben | fahren | laufen | sein | haben | werden |
|---|---|---|---|---|---|---|
| ich | geb*e* | fahr*e* | lauf*e* | **bin** | hab*e* | werd*e* |
| du | **gib***st* | **fähr***st* | **läuf***st* | **bi***st* | **ha***st* | **wir***st* |
| er / sie / es | **gib***t* | **fähr***t* | **läuf***t* | **ist** | **ha***t* | **wird** |
| wir | geb*en* | fahr*en* | lauf*en* | **sind** | hab*en* | werd*en* |
| ihr | geb*t* | fahr*t* | lauf*t* | **seid** | hab*t* | werd*et* |
| sie | geb*en* | fahr*en* | lauf*en* | **sind** | hab*en* | werd*en* |

Einige unregelmäßige Verben haben Vokalwechsel in der 2. und 3. Person Singular Präsens. Dabei werden *e → i(e), a → ä, au → äu.*

*Auch:*

| e → i(e) | a → ä | au → äu |
|---|---|---|
| essen (**i**sst) | fallen (f**ä**llt) | (selten) |
| fressen (fr**i**sst) | fangen (f**ä**ngt) | |
| geben (g**i**bt) | halten (h**ä**lt) | |
| helfen (h**i**lft) | lassen (l**ä**sst) | |
| lesen (l**ie**st) | schlafen (schl**ä**ft) | |
| nehmen (n**i**mmt) | tragen (tr**ä**gt) | |
| sehen (s**ie**ht) | wachsen (w**ä**chst) | |
| sprechen (spr**i**cht) | waschen (w**ä**scht) | |
| stehlen (st**ie**hlt) | | |
| sterben (st**i**rbt) | | |
| treffen (tr**i**fft) | | |
| vergessen (verg**i**sst) | | |

Lerntipp

***Lerntipp***

Notieren Sie in Ihrem Vokabelheft oder in Ihrer Vokabelkartei immer den Infinitiv und die 3. Person Präsens Singular. Dann erkennen Sie die Verben mit Vokalwechsel sofort.

| *Infinitiv* | *Präsens* |
|---|---|
| geben | er / sie / es gibt |

**5.** ***Ergänzen Sie das Verb.***

a) Fritz _____ Elektrotechniker.
b) Er _____ jetzt fertig.
c) Er _____ eine gute Ausbildung.
d) Er _____ zufrieden.
e) Er _____ eine Stelle.

**6.** ***Wer ist Rainer Faaß?***

Sanders & Co.
Stauffenbergstr. 15
82319 Starnberg
Tel. 0 81 51 / 19 22 - 15
Fax 0 81 51 / 19 22 - 21
E-Mail faass@sanders.de

Rainer Faaß
Diplom-Ingenieur
*Abteilungsleiter Export*

Rainer Faaß
__________ bei der Firma _______.
Er _____ von Beruf _______.
Er _____ die Telefon-Nr. _______.
Er _____ auch eine E-Mail-Adresse.
Die Firma _____ in Starnberg.

**7.** ***Ergänzen Sie den Vokal.***

a) G_bt es hier eine Kantine?
b) Der Bus f_hrt in die Innenstadt.
c) Im Restaurant „Mühle“ _sst man gut.
d) Wir gehen _ssen.
e) N_mmst du das Auto?
f) Wir l__fen.

**8.** ***sein hat unregelmäßige Formen im Präsens. Und haben und werden? Konjugieren Sie die Verben. Vergleichen Sie mit Nr. 8.***

*Regel:*
Die ___. und die ___. Person Präsens von *haben* sind unregelmäßig.
Die Formen haben kein ___.
Die ___. und die ___. Person Präsens von *werden* sind unregelmäßig.
Die Formen haben ein ___.

## 9. *Wie heißen die Verben?*

a) Ich _______ (arbeiten) in Dresden.
b) Wo _______ (arbeiten) Sie?
c) Mein Name _______ (sein) Wilhelmsen.
d) Wie _______ (heißen) Sie?
e) Ich _______ (heißen) Naumann.
f) Wo _______ (arbeiten) Sie?
g) Ich _______ (sein) im Export.
h) _______ (haben) Sie eine Wohnung?
i) Nein, ich _______ (suchen) eine Wohnung in Dresden.
j) Meine Familie _______ (wohnen) in Bremen.
k) Ich _______ (fahren) am Wochenende nach Hause.
l) Meine Frau und die Kinder _______ (kommen) auch nach Dresden.



### Syntax-Baustein 1

#### 1. Die Frage

Die Frage und den Hauptsatz lernen Sie schon in der ersten Deutschstunde.

| | Position I | Position II *Verb* | | | |
|---|---|---|---|---|---|
| *W-Frage* | Wo | wohnen | Sie? | In Kiel. | |
| | Ich | wohne | | in Kiel. | |
| *Satzfrage* | | Wohnen | Sie | in Kiel? | Ja. |
| | Ja, ich | wohne | | in Kiel. | |

*W-Fragen:*
Das Fragewort steht in Position I (→ auch Fragewörter, Nr. 10, 118, 119).
Das konjugierte Verb steht in Position II.

*Satz-Fragen:*
Position I ist leer. Die Antwort lautet: *Ja, ...* oder *Nein, ...*

## 2. Fragewörter

| | | |
|---|---|---|
| **Wie** | heißen Sie? | Eigenschaft |
| **Wie** | alt sind Sie? | |
| **Woher** | sind / kommen Sie? | Ort |
| **Wohin** | wollen Sie? | |
| **Wann** | fahren Sie? | Zeit |
| **Wie lange** | bleiben Sie? | Zeitdauer |
| **Warum** | fragen Sie? | Grund |
| **Wer** | ist das? | Person |
| **Was** | sind Sie von Beruf? | Sache / Sachverhalt |
| **Wie viel** | Geld haben Sie? | Zahl / Menge |
| **Wie viele** | Personen sind Sie? | |



### *10. Grammatik im Text – Lesen Sie zuerst den Text.*

*In der Kantine*

■ Guten Tag. Mein Name ist Schmeller.
▲ Guten Tag, Herr Schmeller, ich heiße Bender. Ich arbeite seit gestern in der Buchhaltung. Und Sie?
■ Im Export.
▲ Aha. Interessant.
■ Sind Sie aus Frankfurt?
▲ Nein, leider. Ich wohne in Hannover. Jetzt suche ich hier eine Wohnung. Helfen Sie mir?
■ Das ist schwierig. Wie viele Zimmer brauchen Sie?
▲ Vier. Ich habe zwei Kinder. Meine Familie ist noch in Hannover. Die Kinder gehen zur Schule.
■ Und wo wohnen Sie jetzt?
▲ Ich habe ein Zimmer.
■ Ich bringe Ihnen die Lokalzeitung. Vielleicht finden Sie etwas.
▲ Danke, Herr Schmeller, das ist sehr nett.
■ Na dann viel Glück! Und toi, toi, toi!

***Unterstreichen Sie die Verben. Notieren Sie den Infinitiv und die 3. Person Singular.***
*Beispiel:* ich heiße → heißen – er / sie heißt

***Markieren Sie die Fragen.***

11 # Vergangenheit: Perfekt

(→ Perfekt oder Präteritum?, Nr. 19, 20)

## Die Formen

| | | regelmäßig<br>wohnen | | unregelmäßig<br>fahren |
|---|---|---|---|---|
| ich | habe | gewohnt | bin | gefahren |
| du | hast | gewohnt | bist | gefahren |
| er / sie / es | hat | gewohnt | ist | gefahren |
| wir | haben | gewohnt | sind | gefahren |
| ihr | habt | gewohnt | seid | gefahren |
| sie | haben | gewohnt | sind | gefahren |

Bildung des Perfekts: Präsens *sein/haben* + Partizip II

| | | |
|---|---|---|
| 12 Er ist Techniker. | Beruf | (1) *sein* ist Vollverb |
| Er ist aus Berlin. | Herkunft | |
| Er ist im Ausland. | Ort | |
| Das ist die Firma Intercom. | | + Substantiv |
| Er ist berufstätig. | | + Adjektiv |
| Er ist angestellt. | | + Partizip II |
| Sie **ist** in die Stadt **gefahren**. | | oder Hilfsverb (im Perfekt) |
| 13 Er hat Arbeit. | | (2) *haben* ist Vollverb |
| Er hat zwei Kinder. | | |
| Sie **hat** in Augsburg **gewohnt**. | | oder Hilfsverb (im Perfekt) |

## Das Partizip II

14

| | | | |
|---|---|---|---|
| wohnen<br>arbeiten | ge-wohn-**t**<br>ge-arbeit-**et** | **ge-...-(e)t** | (1) Das regelmäßige Partizip II |
| telefonieren | telefonier**t** | **...-t** | Verben auf *-ieren*: kein *ge-* |
| bezahlen | bezahl**t** | **Vorsilbe ...-t** | Untrennbare Verben: kein *ge-* |
| einkaufen | ein-ge-kauf-**t** | **(Vorsilbe)-ge- ...-t** | Trennbare Verben: *-ge-* in der Mitte |
| denken | ge-dach-**t** | **ge-...(Vokal-änderung)...-t** | Mischverben |
| fahren | ge-fahr-**en** | **ge-...-en** | (2) Das unregelmäßige Partizip II |
| bekommen | bekomm-**en** | **(Vorsilbe)-...-en** | Untrennbare Verben: kein *ge-* |
| anrufen | an-ge-ruf-**en** | **(Vorsilbe)-ge-...-en** | Trennbare Verben: *-ge-* in der Mitte. |

## *haben* oder *sein*?

Die meisten Verben bilden das Perfekt mit *haben*: 15

| | | |
|---|---|---|
| erzählen | Sie **hat** eine Geschichte erzählt. | (1) Alle Verben mit Akkusativ (sehr häufig) |
| sich wünschen | Er **hat** sich ein Fahrrad gewünscht. | (2) Alle reflexiven Verben |

Einige Verben bilden das Perfekt mit *sein*. Sie haben keinen Akkusativ: 16

| | | |
|---|---|---|
| fahren | München → Hamburg<br>Sie **ist** nach Hamburg gefahren. | (1) Bewegung und |
| werden | gesund → krank<br>Er **ist** krank geworden. | Veränderung |
| fallen<br>fliegen | – er ist gefallen<br>– er ist geflogen | (2) wichtige Verben mit *sein* |

| | |
|---|---|
| gehen | – er ist gegangen |
| geschehen | – es ist geschehen |
| kommen | – er ist gekommen |
| laufen | – er ist gelaufen |
| passieren | – etwas ist passiert |
| reisen | – er ist gereist |
| rennen | – er ist gerannt |
| schwimmen | – er ist geschwommen |
| sein | – er ist gewesen |
| springen | – er ist gesprungen |
| verschwinden | – er ist verschwunden |
| wachsen | – er ist gewachsen |
| werden | – er ist geworden |

*Ausnahme:*

| | |
|---|---|
| bleiben | – er ist geblieben |

Lerntipp

**Lerntipp**

Notieren Sie das Partizip II immer mit der 3. Person Singular von *haben* oder *sein*. Dann machen Sie weniger Fehler:

| | |
|---|---|
| lesen | – er / sie hat gelesen |
| gehen | – er / sie ist gegangen |

Übungen

***11. Ergänzen Sie bin oder habe.***

a) Ich _______ viel Motorrad gefahren.
b) Ich _______ einen Unfall gehabt.
c) Ich _______ in eine Wiese gefallen.
d) Ich _______ später nichts mehr gewusst.
e) Ich _______ lange im Krankenhaus gewesen.
f) Ich _______ Glück im Unglück gehabt.

***12. Ergänzen Sie.***

a) _________ ihr etwas gegessen?
b) Warum _________ du nicht gewartet?

c) _________ Sie geflogen oder mit dem Zug gefahren?
d) Wir _________ uns um zehn getroffen.
e) Was _________ passiert?

***13. Lebenslauf – Erzählen Sie.***

a) Ich bin zuerst in die Gesamtschule ______________. (gehen)
b) Dann bin ich in die Realschule ______________. (wechseln)
c) Ich habe eine Lehre ______________. (machen)
d) Ich habe dann ein Tischlermeister-Stipendium ______________. (bekommen)
e) Die Prüfung habe ich mit Gut ______________. (abschließen)
f) Ich habe zuerst bei meinem Vater ______________. (arbeiten)
g) Aber dann bin ich selbstständig ______________ (werden) und habe eine Firma ______________. (gründen)
h) Wir haben viele Aufträge ______________. (haben)
i) Dann bin ich aber krank ______________ (werden) und habe schließlich ______________. (zumachen)
j) Jetzt habe ich Arbeit bei einer Baufirma ______________. (finden)

## Vergangenheit: Präteritum

(→ Perfekt oder Präteritum?, Nr. 19, 20)

17 Vergangenheit: Präteritum

### Die Formen

| | **Präsens** | **Präteritum**<br>*regelmäßig* | | *unregelmäßig* |
|---|---|---|---|---|
| | | wohnen | arbeiten | fahren |
| ich | wohn*e* | wohn**te** | arbeite**te** | fuhr |
| du | wohn*st* | wohn**test** | arbeite**test** | fuhr**st** |
| er / sie / es | wohn*t* | wohn**te** | arbeite**te** | fuhr |
| wir | wohn*en* | wohn**ten** | arbeite**ten** | fuhr**en** |
| ihr | wohn*t* | wohn**tet** | arbeite**tet** | fuhr**t** |
| sie | wohn*en* | wohn**ten** | arbeite**ten** | fuhr**en** |

Die regelmäßigen Verben erkennen Sie sofort:
Sie haben *-(e)te-* + Endung.

Die unregelmäßige Verben wechseln den Vokal:
*fahren – fuhr.*

Manche Verben ändern auch den Konsonanten oder die Konsonanten:
*gehen – ging.*

Die 1. und die 3. Person Singular sind identisch:
*ich / er / sie wohnte, ich / er / sie war, ich / er / sie hatte.*

**18**

(→ Gebrauch, Nr. 12, 13)

| | sein | haben |
|---|---|---|
| ich | war | hatte |
| du | warst | hattest |
| er / sie / es | war | hatte |
| wir | waren | hatten |
| ihr | wart | hattet |
| sie | waren | hatten |

Tipps & Tricks

***Tipps & Tricks***

Die meisten Verben sind regelmäßig. Sie sind einfach.
Die unregelmäßigen Verben stehen auf den Seiten 246–252.
Notieren Sie sie in Ihr Vokabelheft oder in Ihre Vokabeldatei so:

| *Infinitiv* | *Präsens* | *Präteritum* | *Perfekt* |
|---|---|---|---|
| fahren | er / sie fährt | fuhr | ist gefahren |

Im Wörterbuch finden Sie die Präteritumform *fuhr*:

**fuhr** Präteritum, 1. und 3. Person Sg.;
↑ fahren *oder:* fahren; fährt, fuhr, ist gefahren

Präsens Präteritum Perfekt

**14. Ergänzen Sie *war* und *hatte*, *ist* und *hat*.**

a) Er ________ faul in der Schule.
b) Aber er ________ ein Motorrad und viele Freunde.
c) Er ________ keine Arbeit.
d) Dann ________ er eine Idee.
e) Jetzt ________ er eine Firma und viele Mitarbeiter.
f) Er ________ bekannt in der Computerbranche.

**15. Wie heißen die Personen? Ergänzen Sie das Präteritum.**

a) Er ________ Physiker. (sein)
b) Er ________ von 1879 bis 1955. (leben)
c) Er ________ in München das Gymnasium. (besuchen)
d) Er ________ es ohne Prüfung. (verlassen)
e) Mathematik ________ ihn sehr. (interessieren)
f) Er ________ in Zürich. (studieren)
g) Mit 24 Jahren ________ er Professor. (werden)
h) Mit 42 Jahren ________ er den Nobelpreis für Physik. (bekommen)

***Kennen Sie den Mann?***

a) Sie ________ Pianistin und Komponistin. (sein)
b) Sie ________ in Leipzig geboren. (werden)
c) Sie ________ Reisen durch ganz Europa und ________ Konzerte. (machen, geben)
d) Sie ________ den Komponisten Robert Schumann. (heiraten)
e) Sie ________ nach Berlin und ________ später in Baden-Baden und Frankfurt am Main. (ziehen, leben)
f) Sie ________ am Konservatorium. (lehren)
g) Sie ________ die Werke ihres Mannes. (interpretieren)
h) Zusammen mit Johannes Brahms ________ sie die Werke Schumanns. (veröffentlichen)

***Kennen Sie die Frau?***

***Erzählen Sie jetzt im Perfekt von C. Sch.:***

a) Ich ______ ein Buch über C. Sch. ____________ (lesen).
b) Das ______ mich sehr ____________ (faszinieren).
c) Sie ______ Konzerte in ganz Europa ____________ (geben).

d) Sie ______ eine Familie mit acht Kindern ____________ (haben).
e) Sie ______ Schumann, Beethoven und Brahms ____________ (spielen).
f) Sie ______ die Werke von Schumann ____________ (veröffentlichen).

**16. *Ordnen Sie die Präteritumform in die Tabelle ein.***

| u | a | o | ie (= lang) | i (= kurz) |
|---|---|---|---|---|
| fuhr | aß | flog | hieß | stritt |

fahren essen fliegen heißen streiten laufen finden
wachsen gewinnen trinken frieren ziehen fangen
bleiben schreiben kommen nehmen schließen verlieren
überweisen schlafen

*Merke:* Es gibt viele Präteritumformen mit *a*, aber nur wenige mit *u*.

**17. *Unterstreichen Sie die Präteritum-Endungen und schreiben Sie den Infinitiv dazu.***

| | | | |
|---|---|---|---|
| | besuchte | arbeitete | lernte |
| | ____________ | ____________ | ____________ |
| ich / er / sie | blieb | war | ließ |
| | ____________ | ____________ | ____________ |
| | wartete | studierte | kam |
| | ____________ | ____________ | ____________ |

***Sehen Sie sich die Tabelle im Abschnitt Nr. 17 an und formulieren Sie die Regel.***

Die Verben sind in der ___. und der ___. Person Singular gleich.
Sie haben in der ___. und ___. Person Singular keine Endung.
Die regelmäßigen Verben haben ___ + Endung.
Die unregelmäßigen Verben verändern meistens den ____________.

**18. Kennen Sie diese Präteritumformen?**
**Notieren Sie bitte den Infinitiv und das Partizip Perfekt.**

| | | Infinitiv | Partizip Perfekt |
|---|---|---|---|
| a) | fuhr | ______ | ______ |
| b) | kam | ______ | ______ |
| c) | sah | ______ | ______ |
| d) | flog | ______ | ______ |
| e) | fand | ______ | ______ |
| f) | half | ______ | ______ |
| g) | las | ______ | ______ |
| h) | wusste | ______ | ______ |
| i) | rief | ______ | ______ |
| j) | mochte | ______ | ______ |
| k) | gab | ______ | ______ |
| l) | ging | ______ | ______ |
| m) | aß | ______ | ______ |
| n) | trank | ______ | ______ |
| o) | blieb | ______ | ______ |
| p) | war | ______ | ______ |
| q) | schlief | ______ | ______ |
| r) | sandte | ______ | ______ |
| s) | wurde | ______ | ______ |
| t) | ließ | ______ | ______ |
| u) | verlor | ______ | ______ |
| v) | saß | ______ | ______ |

**19. Wie heißt das Verb auf *-ieren*? Notieren Sie auch die 3. Person Singular Präsens, Präteritum und Perfekt. Benutzen Sie bitte das Wörterbuch.**

a) der Transport *transportieren*
*er/sie transportiert* *transportierte* *hat transportiert*
b) das Training ______
c) der Buchstabe ______
d) das Studium ______
e) die Demonstration ______
f) die Produktion ______

*Regel:* Verben auf *-ieren* sind ■ regelmäßig.
■ unregelmäßig.
Sie haben kein *ge-* im Partizip II.

## 19 Perfekt oder Präteritum?

| *Perfekt* | *Präteritum/Plusquamperfekt* |
|---|---|
| **Nähe – Emotion**<br>direkte Rede – mündlich oder schriftlich (1. und 2. Person) | **Distanz – Reflexion**<br>meist schriftlich (3. Person) |

Im schriftlichen Bericht gebraucht man das Präteritum:

**Unfallbericht der Polizei**
Ein PKW-Fahrer wollte von der Parkstraße links in die Bahnhofstraße einbiegen. Die Ampel schaltete auf Grün und der Fahrer fuhr los. Gleichzeitig überquerte eine Frau die Straße auf dem Fußgängerweg. Sie hatte ebenfalls Grün. Der PKW-Fahrer sah die Frau nicht und verursachte den Unfall.

Mündlich gebraucht man das Perfekt:

*Ich bin Zeuge und erzähle:*
Ich habe den Unfall gesehen. Ich habe hinter dem Auto gestanden. Es ist plötzlich losgefahren …

20 Gestern **war** ich in der Stadt.
Ich **hatte** Zeit.
Ich **wollte** ein paar Einkäufe machen.

(1) Bei Hilfsverben und Modalverben verwenden Sie mündlich und schriftlich das Präteritum.

21 Der PKW-Fahrer **bog ab** und **verursachte** den Unfall. (= Präteritum)
Er **hatte** die Frau nicht **gesehen**. (= Plusquamperfekt)

(2) Das Plusquamperfekt ist die Zeit vor dem Präteritum.
Bildung des Plusquamperfekts:
Präteritum *sein/haben* + Partizip II



22 ***Lerntipp***
Benutzen Sie das Perfekt, wenn Sie etwas erzählen.
Häufiger Fehler: zu wenig Perfekt in der gesprochenen Sprache.

Beispiel: *Ich habe mich sehr beeilt. Zuerst bin ich Autobahn gefahren. Ich habe nach zwei Stunden Pause gemacht …* (Nicht: *Ich beeilte mich sehr. Zuerst fuhr ich …)* Immer häufiger finden wir das Perfekt auch in der Schriftsprache.

### Tipps & Tricks

Erzählen Sie Lebensläufe im Perfekt:
*Goethe ist in Frankfurt geboren. Er hat in Leipzig studiert. ...*
Auch Ihren Lebenslauf:
*Ich bin 19__ in Augsburg geboren. Ich bin auch dort zur Schule gegangen.*

Schriftliche Lebensläufe stehen im Präteritum:
*Goethe wurde 1749 in Frankfurt geboren. Er studierte in Leipzig. ...*
Das gilt auch für Ihre Bewerbung:
*Ich wurde 19__ in Augsburg geboren. Dort ging ich ...*

Tipps & Tricks

## Syntax-Baustein 2

Im Deutschen stehen Angaben oder Ergänzungen oft am Satzanfang, zum Beispiel nach einer Frage.
Sie sind am Satzanfang betont.
Das konjugierte Verb steht immer in Position II.

| Position I | Position II | | | |
|---|---|---|---|---|
| Peter | **kommt** | | morgen. | |
| Wann | **kommt** | Peter? | | |
| Morgen | **kommt** | Peter. | | |
| Er | **hat** | | aus Hannover | angerufen. |
| Von wo | **hat** | er | | angerufen? |
| Aus Hannover | **hat** | er | | angerufen (, nicht aus Hamburg). |
| Er | **wollte** | Thomas | | sprechen. |
| Wen | **wollte** | er | | sprechen? |
| Thomas | **wollte** | er | | sprechen (, nicht Christian). |

23 Syntax-Baustein 2

**20. Ergänzen Sie** *er ist / ist er* **oder** *er hat / hat er.*

a) Tom ______ 1970 geboren.
b) 1976 ______ ______ in die Schule gekommen.
c) 1988 ______ ______ seinen Führerschein gemacht.
d) 1989 ______ ______ mit dem Studium angefangen.
e) 5 Jahre später ______ ______ endlich Geld verdient.
f) ______ ______ eine Wohnung gemietet.
g) Geheiratet ______ ______ aber noch nicht.

**21. Grammatik im Text – Lesen Sie und lösen Sie die Aufgaben.**

***a) Ich möchte gern als Redakteur arbeiten***

■ Wo sind Sie zur Schule gegangen?

▲ Ich bin 1970 in Nürnberg geboren und dort auch zur Schule gegangen. Ich habe das Gymnasium besucht und habe 1989 Abitur gemacht.
Zuerst wollte ich Medizin studieren. Aber das war nicht so einfach. Ich habe keinen Studienplatz bekommen. Ich musste warten.

■ Und was haben Sie dann studiert?

▲ Ich habe gewechselt und Sprachen studiert. Englisch und Deutsch.

■ Und wo haben Sie studiert?

▲ Die ersten Semester war ich in Nürnberg. Das Examen habe ich an der Freien Universität in Berlin gemacht. Ich hatte noch Deutsch als Fremdsprache im Nebenfach.

■ Haben Sie auch unterrichtet?

▲ Ich habe in Sprachenschulen Deutsch-Unterricht gegeben. Nach dem Studium habe ich als Journalist gearbeitet. Und jetzt möchte ich gern als Redakteur für Ihre Umwelt-Zeitschrift arbeiten ... Ich habe einige Artikel mitgebracht ...

***Markieren Sie alle Perfektformen. Schreiben Sie die Formen in die Tabelle.***

| Perfektform | Infinitiv | regelmäßig | unregelmäßig |
|---|---|---|---|
| er / sie hat studiert | studieren | x | ■ |

***Markieren Sie jetzt alle Präteritumformen. Notieren Sie die Infinitive.***

***Markieren Sie das konjugierte Verb + das Subjekt.***
*Beispiel:* Sind Sie zur Schule gegangen? – Sind Sie

**b)** ***Management-Karriere***

Der heute 35-jährige Manager Stefan F. hat einen interessanten Berufsweg: Er ist jetzt Werbeleiter in der Textilbranche – aber davor hat er in einem Ferienclub gearbeitet, zuletzt als Clubchef. Er war flexibel, teamfähig und musste improvisieren: Das war seine tägliche Arbeit. Außerdem lernte er drei Fremdsprachen – ganz nebenbei. Multikulturelle Erfahrungen konnte er täglich sammeln. Seine Gäste hatten verschiedene Nationalitäten und kamen aus vielen Ländern.

Das qualifizierte ihn für seine Karriere. Fachwissen ist heute Voraussetzung, entscheidend ist aber die persönliche Qualifikation.

***Markieren Sie die Präteritumformen.***
***Schreiben Sie die Formen in die Tabelle.***

| Präteritum | Infinitiv | regelmäßig | unregelmäßig |
|---|---|---|---|
| | | | |

**c)** ***Armin, 25, berichtet***

Die Saison beginnt im Frühjahr. Da passieren die Unfälle. Nach der Pause im Winter haben die Motorradfahrer nämlich keine Übung mehr. Der April vor vier Jahren hat mein Leben total verändert: Ich wollte eigentlich Maschinenschlosser werden. Aber dann kam alles anders. Mein Leben lief nicht mehr normal.

Und so ist es passiert: Ich hatte eine schwere Maschine und wir sind zum Gardasee gefahren. Plötzlich passierte es. Ein Autofahrer sieht nicht, dass ich überhole und fährt links raus. Ich bremse, schleudere und stürze … Dann weiß ich nichts mehr. Mein Motorrad ist auf der Straße liegen geblieben und ich bin über eine Mauer geflogen. Später konnte ich mich an nichts mehr erinnern. Ich wusste nicht einmal, wie ich heiße, wer meine Eltern sind und wie ich ins Krankenhaus gekommen bin. In den folgenden Jahren habe ich viele Monate im Krankenhaus verbracht. In meinen Träumen falle ich immer noch, das hört nicht auf …

Heute besuche ich eine Grafiker-Schule. Ich bin der Älteste in der Klasse. Motorrad fahre ich inzwischen wieder, sehr vorsichtig, besonders im Frühjahr.

***Markieren Sie alle Präteritumformen und Perfektformen und notieren Sie die Infinitive.***

***Was steht in Position I, II und III? Notieren Sie.***

| **Position I** | **Position II** **Verb** | **Position III** |
|---|---|---|
| Die Saison | beginnt | im Frühjahr. |
| Da | passieren | die Unfälle. |
| Nach der Pause im Winter | haben | die Motorradfahrer … |
| Der April vor vier Jahren | hat | mein Leben … |
| Aber dann | kam | alles … |
| … | | |

***Kennzeichnen Sie das Subjekt.***



## Zukunft: Präsens und Futur I

**24** Die Zukunft drückt man meist mit dem **Präsens + Zeitangabe** aus:
In zwei Jahren mache ich Abitur.
Heute / Morgen / Nächste Woche gehe ich zum Arzt.

**25** Die Zukunft kann man aber auch mit dem **Futur I** ausdrücken:

| | werden | + *Infinitiv* |
|---|---|---|
| ich | werde | gehen |
| du | wirst | gehen |
| er / sie / es | wird | gehen |
| wir | werden | gehen |
| ihr | werdet | gehen |
| sie | werden | gehen |

Bildung des Futurs I: Hilfsverb *werden* + Infinitiv
(→ Syntax-Baustein 3c, Nr. 47)

Nächste Woche **werde** ich zum Arzt **gehen**.
Ich **werde** dich **abholen**.
In diesem Jahr **wird** er die Prüfung **machen**.

(1) Hilfsverb *werden*: Futur I

Er **wird** Arzt. — Student → Arzt
Im Herbst **werden** die Blätter bunt. — grün → bunt

(2) Vollverb *werden* bedeutet Veränderung.

(→ Vermutung und Absicht, Nr. 179 ff.)

Übungen

**22. *Ergänzen Sie werden.***

a) Was ________ im Jahr 2000 sein?
b) Rauchen ________ verboten sein.
c) Die Menschen ________ noch mehr arbeiten.
d) Die Arbeit ________ knapp sein.
e) Jeder ________ mit jedem kommunizieren.
f) ________ die Menschen glücklicher sein?
g) Das ________ wahrscheinlich nicht passieren.

**23. *Bilden Sie Sätze. Zwei Sätze brauchen kein werden.***

a) Ende Juli, die Ferien, anfangen
b) ab Juli, die Autos, nach Süden, rollen
c) ein Verkehrschaos, es gibt
d) der Verkehr, jährlich, zunehmen
e) auch der Flugverkehr, zunehmen
f) wir, Lösungen, finden müssen
g) das, nicht einfach, sein

**24. *Bilden Sie Sätze – mit oder ohne werden.***

a) Um Mitternacht / die Uhr zwölf Mal (schlagen)
b) Morgen / es / Regen (geben)
c) Das Wochenende / schön (werden)

d) Die meisten / schon am Freitag ins Wochenende (fahren)
e) Jeden Freitagnachmittag / es / viele Verkehrsstaus (geben)
f) Nur bei Regen / die Menschen zu Hause (bleiben)

***25.*** ***werden ist auch eine Befehlsform.***
***Sagen Sie den Kindern, was sie tun müssen.***

a) Martin und Sigi, ihr ________ sofort euer Zimmer aufräumen.
b) Klarissa, du ________ sofort deine Aufgaben machen.
c) Martin, du ________ Papa helfen.
d) Carola ________ abtrocknen.
e) Isa ________ den Tisch decken.
f) Um sieben ________ wir essen.

***26.*** ***Grammatik im Text – Lesen Sie zuerst den Text.***

■ Na, Andreas, was willst du denn werden? Weißt du das schon?
▲ Natürlich, ich werde Pilot.
■ Aha, und warum?
▲ Da werde ich viel unterwegs sein. Ich werde viele Länder …
■ … und Flughäfen …
▲ … sehen. Und ich werde Technik lernen.
■ Magst du Technik?
▲ Ja, logisch. In zwei Jahren mache ich das Abitur. Und dann werde ich auf die Fachschule gehen. Und dann auf die Flugschule.
■ Als Pilot musst du aber fit sein.
▲ Sehen, Hören, Kondition – alles super.
■ Na, dann kann nichts schief gehen!

***Markieren Sie die werden-Formen. Wie viele Formen sind Vollverb, wie viele sind Hilfsverb?***

___ Vollverben, ___ Hilfsverben

# Modalverben



## Präsens

| | dürfen | können | müssen | sollen | wollen | |
|---|---|---|---|---|---|---|
| ich | darf | kann | muss | soll | will | möchte |
| du | darf*st* | kann*st* | muss*t* | soll*st* | will*st* | möchtest |
| er / sie / es | darf | kann | muss | soll | will | möchte |
| wir | dürf*en* | könn*en* | müss*en* | soll*en* | woll*en* | möchten |
| ihr | dürf*t* | könn*t* | müss*t* | soll*t* | woll*t* | möchtet |
| sie | dürf*en* | könn*en* | müss*en* | soll*en* | woll*en* | möchten |

Die 1. und die 3. Person Singular haben keine Endung.

| *Auch:* | wissen | mögen |
|---|---|---|
| ich | weiß | mag |
| du | weiß*t* | mag*st* |
| er / sie / es | weiß | mag |
| wir | wiss*en* | mög*en* |
| ihr | wiss*t* | mög*t* |
| sie | wiss*en* | mög*en* |

Vergleichen Sie die Bedeutung:

Er ist wieder gesund. Er **darf** arbeiten.
Er ist nicht krank. Er **kann** arbeiten.
Er hat vier Kinder. Er **muss** arbeiten.
Die Familie sagt, er **soll** arbeiten.
Der Student **will** in den Ferien arbeiten.
Er **möchte** arbeiten.

Er **will** in den Ferien **arbeiten**.

(1) Modalverb + Infinitiv: Meistens steht das Modalverb mit Infinitiv. 27
→ Syntax-Baustein 3c, Nr. 47

Was **möchten** Sie bitte?
Ich **möchte** Herrn Heinrich sprechen.
Ich **möchte** gern telefonieren.

(2) *möchte* ist eine Höflichkeitsform. *möchte* drückt einen Wunsch aus. 28

29 Sie **kann** Englisch (sprechen).
Sie **darf** nach Hause (gehen).

Sie **muss** nach Frankfurt (fahren).
Er **kann** heute nicht (kommen).
Er **will** nicht (kommen).
Ich **möchte** gern (kommen),
aber ich **kann** nicht (kommen).

(3) Oft steht kein Infinitiv:
*Sie kann Englisch (sprechen).*
*= Sie kann Englisch.*

30 Inge **mag** Thomas.
Kerstin **mag** Wien.

(4) *mögen* heißt „gern haben".
Man gebraucht *mögen* ohne Infinitiv.

Tipps & Tricks

31 ***Tipps & Tricks***

*ss* oder *ß*? Das ist ganz einfach.

1. *ss* steht nach einem kurzen Vokal: *du isst, er muss, ihr lasst.*
2. *ß* steht nach einem langen Vokal oder einem Diphthong: *Straße, ich weiß.*

Sprechen Sie das Wort laut und entscheiden Sie dann: kurzer Vokal → *ss*, langer Vokal → *ß*.
(→ Übung 30 und 31)

Übungen

***27. Ergänzen Sie.***

a) können ____________ du kommen?
b) wollen Er ____________ in Berlin arbeiten.
c) müssen Sie ist krank. Sie ____________ zu Hause bleiben.
d) dürfen Sie ____________ nicht arbeiten.
e) sollen Der Arzt sagt, sie ____________ zu Hause bleiben.

***28. Wie heißt das Modalverb?***

a) ____________ Sie unsere Exportleiterin kennen lernen? – Ja, gern.
b) ____________ ich vorstellen? Das ist Herr Moser, unser Vertreter aus Italien, das ist Frau Wiedemann.
c) Ich ____________ Ihnen jetzt den Betrieb zeigen.

d) Wir ____________ zuerst in die Auftragsabteilung gehen.
e) ____________ Sie auch das Lager sehen?
f) Sie ____________ noch die Abteilung Fortbildung besuchen.
g) Sie ____________ an einer Besprechung der Marketing-Abteilung teilnehmen.
h) Wir gehen um 12 Uhr in die Kantine. ____________ Sie lieber Fisch oder Fleisch?

**29.** ***Ordnen Sie die Infinitive in die Tabelle. Haben Sie Probleme? Dann konjugieren Sie zuerst.***

dürfen müssen sein reden kommen arbeiten
sprechen haben sollen geben können lernen
werden wollen fahren

| Verben mit *regelmäßigen* Formen | Verben mit *-e-* + Endung | Verben mit *unregelmäßigen* Formen | Modalverben |
|---|---|---|---|
| | | | |

**30.** ***Markieren Sie die Vokale: kurz (˘) oder lang (–). Sprechen Sie laut.***
*Beispiel:* sprĕchĕn, rēdĕn

a) wohnen, kommen
b) die Liste
c) Eva und Peter essen.
d) Das wissen Sie sicher.

**31.** *s, ss* ***oder ß?***

a) Der Infinitiv hei__t „mü__en".
b) Wie schreiben Sie „er mu__"?
c) „Wi__en" mü__en Sie mit __ schreiben.
d) „Er wei__" schreiben Sie mit __.
e) „Die Stra__e" hat ein __. Das a ist lang.

f) „e__en“ hat __. Das e ist __________.
„er i__t“ schreiben Sie mit __. Das ist neu.

g) Buchstabieren Sie bitte „rei__en“: r - e - i - __ - e - n.
Es gibt Geschäftsrei__en und Urlaubsrei__en.

## 32 Präteritum

| | dürfen | können | müssen | sollen | wollen |
|---|---|---|---|---|---|
| ich | **durfte** | **konnte** | **musste** | **sollte** | **wollte** |
| du | **durfte***st* | **konnte***st* | **musste***st* | **sollte***st* | **wollte***st* |
| er / sie / es | **durfte** | **konnte** | **musste** | **sollte** | **wollte** |
| wir | **durfte***n* | **konnte***n* | **musste***n* | **sollte***n* | **wollte***n* |
| ihr | **durfte***t* | **konnte***t* | **musste***t* | **sollte***t* | **wollte***t* |
| sie | **durfte***n* | **konnte***n* | **musste***n* | **sollte***n* | **wollte***n* |

*Auch:* wissen: *er / sie wusste, hat gewusst*

Das Präteritum der Modalverben ist häufiger als das Perfekt.

## 33 Perfekt

| | | | | | | |
|---|---|---|---|---|---|---|
| ich | habe | dürf*en*<br>gedurf*t* | könn*en*<br>gekonn*t* | müss*en*<br>gemuss*t* | soll*en*<br>gesoll*t* | woll*en*<br>gewoll*t* |
| du | hast | | | | | |
| er / sie / es | hat | | | | | |
| wir | haben | | | | | |
| ihr | habt | | | | | |
| sie | haben | | | | | |

**34** Ich **habe** nicht **kommen können**.

(1) Gebrauch als modales Hilfsverb:
*haben* + 2 Infinitive

Bist du aufgestanden?
Ja, ich **habe** schon **aufstehen dürfen**.
→ Ja, ich **durfte** schon **aufstehen**.

Besser ist das Präteritum.

Ich **habe kommen wollen**, aber ich **habe** nicht **losfahren können**. Der Motor war kaputt.
→ Ich **wollte kommen**, aber ich **konnte** nicht **losfahren**. Der Motor war kaputt.

Er war nicht da. Er **hat** nicht **gedurft**.
Die Schule war schwer: Beate **hat gewollt**, aber nicht **gekonnt**.

(2) Gebrauch als Vollverb: *haben* + Partizip II 35

## Was bedeuten die Modalverben?

### *können* und *dürfen* – Möglichkeit, Fähigkeit und Erlaubnis 36

Sie kann Deutsch (sprechen).
Sie kann Geige (spielen).
(Fähigkeiten)
Können Sie mir helfen?
(höfliche Frage)

können

Dürfen wir rauchen?
Hier darf nicht geraucht werden.
(Erlaubnis und Verbot)

dürfen

Kann / Darf ich mal den Kopierer benutzen?
(Aber: Kann man hier kopieren?
= Gibt es hier einen Kopierer?)

Höflicher im Konjunktiv II (→ Nr. 169, 170):
Könnte / Dürfte ich den Kopierer benutzen?

## 37 *müssen* und *sollen* – Pflicht und Auftrag

Wir müssen pünktlich sein.
(Pflicht)

Du sollst nicht stehlen.
(moralische Pflicht)

müssen

sollen

Die Ware muss / soll am 15. in Köln sein. (Auftrag)
Herr Sander muss / soll die Papiere vorbereiten. (Auftrag an Herrn Sander)
Ich muss / soll die Papiere vorbereiten. (Auftrag an mich)
muss = ich weiß das
soll = jemand sagt mir das

Konjunktiv II:
Ich müsste um 5 zu Hause sein. (Pflicht)
Sie sollten pünktlich sein. (Rat)
Sie sollten nicht so viel rauchen. (Vorwurf)

## 38 *wollen* und *möchten* – Wille und Wunsch

Die Firma will Gewinn machen.
(Wille)

Möchten Sie einen Termin?
(Wunsch)
Ich möchte gern wissen …
(Höfliche Frage. *möchte* wird oft gebraucht.)
(= … würde gern wissen)

wollen

möchte

Ich will / möchte Sie nicht stören, aber … (= Absicht)
(*möchte* ist freundlicher als *will*.)

### 32. *Was dürfen, können oder möchten Sie?*

dürfen
können
möchten

a) (nicht) Klavier spielen
b) nach Hause telefonieren
c) den Chef sprechen
d) (nicht) Spanisch sprechen
e) keinen Lärm machen
f) nicht bei Rot über die Kreuzung gehen
g) Sie zum Kaffee einladen
h) leider nicht früher kommen

### 33. *Wen oder was mögen Sie?*

Ich ______________ dich.
Du ______________ mich.
Er / sie ______________ Mathematik.
Wir ______________ Sprachen.
Ihr ______________ Partys.
Sie ______________ keinen Kaffee.

### 34. *Notieren Sie den Infinitiv.*

Willst du? ______________________________
Warum nicht?
Du musst! ______________________________
Ich muss nicht.
Du sollst! ______________________________
Aber bestimmt nicht. Kannst du? ______________________________
Ja, gern.

Kannst du? – Welche Form ist noch höflicher? ______________________
Welche Modalverben haben keinen Umlaut? ______________________

### 35. *Setzen Sie ein: wissen, weiß, wusste, gewusst.*

■ ______________ Sie was?
▲ Ich ______________ nichts.
■ Ich ______________ schon lange, dass …
▲ Das ______________ ich auch. Aber ich hatte es vergessen.
■ Na sehen Sie. Alle haben es nämlich ______________.
Und seit gestern ______________ ich auch …
▲ Na klar. Das ______________ ich auch …

## 36. Das Büro zu Hause

**Setzen Sie ein:** *können, wollen, müssen, möchten, dürfen* **oder** *sollen.*

a) Arbeit zu Hause ______________ schön sein: kein Chef, keine Arbeitszeiten und Essen in der Familie.
b) Man ______________ am Vormittag, am Nachmittag oder abends arbeiten.
c) Tele-Arbeit ______________ die Lösung für die Zukunft sein.
d) Besonders Berufe in der Textverarbeitung und Informatik sind geeignet. Tele-Arbeit ______________ viele Arbeitsplätze schaffen.
e) Mütter mit Kindern ______________ gern zu Hause arbeiten.
f) Sie ______________ kochen und die Kinder zur Schule bringen. Daneben ______________ sie aber auch Geld verdienen.
g) Tele-Arbeit heißt 60 % der Zeit zu Hause arbeiten und 40 % im Büro. D. h. Tele-Arbeiter ______________ ihren Arbeitsplatz zu Hause verlassen und haben einen Schreibtisch im Büro.
h) Sie ______________ regelmäßig ihren Chef und ihre Kollegen sprechen.
i) Allein zu Hause arbeiten ______________ ein Problem sein. Psychologen warnen: Isolation droht. Tele-Arbeiter ______________ deshalb engen Kontakt zu ihrem Büro halten.
j) Sie interessieren sich für Tele-Arbeit? Dann ______________ Sie genau wissen, was Sie wollen. Tele-Arbeit ist neu und hat Vorteile, aber auch Nachteile.

## 37. Sie wollen besonders höflich sein. Wiederholen Sie die Sätze mit *könnte* oder *dürfte.*

a) Können Sie mir helfen? ______________________________
b) Kann ich Sie etwas fragen? ______________________________
c) Darf ich kurz telefonieren? ______________________________
d) Dürfen wir hier rauchen? ______________________________
e) Können wir eine Pause machen? ______________________________
f) Darf ich Sie unterbrechen? ______________________________
g) Kann ich mal die Prospekte sehen? ______________________________
h) Können Sie mir ein Taxi rufen? ______________________________
i) Darf ich das kopieren? ______________________________
j) Können Sie die Auskunft anrufen? ______________________________
k) Kann ich das Fenster aufmachen? ______________________________
l) Können wir einen Kaffee haben? ______________________________
m) Kann ich ein Fax schicken? ______________________________
n) Kann ich die CD-ROM haben? ______________________________

### *38. Grammatik im Text – Spielregeln fürs Büro*

**Begrüßung**
Wenn Sie im Büro ankommen, sollten Sie freundlich grüßen. Azubis können in der Berufsschule „Hi" sagen. Vor Kunden sollten Sie sich aber für ein „Guten Morgen" entscheiden. Wenn Sie jemand begegnen, sollten Sie auch immer Kontakt mit den Augen suchen.

**Mittagspause**
In vielen Firmen sagt man ab 11 Uhr nicht „Guten Tag" oder „Grüß Gott", sondern „Mahlzeit". Das sollten Sie nicht verwenden. Grüßen Sie mit „Hallo" oder „Guten Tag" und sehen Sie den anderen freundlich an. „Mahlzeit" ist absolut out.

**Rauchen**
Jeder kann einen rauchfreien Arbeitsplatz fordern. Wenn Sie rauchen wollen, müssen Ihre Kollegen einverstanden sein. Sie sollten auch in Konferenzen oder Teamgesprächen immer fragen: „Stört es, wenn ich rauche?"

***Was bedeuten die Modalverben? Sagen Sie es in Ihrer Muttersprache.***

# *lassen* und *brauchen*



## *lassen* – die Formen

| | Präsens | Präteritum | Perfekt |
|---|---|---|---|
| ich | lass*e* | ließ | hab*e* gelassen (oder lassen) |
| du | läss*t* | ließ*t* | has*t* |
| er / sie / es | läss*t* | ließ | ha*t* |
| wir | lass*en* | ließ*en* | hab*en* |
| ihr | lass*t* | ließ*t* | hab*t* |
| sie | lass*en* | ließ*en* | hab*en* |

Die 1. und die 3. Person Singular haben im Präteritum keine Endung.
(→ Syntax-Baustein 3c, Nr. 47)

| | |
|---|---|
| Er **lässt** die Akten **kommen**. | (1) Gebrauch als modales Hilfsverb: *lassen* + Infinitiv |
| Er **hat** die Akten **kommen lassen**.<br>Er **ließ** die Akten **kommen**. | Perfekt: *haben* + 2 Infinitive<br>Besser ist das Präteritum. |
| Er wollte halbtags arbeiten, aber der Chef **hat** ihn nicht **gelassen**.<br>**Lassen** Sie das! | (2) Gebrauch als Vollverb<br>Perfekt: *haben* + *gelassen*<br>(ziemlich unhöflich) |

## 40 ***lassen*** **als modales Hilfsverb**

*lassen* + Infinitiv

(Aktion)
Sie lässt den Gast abholen.
(= etwas machen lassen)

Sie lässt die Papiere im Büro.
Sie lässt die Akten liegen.
(= *nicht mitnehmen* oder *vergessen*)

Sie lässt die Kinder spielen.
(= *erlauben*)

(keine Aktion; zum Teil ohne Infinitiv)
*sich (nicht) lassen* + Infinitiv
Das lässt sich organisieren.
(= Das kann man organisieren.)
Der Computer lässt sich nicht reparieren.
(= Man kann ihn nicht reparieren.)

Übungen

***39. Ergänzen Sie.***

a) Er hat die Briefe liegen ______________.
b) Sie hat den Computer reparieren ______________.
c) Sie hat Dieter nicht an den Computer ______________.

d) Sie hat ihn links liegen ____________.
e) Er hat den Computer laufen ____________.
f) Sie hat das Gerät holen ____________.

***40. Bekannte Wendungen: a oder ä?***

a) L___ss das!
b) Da l___sst sich nichts machen.
c) L___ss nur! Ich mache das schon.
d) Das l___________ sich machen.
e) ___________ Sie sich nichts gefallen!
f) Leben und leben ___________.



**brauchen**
(→ Infinitiv mit *zu* → Nr. 160)

Ich **brauche** Papier und Kugelschreiber. — *brauchen* ist Vollverb

*positiv:* Sie **brauchen** nur **anzurufen**.
*negativ:* Sie **brauchen** nicht zu **kommen**.
(= müssen nicht kommen)

oder modales Hilfsverb: *brauchen* + *zu* + Infinitiv

***41. Ergänzen Sie.***

a) ___________ Sie Hilfe?
b) Ist alles in Ordnung oder ___________ ihr etwas?
c) Ich ___________ jetzt einen Kaffee.
d) Wir ___________ kein Handy.
e) Du wirst ein Handy ___________. Es ist praktisch.
f) Ich ___________ nicht mit einem Handy zu telefonieren, ich habe ein Telefon.
g) In der Natur oder beim Sport ___________ ich nicht zu telefonieren.
h) Aber in der Firma oder unterwegs ___________ du die Kommunikation.

***Wo ist brauchen ein modales Hilfsverb?***

# Mischverben

## Die Formen

| Infinitiv | | Präsens | Präteritum | Perfekt |
|---|---|---|---|---|
| brennen | er / sie / es | brennt | bra**nnte** | hat geb**rannt** |
| bringen | | bringt | **brachte** | hat gebr**acht** |
| denken | | denkt | **dachte** | hat ged**acht** |
| kennen | | kennt | **kannte** | hat ge**kannt** |
| nennen | | nennt | **nannte** | hat ge**nannt** |
| rennen | | rennt | **rannte** | ist ge**rannt** |
| senden | | sendet | **sandte** | hat ge**sandt** |

Mischverben sind Verben mit regelmäßigen Endungen. Sie ändern aber den Stammvokal im Präteritum und Perfekt: *e – a – a*.
(→ Modalverben, Nr. 26–35)

Übungen

### 42. *Markieren Sie den Stammvokal.*

nannte rannte gekannt
gebrannt sandte

Die Mischverben haben im Präteritum und Perfekt den Vokal ___.

### 43. *Ergänzen Sie.*

a) Warum bist du so _______? (rennen)
b) Hast du etwas _______? (mitbringen)
c) Tante Birgit hat ein Päckchen _______. (senden)
d) Sie hat an deinen Geburtstag _______. (denken)
e) Ich habe sie immer Tantchen _______. (nennen)
f) Auf dem Foto habe ich sie sofort _______. (erkennen)
g) Weihnachten hat unser Weihnachtsbaum _______. (brennen)
h) Er _______ (rennen) zum Bahnhof.
i) Er _______ (bringen) die Zeitung.
j) Er _______ (kennen) die Leute.
k) Wir _______ (senden) eine E-Mail.
l) Was _______ (denken) du?

# Trennbare und untrennbare Verben

## Die Formen

| Trennbare Verben | Untrennbare Verben | |
|---|---|---|
| ich rufe an | ich verreise | Präsens |
| ich habe angerufen | ich bin verreist | Perfekt |
| sie rief an | sie verreiste | Präteritum |
| sie hatte angerufen | sie war verreist | Plusquamperfekt |
| Ruft sie an? | Verreist sie? | Frage |
| Hat sie angerufen? | Ist sie verreist? | |
| Wann hat sie angerufen? | Wann ist sie verreist? | |
| Ruf mal an! | Verreise doch! | Imperativ |

Trennbare Verben betonen die Vorsilbe (ánrufen), untrennbare Verben betonen den Verbstamm (verréisen).

Trennbare Vorsilben stehen mit dem Verb oder allein.
(→ Syntax-Baustein 3, Nr. 47)

*Beispiel:*
**fahren**

| | |
|---|---|
| ab / fahren | – fährt ab |
| los / fahren | – fährt los |
| mit / fahren | – fährt mit |
| nach / fahren | – fährt nach |
| überfahren | – überfährt |
| vorbei / fahren | – fährt vorbei |
| weg / fahren | – fährt weg |

Im Deutschen gibt es viele Verben mit verschiedenen Vorsilben.

Schlagen Sie in einem Wörterbuch nach, wenn Sie nicht sicher sind. Dort sind die trennbaren Verben besonders gekennzeichnet

**'ab|fah·ren** ⟨V. 130⟩ **1** ⟨V. t.; hat⟩ Güter ~ *mittels Wagen abtransportieren;* eine Strecke ~ *entlangfahren;* etwas ~ lassen *mit Wagen abholen lassen;* ihm ist ein Bein abgefahren worden *durch Überfahren abgetrennt worden;* ein Rad ~ *ein R. durch (unvorsichtiges) Fahren abbrechen;* jmdn. ~ lassen *jmdn. abweisen, jmdm. eine barsch ablehnende Antwort geben;* auf etwas od. jmdn. ~ ⟨salopp⟩ *über etwas od. jmdn. in Begeisterung geraten, sich*

Wahrig, Deutsches Wörterbuch

oder man sieht es an einem Beispiel.

**ab·fah·ren** [Vi] **1** ***etw. a.*** (*hat*) etw. mit e-m Fahrzeug wegtransportieren **2** ***etw. a.*** (*hat / ist*) e-e Strecke suchend entlangfahren **3** ***etw. a.*** (*hat*) etw. durch häufiges Fahren abnutzen ⟨e-n Reifen a.⟩ **4** ***j-m etw. a.*** (*hat*) j-m e-n Körperteil durch Überfahren abtrennen: *Ihm wurden bei dem Unfall beide Beine abgefahren;* [Vi] (*ist*) **5** (von Personen) ≈ wegfahren **6** ***etw. fährt ab*** ein Fahrzeug setzt sich in Bewegung od. verläßt e-n Ort **7** (***voll***) ***auf j-n / etw. a.*** *gespr;*

Langenscheidt Großwörterbuch DaF

## Die Vorsilben

44 **Trennbar** sind:

| | |
|---|---|
| **ab-** | abgeben (gibt ab), abholen (holt ab) |
| **an-** | anfangen (fängt an), ankommen (kommt an) |
| **auf-** | aufhören (hört auf), aufräumen (räumt auf) |
| **aus-** | auspacken (packt aus), aussteigen (steigt aus) |
| **bei-** | beitragen (trägt bei), beitreten (tritt bei) |
| **ein-** | einkaufen (kauft ein), einladen (lädt ein) |
| **fest-** | festhalten (hält fest), feststellen (stellt fest) |
| **her-** | herfahren (fährt her), herkommen (kommt her) |
| **hin-** | hinfahren (fährt hin), hinkommen (kommt hin) |
| **herein-** | hereinkommen (kommt herein), hereintreten (tritt herein) |
| **hinaus-** | hinausgehen (geht hinaus), hinaustreten (tritt hinaus) |
| **los-** | losfahren (fährt los), losgehen (geht los) |
| **mit-** | mitkommen (kommt mit), mitmachen (macht mit) |
| **nach-** | nachdenken (denkt nach), nachsprechen (spricht nach) |
| **vor-** | vorschlagen (schlägt vor), vorstellen (stellt vor) |
| **vorbei-** | vorbeifahren (fährt vorbei), vorbeikommen (kommt vorbei) |
| **weg-** | wegbringen (bringt weg), weggehen (geht weg) |
| **weiter-** | weiterarbeiten (arbeitet weiter), weitermachen (macht weiter) |
| **zu-** | zuhören (hört zu), zuschauen (schaut zu) |
| **zurück-** | zurückbringen (bringt zurück), zurückgeben (gibt zurück) |
| **zusammen-** | zusammenarbeiten (arbeitet zusammen), zusammenlegen (legt zusammen) |

Die Vorsilbe ist betont: *ábgeben.*

Trennbare Vorsilben sind Präpositionen (z. B. *bei*) oder Adverbien (z. B. *los*).

45 **Untrennbar** sind:

| | |
|---|---|
| **be-** | beginnen (beginnt), benutzen (benutzt), bezahlen (bezahlt) |
| **emp-** | empfangen (empfängt), empfehlen (empfiehlt) |
| **ent-** | entlassen (entlässt), entscheiden (entscheidet) |
| **er-** | erfinden (erfindet), erklären (erklärt), erzählen (erzählt) |
| **ge-** | gefallen (gefällt), gehören (gehört), gelingen (gelingt) |
| **miss-** | misslingen (misslingt), missverstehen (missversteht) |
| **ver-** | verändern (verändert), verbrauchen (verbraucht), verlieren (verliert) |
| **zer-** | zerreißen (zerreißt), zerstören (zerstört) |

Die Vorsilbe ist nicht betont: *begínnen.*

**Trennbar und untrennbar** sind:

| | |
|---|---|
| **durch-** | durchlaufen (läuft durch), durchlaufen (durchläuft) |
| **über-** | übersetzen (setzt über), übersetzen (übersetzt) |
| **um-** | umfahren (fährt um), umfahren (umfährt) |
| **unter-** | unterstellen (stellt unter), unterscheiden (unterscheidet) |
| **wider-** | widerspiegeln (spiegelt wider), widersprechen (widerspricht) |
| **wieder-** | wiederbringen (bringt wieder), wiederholen (wiederholt) |

*Beispiele:*
Ich **setze** über den Fluss **über**. – Ich **übersetze** den Text.
Er **fährt** den Radfahrer **um.** – Er **umfährt** die Baustelle.

Die Vorsilbe ist betont: *űbersetzen (setzen über), úmfahren (fährt um).*
Die Vorsilbe ist nicht betont: *übersétzen (übersetzt), umfáhren (umfährt).*

Übungen

### 44. *Verb + viele Vorsilben:*

ab- los- mit- nach-
vorbei- **fahren** über-
er- weg- zurück-

Kennen Sie die Bedeutungen? Schlagen Sie im Wörterbuch nach.

### 45. *Markieren Sie die Vorsilben.*

| | | | |
|---|---|---|---|
| missverstehen | abfahren | ankommen | aussteigen |
| wegfahren | vorbeifahren | bekommen | umziehen |
| verlieren | zerreißen | | |

Bilden Sie die 3. Person Singular Präsens und notieren Sie die trennbaren Vorsilben. Die trennbaren Vorsilben lauten:

______________________________________________

Es sind Pr______________ oder Ad______________.

### 46. *Wo ist der Akzent?*

a) Wiederholen Sie bitte.
b) Ich übersetze den Satz.
c) Können Sie den Inhalt wiedergeben?

d) Ich muss genau zuhören.
e) Die Gruppe will zusammenarbeiten.
f) Was wollen Sie vorschlagen?
g) Das müssen wir festhalten.
h) Hat Ihnen das Spiel gefallen?

***Notieren Sie die trennbaren Verben.***

*Regel:*

Trennbare Verben betonen die ____________.

____________ Verben betonen den Verbstamm.

**47.** ***Bilden Sie zusammengesetzte Verben und ordnen Sie sie in die Tabelle.***

an- er- aus-

ab- ver- be- weiter- vor-

weg- unter- zurück- wieder-

holen machen gehen

| Trennbare Verben | 3. P. Sg. | Beispiel |
|---|---|---|
| | | |

| Untrennbare Verben | 3. P. Sg. | Beispiel |
|---|---|---|
| | | |

***Übersetzen Sie die Wörter in Ihre Muttersprache. Vergleichen Sie die Formen. Wie übersetzen Sie die Vorsilben?***

## Syntax-Baustein 3

Die Satzklammer ist typisch für die deutsche Sprache.

| | Position II | | | Satzende |
|---|---|---|---|---|
| a) Herr Schmidt | hat | | heute Morgen | angerufen. |
| | Hat | er | heute Morgen | angerufen? |
| b) Er | ruft / rief | | heute Morgen | an. |
| | Ruft | er | wieder | an? |
| | Rufen | Sie | bitte | an! |
| c) Ich | möchte | ihn | | anrufen. |
| Ich | lasse | ihn | | anrufen. |
| Ich | werde | ihn | morgen | anrufen. |

Der konjugierte Teil steht auf Position II.
Das Partizip II, die Vorsilbe, der Infinitiv stehen am Satzende.



**48.** *frühstücken.* ***Heißt es*** *er / sie frühstückt* ***oder*** *er / sie stückt früh?*

***a) Ergänzen Sie.***
Wann ______________ Sie ______________?
Ich habe gestern nicht ______________.

b) Markieren Sie den Akzent: frühstücken

c) Notieren Sie die Formen: er / sie ______________________________.

d) frühstücken betont die Vorsilbe, das Verb ist aber ______________ trennbar.

**49.** ***Notieren Sie den Infinitiv: Zusammen oder getrennt?***
*Beispiel:* Fritz fährt gern Rad.
Rad fahren

a) Im Urlaub ist er Schi gefahren. ______________________
b) Er hat viele Leute kennen gelernt. ______________________
c) Er fährt gern Auto. ______________________
d) Er geht nicht gern spazieren. ______________________
e) Sie kann gut Maschine schreiben. ______________________
f) Hat sie sauber gemacht? ______________________

g) Bleiben Sie doch sitzen. ______________________________

h) Unsere Tochter ist sitzen geblieben. Sie macht die Klasse noch einmal. ______________________________

i) Warum bleibt ihr stehen? ______________________________

j) Wir fahren nicht weg, Kersten ist krank. ______________________________

k) Was bleibt uns anderes übrig? ______________________________

## 50. *Wie heißt das Verb?*

a) die Abfahrt — *abfahren – er/sie fährt ab*

b) die Zusammenarbeit ______________________________

c) die Anmeldung ______________________________

d) der Vorschlag ______________________________

e) der Beitrag ______________________________

f) die Einladung ______________________________

g) die Vorstellung ______________________________

h) die Übersetzung ______________________________

i) die Entscheidung ______________________________

j) der Verbrauch ______________________________

k) der Verlust ______________________________

## 51. *Grammatik im Text – Lesen Sie zuerst den Text.*

*Wie schreibt man RADFAHREN, Schweizerdeutsch VELOFAHREN?*

■ Wie schreibt man RADFAHREN? Zusammen oder getrennt? Groß oder klein?

▲ Getrennt natürlich und Rad groß.

■ Und warum?

▲ Also – AUTO FAHREN schreibt man getrennt und Auto natürlich groß. Jetzt schreibt man RAD FAHREN auch getrennt und Rad groß.

■ Eigentlich logisch.

▲ Ja, siehst du, neue Rechtschreibung! Sie hat doch Vorteile, wie du siehst.

■ Gibt es noch andere Beispiele?

▲ SCHI FAHREN, SCHLITTSCHUH LAUFEN, MASCHINE SCHREIBEN ...

■ O.K. MASCHINE SCHREIBEN braucht man kaum noch. Wer schreibt denn noch auf der Schreibmaschine, alle schreiben mit dem Computer.

▲ Ja gut, du wolltest Beispiele ...

■ Hast du auch eine Regel?

▲ Ja, und die lautet so: Die Verbindung aus Substantiv und Verb schreibt man getrennt.

■ Aha. Und Verbindungen aus Verb und Verb?

▲ Das ist wichtig. Ist dein Wörterbuch sehr alt? Jetzt werden Wörter aus Verb + Verb getrennt geschrieben. Also: sitzen bleiben, sitzen lassen oder spazieren gehen, kennen lernen usw. Zum Beispiel: Er bleibt im Sessel sitzen und: Er ist in der Schule sitzen geblieben. SITZEN BLEIBEN auseinander.

■ Das ist einfacher, finde ich. Und wie ist es mit Verbindungen aus Adjektiv und Verb?

▲ Gute Frage. Wie schreibst du FERNSEHEN?

■ Zusammen und klein. Aber das ist bestimmt falsch.

▲ Nein, nein, das ist richtig. Fernsehen schreibt man zusammen. Und was meinst du, wie schreibt man FESTHALTEN?

■ Mm.

▲ O. k., ich gebe dir zwei Beispiele. Erstes Beispiel: Halte dich fest!
Zweites Beispiel: Wir halten das im Protokoll fest. Ich erkläre es dir. Die Regel lautet: Verbindungen aus Adjektiv und Verb schreibt man getrennt, wenn man das Adjektiv steigern oder erweitern kann. Also *fester* oder *sehr fest*. Man kann sagen: Halte dich fester oder halte dich sehr fest. Aber man kann nicht sagen: Wir halten das im Protokoll fester.
Deshalb: erstes Beispiel auseinander, zweites Beispiel zusammen.

■ Naja, das ist nicht so einfach. Aber einfacher geht es wohl nicht.

▲ Stimmt genau!

***Notieren Sie die Verben vom Typ Rad fahren.***

| Infinitiv | Präsens | Präteritum | Perfekt |
|---|---|---|---|
| Rad fahren | er / siefährt Rad | fuhr Rad | ist Rad gefahren |

***Notieren Sie Verb + Verb. Was passt zusammen?***

lassen sitzen liegen sich gefallen
bleiben stehen kommen

# Reflexive Verben

48 **Die Formen**

| | Akkusativ | Dativ |
|---|---|---|
| ich | interessiere **mich** für Sport | wünsche **mir** ein Rennrad |
| du | interessierst **dich** | wünschst **dir** |
| er / sie / es | interessiert **sich** | wünscht **sich** |
| wir | interessieren **uns** | wünschen **uns** |
| ihr | interessiert **euch** | wünscht **euch** |
| sie / Sie | interessieren **sich** | wünschen **sich** |

Die Reflexivpronomen sind identisch mit den Personalpronomen, nur die 3. Person Singular und Plural lautet *sich*. Die Reflexivpronomen stehen im Akkusativ oder Dativ.
Es gibt keine Regeln. Das Reflexivpronomen müssen Sie mit dem Verb lernen.

49 **Reflexive Verben**

| | |
|---|---|
| sich ausruhen | – Ruh dich aus! |
| sich bedanken | – Wir bedanken uns. |
| sich beeilen | – Beeil dich! |
| sich beschweren | – Beschwer dich nicht! |
| sich entschließen | – Warum entschließt du dich nicht? |
| sich bewerben | – Er hat sich beworben. |
| sich ereignen | – Bei Schnee ereignen sich Unfälle. |
| sich erholen | – Sie hat sich gut erholt. |
| sich erkälten | – Erkälte dich nicht! |
| sich erkundigen | – Hat er sich erkundigt? |
| sich freuen | – Freust du dich? |
| sich irren | – Wir haben uns geirrt. |
| sich kümmern | – Kümmere dich um ihn! |
| sich schämen | – Schäm dich! |
| sich verabreden | – Ich habe mich mit ihm verabredet. |
| sich verhalten | – Er verhält sich nicht richtig. |
| sich weigern | – Warum weigerst du dich? |
| sich wundern | – Alle wundern sich. |

## Reflexiv gebrauchte Verben 50

Verb ↓

| | | | |
|---|---|---|---|
| Ich wasche | **mich.** | | + Reflexivpronomen |
| | | die Wäsche. | + Akkusativergänzung |
| | **mir** | die Hände. | + Reflexivpronomen + Akkusativergänzung |

*ich* < *mich* / *mir* ist dieselbe Person.

| | | |
|---|---|---|
| sich ändern | Ich ändere **mich** nicht. | Refl.P. = Akk. |
| etwas ändern | Wir ändern unsere Pläne. | Akkusativergänzung |
| sich ärgern | Ich ärgere **mich** darüber. | Refl.P = Akk. |
| jemand(en) ärgern | Hast du Eva geärgert? | Akkusativergänzung |
| sich anmelden | Hast du **dich** angemeldet? | Refl.P. = Akk. |
| jemand(en) anmelden | Hast du Pit angemeldet? | Akkusativergänzung |
| sich anziehen | Ich ziehe **mich** jetzt an. | Refl.P. = Akk. |
| etwas anziehen | Ich ziehe meine Jacke an. | Akkusativergänzung |
| sich etwas anziehen | Ich ziehe **mir** meine Jacke an. | Refl.P. → Dativ |
| sich vorstellen | Darf ich **mich** vorstellen? | Refl.P. = Akk. |
| jemand(en) vorstellen | Darf ich Herrn E. vorstellen? | Akkusativergänzung |
| sich etw. / jmd. vorstellen | Ich stelle **mir** die Arbeit anders vor. | Refl.P. → Dativ |
| sich waschen | Ich wasche **mich**. | Refl.P. = Akk. |
| etw. / jmd. waschen | Ich wasche die Wäsche. | Akkusativergänzung |
| sich etwas waschen | Ich wasche **mir** die Hände. | Refl.P. → Dativ |
| sich kämmen | Ich kämme **mich**. | Refl.P. = Akk. |
| etw. / jmd. kämmen | Der Frisör kämmt die Kundin. | Akkusativergänzung |
| sich etwas kämmen | Ich kämme **mir** die Haare. | Refl.P. → Dativ |
| sich etwas kaufen | Ich kaufe **mir** den PC. | Refl.P. = Dat. + Akkusativergänzung |
| etwas kaufen | Ich kaufe den PC. | Akkusativergänzung |

| | | |
|---|---|---|
| sich etwas merken | Hast du **dir** die Nummer gemerkt? | Refl.P. = Dativ + Akkusativergänzung |
| etwas merken | Hast du nichts gemerkt? | Akkusativergänzung |
| sich widersprechen | Du widersprichst **dir**. | Refl.P. = Dat. |
| jemandem widersprechen | Du widersprichst ihm. | Dativergänzung |

## 51 Reziproke Verben

Der reziproke Gebrauch hat immer die Pluralform (Reflexivpronomen *uns, euch, sich*):
Wir treffen uns morgen.
Wir sind uns begegnet.
Wir haben uns gut unterhalten.
Wir verstehen uns gut.
Die beiden haben sich (ineinander) verliebt.
Inge und Heinz haben sich verlobt.

Lerntipp

***Lerntipp***
Notieren Sie bei den reflexiven Verben immer die 1. Person Singular.
Dann wissen Sie: *mir* oder *mich*?

| *Infinitiv* | *Präsens* | *Präteritum* | *Perfekt* |
|---|---|---|---|
| sich bewerben | ich bewerbe mich | bewarb mich | habe mich beworben |

Übungen

***52. Notieren Sie das passende Reflexivpronomen oder die passenden Reflexivpronomen:***

er _______ sie (Sg.) _______
du _____ Sie _______
ich _______
wir _______ ihr _______
sie (Pl.) _______

Das Reflexivpronomen in der 3. Person Singular und Plural lautet ______.
In der ______. und ______. Person Singular gibt es verschiedene Formen im Dativ und Akkusativ: *mich* und ______, ______ und ______.

**53.** *Haben Sie sich beworben?*

| | | |
|---|---|---|
| a) | sich bewerben | Ich habe ______ bei der Firma Textil __________. |
| b) | sich entschließen | Ich habe ______ für einen Beruf im Verkauf __________. |
| c) | sich etwas vorstellen | Das stelle ich ______ interessant vor. |
| d) | sich interessieren | Ich interessiere ______ für Mode. |
| e) | sich informieren | Ich habe ______ vorher genau über die Firma __________. |
| f) | sich freuen | Jetzt freue ich ______ auf den Job. |

**54. *Notieren Sie das Substantiv. Benutzen Sie ein Wörterbuch.***

| | | |
|---|---|---|
| a) | sich verlieben | *die Liebe* |
| b) | sich verloben | ____________________ |
| c) | heiraten | ____________________ |
| d) | sich streiten | ____________________ |
| e) | sich trennen | ____________________ |
| f) | sich scheiden lassen | ____________________ |

**55. *Notieren Sie das reflexive Verb. Benutzen Sie ein Wörterbuch.***

| | | |
|---|---|---|
| a) | die Freude | ____________________ |
| b) | der Wunsch | ____________________ |
| c) | das Interesse | ____________________ |
| d) | die Vorstellung | ____________________ |
| e) | die Information | ____________________ |
| f) | das Ereignis | ____________________ |
| g) | die Bewerbung | ____________________ |
| h) | die Unterhaltung | ____________________ |
| i) | die Anmeldung | ____________________ |
| j) | der Ärger | ____________________ |
| k) | die Erkältung | ____________________ |
| l) | der Irrtum | ____________________ |

### *56. Grammatik im Text – Lesen Sie zuerst.*

**Weiterbildung lohnt sich**
Auf die Frage „Hat sich Weiterbildung gelohnt?" antworteten von je 100 Teilnehmern:

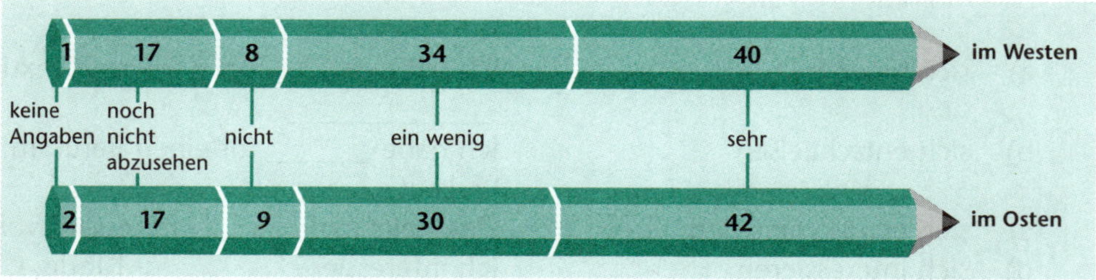


nach: Globus 2677, Quelle: DIW

Wissen macht sich bezahlt (= lohnt sich). Das sagten Arbeiterinnen und Arbeiter, die sich beruflich weitergebildet haben. Es handelt sich um Kurse zur betrieblichen Einarbeitung, Qualifizierung und Umschulung.

***Notieren Sie die reflexiven Verben in der Statistik. Übersetzen Sie die Verben. Sind die Wörter in Ihrer Sprache auch reflexiv?***

52 Syntax-Baustein 4

Syntax-Baustein 4

**Satzstellung *sich* im Hauptsatz**

| | Position II | | | | |
|---|---|---|---|---|---|
| a) Er | wünscht | | **sich** | einen Laptop. | |
| Er | hat | | **sich** | einen Laptop | gewünscht. |
| b) Zum Geburtstag | wünscht | er | **sich** | einen Laptop. | |

a) Das Reflexivpronomen steht dicht beim konjugierten Verb oder Hilfsverb: *Er wünscht sich – hat sich … gewünscht.*
b) Bei zwei Pronomen steht zuerst das Personalpronomen im Nominativ und dann das Reflexivpronomen: *… wünscht er sich …*

***57. Ergänzen Sie das Reflexivpronomen.***

a) Hast / du / bedankt?
b) Er / interessiert / für Fußball.
c) Warum / ärgerst / du?
d) Wir / kaufen / einen Laptop.
e) Sie / hat / beeilt.
f) Hast / du / den Namen / gemerkt?
g) Warum / entschuldigst / du / nicht?
h) Sie / hat / gerade / verabschiedet.
i) Er / hat / bei Siemens / beworben.
j) Wir / haben / gut / unterhalten.
k) Er / hat / zum / Sprachkurs / angemeldet.
l) Was / wünschst / du?



## Der Imperativ

### Die Formen

| | ***du*-Form** | | ***ihr*-Form** | | ***Sie*-Form** |
|---|---|---|---|---|---|
| du rufst | Ruf! | ihr ruft | Ruft! | Sie rufen | Rufen Sie! |
| du rufst an | Ruf an! | ihr ruft an | Ruft an! | Sie rufen an | Rufen Sie an! |
| du arbeitest | Arbeite! | ihr arbeitet | Arbeitet! | Sie arbeiten | Arbeiten Sie! |
| du änderst | Änd(e)re! | ihr ändert | Ändert! | Sie ändern | Ändern Sie! |
| du gibst | Gib! | ihr gebt | Gebt! | Sie geben | Geben Sie! |
| du fährst | Fahr! (kein Umlaut) | ihr fahrt | Fahrt! | Sie fahren | Fahren Sie! |
| du bist | **Sei**! | ihr seid | Seid! | Sie sind | **Seien** Sie! |
| du hast | Ha**b**! | ihr habt | Habt! | Sie haben | Haben Sie! |

Imperativsätze beginnen mit dem Verb (*Kommen Sie …!*). Es gibt *du*-Formen (= eine Person), *ihr*-Formen (= mehrere Personen) und *Sie*-Formen (= formell: eine oder mehrere Personen). Bei der *du*-Form streichen Sie die Präsens-Endung *-st* weg, dann haben Sie den Imperativ. Die *ihr*-Form ist die Präsens-Form 2. Person Plural. Bei der *Sie*-Form steht zuerst das Verb und dann *Sie*.

| | |
|---|---|
| Ruf! / Ruft! = *familiär* | |
| Rufen Sie! = *formell* | immer mit *Sie* |
| Ruf an! / Setz dich! | Imperativform, dann Präfix / Reflexivpronomen |

Endung *-e* in der *du*-Form

| | | | |
|---|---|---|---|
| arbeiten | du arbeitest | Arbeite! | Verben auf *-t-/-d-* |
| reden | du redest | Rede! | |
| lächeln | du lächelst | Lächle! | auf *-eln/-ern* |
| ändern | du änderst | Änd(e)re! | |
| besichtigen | du besichtigst | Besichtige! | auf *-ig-* |
| atmen | du atmest | Atme! | auf Konsonant + *-m-/-n-* |
| öffnen | du öffnest | Öffne! | |

54

**Rufen Sie** mir bitte ein Taxi!
**Rauch** nicht so viel!
**Mach** jetzt deine Schulaufgaben!
**Kommen Sie** gut nach Hause!

Der Imperativ ist
eine Bitte oder Aufforderung,
ein Rat oder eine Empfehlung,
ein Befehl
oder ein Wunsch.

55 Lerntipp

***Lerntipp***

Sie wollen doch bestimmt höflich sein. Dann vergessen Sie bei Aufforderungen das Wörtchen *bitte* nicht:
*Bitte, gib mir noch eine Tasse Kaffee!*
oder: *Gib mir bitte noch eine Tasse Kaffee!*
oder: *Gib mir noch eine Tasse Kaffee, bitte!*

Oder formulieren Sie Fragen:
*Gibst du mir noch eine Tasse Kaffee?*
oder: *Gibst du mir bitte noch eine Tasse Kaffee?*
oder: *Gibst du mir noch eine Tasse Kaffee, bitte?*
oder: *Bitte, gibst du …?*

*Bitte* sagt man nicht bei Ratschlägen, Empfehlungen, Befehlen oder Wünschen: *Komm gut nach Hause!*

Imperative sind oft aggressiv, z. B. *Rauch nicht so viel!* Freundlich wird die Formulierung mit *doch, mal* oder *nur: Rauch doch nicht so viel! Komm mal her! Bleiben Sie nur sitzen!*
(→ Nr. 152)
Oder: *Setz dich! Setz dich doch!* Als Frage: *Willst du dich nicht setzen?*
Noch höflicher ist der Konjunktiv: *Helfen Sie mir bitte! Könnten Sie mir helfen?*
(→ Nr. 169, 170)

## 58. *Formulieren Sie höfliche Bitten.*

a) mir den Brief der Firma Karl / bringen — *Bringen Sie mir bitte den Brief …*
b) ein Fax an Fa. Kölbel / schreiben ______
c) die Konferenz / vorbereiten ______
d) den Besuch / am Empfang / abholen ______
e) einen Tisch / im Restaurant / reservieren ______
f) die Getränke / besorgen ______
g) ein Zimmer / für eine Nacht / bestellen ______
h) Prospekte / hinlegen ______

***Sagen Sie es noch höflicher:*** *Könnten Sie …?*

## 59. *Formulieren Sie Ratschläge.*

a) Chancen prüfen — *Prüf deine Chancen!*
b) (Es gibt 380 Ausbildungsberufe.) sich genau informieren ______
c) mit Lehrern, Eltern und Freunden über deinen Berufswunsch sprechen ______
d) die Vorteile und Nachteile diskutieren ______
e) (an ein Mädchen) sich doch für einen Jungenberuf entscheiden ______
f) (bei einer Absage) doch nicht enttäuscht sein ______
g) zuerst ein Praktikum machen ______

## 60. *Erklär mir das! Wie bedient man einen CD-Player?*

a) ______ (einschalten) das Gerät ______.
b) ______ (drücken) die Taste OPEN.
c) ______ (einlegen) die CD ______.
d) ______ (starten) die Wiedergabe und
______ (drücken) PLAY.

e) ______________ (suchen) einen bestimmten Abschnitt.
f) ______________ (halten) die Taste.
g) ______________ (loslassen) die Taste _______.
h) ______________ (programmieren) die Titel in einer Reihenfolge.
i) ______________ (stoppen) die Wiedergabe.
j) ______________ (fassen) nie auf die CD. ______________ (halten) sie am Rand.
k) ______________ (abspielen) keine kaputte CD _______.

***61. Grammatik im Text – Lesen Sie die Anzeigen.***

Rufen Sie uns an.

Erfolg im Beruf

**Sprachkurse**
**Berufliche Fortbildung**
**Computerkurse**

Informieren Sie sich.

**Informationen zur Weiterbildung**

Sprechen Sie mit uns. Wir sind der Experte für Weiterbildung.
Fordern Sie unseren Katalog an.
Rufen Sie uns an. Wir beraten Sie gern persönlich.
*DAB Weiterbildung schafft Zukunft*

Telefonieren Sie gern? Dann kommen Sie zu uns.
Wir suchen **Teilzeit-Sachbearbeiterinnen** für die Kundenberatung.
Arbeitszeit wöchentlich 3 Stunden,
am Mittwoch oder Donnerstag, abends.
Arbeitszeit nach Vereinbarung.

Wenn Sie beim Telefonieren lächeln können, dann rufen Sie uns an.
Am 9. April von 9–12 Uhr
Ekkehard Fritze — Frans-Hals-Str. 8, 86157 Augsburg
Tel. 08 21 / 99 65 31 — Fax 08 21 / 99 76 77
Hofmark Versicherungen

***Suchen Sie die Imperative.***

## Syntax-Baustein 5

### Die Negation

### 1. *ja, nein, doch* 56

| | |
|---|---|
| Arbeiten Sie im Export? | **Ja,** ich arbeite im Export. |
| | **Nein,** ich arbeite **nicht** im Export. |
| Haben Sie **nicht** gefrühstückt? | **Doch,** ich habe gefrühstückt. |
| | **Nein,** ich habe **nicht** gefrühstückt. |
| Machen Sie **keine** Mittagspause? | **Doch,** ich mache gleich Mittagspause. |
| | **Nein,** ich mache **keine** Mittagspause. |

### 2. Einen Satz negieren 57

| | **Verb** | | | | **Satzende** |
|---|---|---|---|---|---|
| Sie | arbeitet | | heute | **nicht.** | |
| Sie | hat | | heute | **nicht** | gearbeitet. |
| Sie | ruft | ihn | heute | **nicht** | an. |
| Er | will | das Auto | | | kaufen. |
| Er | will | das Auto | | **nicht** | kaufen. |

*Nicht* steht möglichst am Satzende, aber in der Satzklammer.

| | | | | |
|---|---|---|---|---|
| Er | hat | etwas | | gesehen. |
| Er | hat | | **nichts** | gesehen. |

**nichts = nicht** etwas

### 3. Einen Satzteil negieren 58

| | | | | | |
|---|---|---|---|---|---|
| **Nicht sie** | ruft | ihn | heute | an | (, sondern ihre Schwester). |
| Sie | ruft | heute | **nicht ihn** | an | (, sondern ihren Vater). |
| Sie | ruft | ihn | **nicht heute** | an | (, sondern morgen). |

*Nicht* steht vor dem Satzteil, der negiert wird.

| | | | |
|---|---|---|---|
| Ich | habe | ein | Auto. |
| Ich | habe | **kein** | Auto. |
| Er | ist | | Arzt. |
| Er | ist | **nicht / kein** | Arzt. |

*kein-* ist der negative Artikel. (→ Nr. 80, 82)

Übungen

**62.** ***Sie haben heute schlechte Laune. Sie sagen immer das Gegenteil. Gebrauchen Sie nicht und kein-.***

a) Das Wetter ist schön.
b) Das Essen ist gut.
c) Die Arbeit gefällt mir.
d) Ich trinke einen Kaffee.
e) Ich freue mich auf den Urlaub.
f) Ich rufe Herrn Schmidt an.

**63.** ***Verneinen Sie.***

a) Herr Krause arbeitet. — *Herr Eberl* ______________________
b) Er arbeitet gern. — *Er* ______________________
c) Er fährt mit dem Auto ins Büro. ______________________
d) Er interessiert sich für Politik. ______________________
e) Er hat dem Kollegen gratuliert. ______________________
f) Er hat ein Fax geschrieben. ______________________
g) Er kann Auto fahren*. ______________________
h) Er kann gut Auto fahren. ______________________

* *nicht* steht vor dem festen Ausdruck.

**64.** ***Regeln für den Verkehrsteilnehmer. Geben Sie Ratschläge mit nicht oder kein-.***
*Beispiel:* bei Rot über die Straße gehen
Geh nicht bei Rot über die Straße.

a) auf Landstraßen über 100 fahren
b) Alkohol trinken
c) bei Nebel so schnell fahren
d) so plötzlich bremsen
e) so schnell fahren
f) in der Stadt über 50 fahren
g) beim Fahren telefonieren
h) so oft hupen
i) in der Kurve überholen
j) so weit links fahren

# II. Das Substantiv



der Mann, die Frau, das Kind

Das Substantiv hat drei Genera: maskulin, feminin, neutral. 59

das Hotel, die Hotels
das / dem Hotel, des Hotels

Es kommt im Singular und Plural vor und in den verschiedenen Kasus.

das große Hotel
die kommende Woche
drei (große) Hotels
das größte Hotel der Stadt

Links können Adjektive, Partizipien und / oder Zahlwörter stehen.
Rechts können Substantive im Genitiv stehen.

das Hotel → es

Anstelle des Substantivs kann das Pronomen stehen.

## Das Genus



### Die Formen 60

| | | |
|---|---|---|
| **maskulin** | der Mann | der Geburtsort |
| **feminin** | die Frau | die Nationalität |
| **neutral** | das Kind | das Alter |

Die Artikel *der, die* und *das* kennzeichnen die Genera.

Personennamen haben ein natürliches Geschlecht: 61

**der**
der Mann, der Herr, der Junge
der Vater, der Sohn, der Bruder, der Onkel

der Schüler, der Ausländer, der Kollege
der Direktor, der Professor

Berufe auf *-er:*
der Lehrer, der Maler, der Dichter, der Politiker
der Bauer, der Handwerker, der Akademiker

**die**
die Frau, die Dame
die Mutter, die Tochter, die Schwester, die Tante

die Schülerin, die Ausländerin, die Kollegin
die Direktorin, die Professorin

Berufe auf *-in:*
die Lehrerin, die Malerin, die Dichterin, die Politikerin
die Bäuerin, die Handwerkerin, die Akademikerin

Es gibt folgende Besonderheiten:

| | |
|---|---|
| das Mädchen, das Fräulein, das Mannequin, das Weib | (1) Der Artikel ist neutral, die Person ist feminin. |
| der Mensch, der Gast, der Boss, der Lehrling<br>das Staatsoberhaupt, das Mitglied | (2) Es gibt auch Substantive mit den Artikeln *der* oder *das*, die eine Frau oder einen Mann bezeichnen. |
| der Vati (Vater), die Omi (Oma), die Anni (Anna), der Wolfi (Wolfgang) | (3) Die Endung *-i* kommt bei Vornamen und Familienbezeichnungen vor. Sie drückt Liebe und Zuneigung aus. |
| der / die Promi (= Prominente)<br>der / die Ossi (= Ostdeutsche)<br>der / die Wessi (= Westdeutsche)<br>der / die Azubi (= Auszubildende)<br>der Profi (= der Professionelle, *nur maskulin*) | Die Endung *-i* kommt auch bei einigen Abkürzungen vor. Häufig sind die Pluralformen: *die Ossis, Wessis, Azubis ...* |
| der / die Auszubildende (= der Lehrling)<br>der / die Reisende<br>der / die Abgeordnete<br>der / die Angestellte | (4) Einige Substantive unterscheiden das Geschlecht mit dem Artikel *der* bzw. *die.* |
| der Kaufmann / die Kauffrau<br>der Fachmann / die Fachfrau | (5) Neu sind Wörter mit *-frau.* |

> ***Lerntipp***
> Notieren Sie immer das Wort und den Artikel. Ordnen Sie die Wörter so:
>
> | *der* | *die* | *das* |
> |---|---|---|
> | … | … | … |

Lerntipp

## Genusregeln

### Maskulin sind

62

| | |
|---|---|
| der Montag, der Dienstag, der Mittwoch, der Donnerstag, der Freitag, der Sonnabend (Samstag), der Sonntag | (1) Wochentage |
| der Januar (österr. der Jänner), der Februar, der März, der April, der Juni, der Juli, der August, der September, der Oktober, der November, der Dezember: der Monat<br>*aber:* die Woche, das Jahr | (2) Monate |
| der Frühling, der Sommer, der Herbst, der Winter | (3) Jahreszeiten |
| der Norden, der Süden, der Osten, der Westen | (4) Himmelsrichtungen |
| der Regen, der Schnee, der Wind | (5) Wetter |
| der Morgen, der Mittag, der Nachmittag, der Abend<br>*aber:* die Nacht | (6) Tageszeiten |
| der VW, der BMW, der Mercedes, der Porsche, der Audi, der Fiat<br>*aber Motorräder:* die BMW, die Harley Davidson | (7) Autos |
| der Gang (gehen), der Verlust (verlieren), der Hinweis (hinweisen) | (8) Substantive ohne Endung, die von Verben stammen |
| der Kuchen, der Wagen, der Schaden | (9) die meisten Substantive auf *-en* |
| der Motor<br>der Optimismus, der Pessimismus, der Realismus | (10) alle Fremdwörter auf *-or* und *-us* |

## 63 Feminin sind

| | |
|---|---|
| die Eiche, die Buche, die Kiefer | (1) viele Bäume |
| die Rose, die Nelke, die Orchidee | (2) viele Blumen |
| die Fahrt (fahren), die Tat (tun), die Sicht (sehen) | (3) die meisten Substantive auf *-t*, die von Verben abstammen |
| die Reise, die Brille, die Tasche *aber:* der Bote, der Biologe (→ *n*-Deklination, Nr. 74) | (4) viele Substantive auf *-e* |
| die Einheit, die Staatsangehörigkeit | (5) Substantive auf *-heit*/*-keit* |
| die Malerei, die Bäckerei | *-ei* |
| die Wirtschaft | *-schaft* |
| die Einladung | *-ung* |
| die Konferenz, die Intelligenz, die Existenz | (6) alle Fremdwörter auf *-enz* |
| die Industrie, die Philosophie | *-ie* |
| die Fabrik, die Musik, die Politik | *-ik* |
| die Religion | *-ion* |
| die Realität, die Universität | *-tät* |
| die Kultur, die Reparatur | *-ur* |

## 64 Neutral sind

| | |
|---|---|
| essen → das Essen<br>baden → das Baden<br>rauchen → das Rauchen<br>leben → das Leben<br>hören → das Hören<br>lesen → das Lesen<br>schreiben → das Schreiben | (1) Substantivierungen von Infinitiven |

Rauchen verboten

Baden verboten

Pizza zum Mitnehmen

| | |
|---|---|
| blau → das Blau<br>schön → das Schöne<br>*auch:* wenn, aber → das Wenn, das Aber | und von Adjektiven |

*Spruch:* Da gibt's kein Wenn und Aber.

| | |
|---|---|
| die Blume → das Blümchen / das Blümlein<br>das Kind → das Kindchen / das Kindlein | (2) alle Verkleinerungsformen auf *-lein/-chen*; *-chen* ist heute die übliche Verkleinerungssilbe. |

*Merkvers:* -chen und -lein machen alles klein.

| | |
|---|---|
| das Element, das Experiment, das Parlament | (3) alle Substantive auf *-(m)ent* |
| das Gymnasium, das Studium, das Zentrum | (4) alle Substantive auf *-um* |

Übungen

***1. Notieren Sie den Artikel.***

a) ___ Norden (m)
b) ___ Motorrad (n)
c) ___ Rose (f)
d) ___ Motor (m)
e) ___ Wirtschaft (f)
f) ___ Kultur (f)
g) ___ Optimismus (m)
h) ___ Zentrum (n)
i) ___ Essen (n)
j) ___ Einladung (f)
k) ___ Praktikant
l) ___ Nachmittag
m) ___ Sonntag
n) ___ Jahr
o) ___ Partei
p) ___ Reisende
q) ___ Auto
r) ___ Wagen
s) ___ Kuchen
t) ___ Woche

***2. Sammeln Sie einsilbige Substantive und ergänzen Sie den Artikel.***

a) ___ Film
b) ___ Ort
c) ___ Tisch
d) ___ Bett
e) ___ Stuhl
usw.

*Regel:* Einsilbige Substantive sind oft _______________.

**3. Notieren Sie die weibliche bzw. männliche Form.**

| | |
|---|---|
| der Mechaniker ________________ | ________________ die Redakteurin |
| der Boss ________________ | der Kollege ________________ |
| der Frisör ________________ | der Fachmann ________________ |
| ________________ die Arzthelferin | der Lehrling ________________ |
| der Ingenieur ________________ | der Meister ________________ |
| der Elektroniker ________________ | der Handwerker ________________ |
| ________________ die Chefin | ________________ die Managerin |
| ________________ die Leiterin | ________________ die Flugzeugbauerin |
| der Schornsteinfeger ________________ | |

**4. Wie heißt die weibliche Berufsbezeichnung?**

| | | | |
|---|---|---|---|
| der Fachgehilfe | ________________ | der Gärtner | ________________ |
| der Tischler | ________________ | der Maler | ________________ |
| der Politiker | ________________ | der Arzt | ________________ |
| der Schüler | ________________ | der Verkäufer | ________________ |
| der Pilot | ________________ | der Rechtsanwalt | ________________ |
| der Frisör | ________________ | der Kaufmann | ________________ |

*Regel:* Feminine Berufsbezeichnungen haben meistens die Endung ___.

***Unterstreichen Sie die Berufsbezeichnungen mit** -er. **Welche kennen Sie noch?***
*Regel:* Berufsbezeichnungen auf *-er* sind ______________.

**5. Lesen Sie die Abkürzungen mit Artikel.**

Das ist …

a) EU ______ (Europäische Union) (f)
b) IC ______ (Intercity) (m)
c) FC Bayern ______ (Fußballclub) (m)
d) VW ______ (Volkswagen) (m)
e) SZ ______ (Süddeutsche Zeitung) (f)
f) SPD ______ (Sozialdemokratische Partei Deutschlands) (f)
g) CDU ______ (Christlich-Demokratische Union) (f)
h) DM ______ (Deutsche Mark, gesprochen: D-Mark) (f)
i) € ______ (Euro) (m)
j) PKW ______ (Personenkraftwagen) (m)
k) LKW ______ (Lastkraftwagen) (m)

**6. *Verreisen Sie gern? Vergessen Sie oft etwas? Hier ist eine Merkliste. Ergänzen Sie:***

| | | | | | |
|---|---|---|---|---|---|
| a) | Badeanzug | *Ja, der ist wichtig.* | f) | Sonnenbrille | ______ |
| b) | Badehose | *Ja,* ______ | g) | Reiseführer | ______ |
| c) | Pass | ______ | h) | Kamera | ______ |
| d) | Ausweis | ______ | i) | Zahnbürste | ______ |
| e) | Handtasche | ______ | j) | Ticket | ______ |
| | | | k) | Kreditkarte | ______ |

**7. *Suchen Sie Substantive auf -e, zum Beispiel:***

Presse Krise Straße Geschichte Tomate Bote

***Notieren Sie die Substantive mit dem Artikel.***
*Regel:* Substantive auf *-e* sind meistens ______.

**8. *Ein Wort hat zwei Artikel.***

Reise Reisetasche Busreise Reisende Reisen
*Das Wort heißt:* der / die ______

**9. *Welche Wörter schreiben Sie groß? Schreiben Sie die Sätze.***

sind sie berufstätig? ______
was sind sie von beruf? ______

**10. *Schreiben Sie die Sätze.***

dashausisteineschule ______

ichbinmotorradfahrer ______

fritzfährtfahrrad ______

herrimhoffkommtausderschweiz ______

## 11. Grammatik im Text

### a) Bitte füllen Sie die Anmeldung aus.

**Hotelanmeldung**

Name ______________________
Vorname ______________________
Geburtsort ______________________
Geburtsdatum ______________________
Nationalität ______________________
Adresse ______________________

Unterschrift ______________________

### b) An der Rezeption

*Rezeption:* Hier die Anmeldung.
*Gast:* Muss ich das alles ausfüllen?
*Rezeption:* Nur die Anschrift und die Pass-Nummer oder Personalausweis-Nummer, das genügt. …
Bitte noch die Unterschrift.
*Gast:* Ah ja, vielen Dank. – Bitte sehr!

***Notieren Sie den Artikel:***

___ Name (m)
___ Vorname (m)
___ Geburtsort (m)
___ Geburtsdatum (n)
___ Nationalität (f)
___ Adresse (= ___ Anschrift) (f)
___ Unterschrift (f)

### c) Warum heißt es der Rhein, aber die Elbe?

Flussnamen sind alt. Sie sind entstanden, als es noch keine Artikel in der deutschen Sprache gab. Die Artikel gibt es erst seit dem 11. Jahrhundert. Davor bestimmte die Endung das Genus maskulin, feminin oder neutral.

Viele männliche Flussnamen stammen von Flussgöttern: Das war die Zeit noch vor den Germanen. Die Bezeichnung für den Rhein kommt auch aus dieser Zeit, also aus der Zeit lange vor Christi Geburt. Deshalb heißt es *der Rhein.*

Andere Flussnamen bekamen einen Zusatz. Dieser Zusatz bedeutete „fließendes Wasser" und war im Lateinischen und Althochdeutschen weiblich. Elbe aus indogermanisch „albh" wurde deshalb wahrscheinlich *die Elbe*.

Nicht so einfach ist es mit der Donau. Sie hieß lateinisch „danubius", war also männlich (Endung *-us*). Im Althochdeutschen wurde sie „tunowa" genannt. Deshalb erhielt sie später den weiblichen Artikel und heißt seitdem *die Donau*.

***Gibt es in Ihrer Sprache Artikel?***
***Hat Ihre Sprache Genera?***

## Wortbildung



### Die Wortfamilie „fahren"

Brauchen Sie die Wortbildung? Natürlich. Sie erkennen die Wörter und verstehen viele sofort. Ihr Wortschatz wächst.

Viele Wörter sind von einem Grundwort abgeleitet:

| | | |
|---|---|---|
| fahren | | → die Fahrt |
| Berg | + Ge- | → das Gebirge |
| Haus | + -chen | → das Häuschen |
| fahren | + -zeug | → das Fahrzeug |
| erfahren | + -ung | → die Erfahrung usw. |

Substantive stammen auch von Verben, Adjektiven und Partizipien:

| | |
|---|---|
| leben | → das Leben |
| blau | → das Blau |
| bekannt | → der / die Bekannte |
| reisend | → der / die Reisende |
| angestellt | → der / die Angestellte |

Substantive sind auch Zusammensetzungen:
die Abfahrt = ab + die Fahrt
der Fahrgast = fahren + der Gast
der Fahrkartenautomat = fahren + die Karten + der Automat

Übrigens, es gibt ungefähr eine halbe Million Wörter im Deutschen; circa die Hälfte davon sind Substantive, ein Viertel Verben und ein Sechstel Adjektive.

Hier sind Wörter der Wortfamilie „fahren“:

Abfahrt Rückfahrt Hinfahrt abfahren anfahren losfahren wegfahren zurückfahren fortfahren sich verfahren überfahren umfahren mitfahren nachfahren befahren vorfahren die Fahrt die Überfahrt der Fahrer das Fahrzeug der Fahrgast die Fahrkarte der Fahrplan das Fahrrad der Fahrkartenautomat erfahren fahrerlos der Fahrradlenker die Fahrradklingel der Fahrradhändler das Fahrradgeschäft der Fahrschein die Fahrtkosten die Fahrerlaubnis das Fahrwasser fahrtüchtig die Fuhre der Gefährte das Gefährt die Erfahrung erfahren sein

Nur wenige Wörter müssen Sie im Wörterbuch nachschlagen:
*die Fuhre* = etwas, was jemand auf einem Wagen transportiert;
*der Gefährte* = jemand, der mich begleitet; *erfahren* = kennen lernen (früher: reisen); *erfahren sein* = klug sein; *die Erfahrung* = Kenntnisse.

Mit den Vorsilben müssen Sie aber vorsichtig sein. Bestimmte Vorsilben geben dem Verb eine bestimmte Bedeutung:
Ich *fahre mit* heißt: Jemand fährt und ich fahre mit ihm.
Ich *habe mich verfahren* heißt: Ich bin falsch gefahren.
*anfahren* = mit dem Auto losfahren; *abfahren* = *wegfahren*
*fortfahren* = weitermachen oder *wegfahren*
(→ Trennbare und untrennbare Verben, Nr. 43)

Beachten Sie auch das Genus:

| | **maskulin** | **feminin** | **neutral** |
|---|---|---|---|
| fahren | der Fahr**er**<br>der Fahrradhändl**er** | die Fahr**t**<br>die Hinfahr**t**<br>die Rückfahr**t**<br>die Erfahr**ung**<br>die Fuhr**e** | das Fahr**en**<br>das Fahr**zeug** |

Mehr über die Wortbildung in Abschnitt 76 und 96.

**12.** *-heit* ***oder*** *-keit?* ***Benutzen Sie ein Wörterbuch.***

a) die Ein___
b) die Tätig___
c) die Krank___
d) die Geschwindig___
e) die Gesund___
f) die Möglich___
g) die Gelegen___
h) die Faul___

**13.** ***Welche Substantive kennen Sie? Benutzen Sie ein Wörterbuch.***
*Beispiel:* managen → der Manager, das Management

a) malen
b) planen
c) zurückfahren
d) studieren
e) leiten
f) arbeiten
g) verkaufen
h) tischlern
i) Fahrrad fahren

**14.** ***Bilden Sie Substantive. Benutzen Sie ein Wörterbuch.***

a) essen *das Essen*
b) Schi fahren *das* ___________
c) wandern ___________
d) jung *der/das* ___________
e) jugendlich *der/die* ___________
f) braun *der* ___________ (= österr. der Kaffee)
g) hell *das* ___________ (= Biersorte)
h) klar *der* ___________ (= Schnaps)

## Singular und Plural



### Die Formen

Die meisten Substantive haben einen Singular und einen Plural:

| | | |
|---|---|---|
| **Singular:** | der Beruf<br>die Firma<br>das Team | → Artikel: *der, die, das* |
| **Plural:** | die Berufe | → Artikel: immer *die* |

Oft steht im Plural ein Umlaut:

a → ä: Laden → Läden
o → ö: Sohn → Söhne
u → ü: Bruder → Brüder
au → äu: Baum → Bäume

Es gibt fünf Pluralformen:

| | **Singular** | **Plural** | |
|---|---|---|---|
| 1. - (oft mit Umlaut) | das Zimmer | die Zimmer | Substantive auf |
| | der Garten | die Gärten | *-er, -en, -chen/-lein* |
| | das Häuschen | die Häuschen | |
| 2. **-e** (oft mit Umlaut) | der Weg | die Wege | (viele) einsilbige |
| | der Baum | die Bäume | Substantive, |
| | das Ergebnis | die Ergebnisse | Substantive auf *-nis* |
| | das Zeugnis | die Zeugnisse | |
| 3. **-er** (mit Umlaut) | das Bild | die Bilder | (viele) einsilbige |
| | das Haus | die Häuser | Substantive |
| 4. **-(e)n** | die Blume | die Blumen | |
| | der Mensch | die Menschen | (*n*-Deklination, Nr. 74) |
| | die Freundin | die Freundi**nn**en | Feminina auf *-in* |
| | die Lehrerin | die Lehreri**nn**en | |
| | die Politikerin | die Politi-<br>keri**nn**en | |
| 5. **-s** | das Büro | die Büros | oft bei Fremdwörtern |
| | der Chef | die Chefs | |
| | das Team | die Teams | |
| | die Party | die Partys | |
| | der PKW | die PKWs | bei Abkürzungen |

Notieren Sie die Plurale so:

das Zimmer, -
der Weg, -e
das Ergebnis, -se
das Bild, -er
die Lehrerin, -nen
das Büro, -s

der Garten, ¨-
der Baum, ¨-e
das Haus, ¨-er

Es gibt folgende Besonderheiten bei Fremdwörtern:

das Zentrum → die Zentren
das Museum → die Museen
das Studium → die Studien
*aber:*
das Visum → die Visa

(1) Substantive auf *-um*

die Firma → die Firmen
das Thema → die Themen
die Villa → die Villen

(2) Substantive auf *-a*

## Substantive ohne Plural 67

das Geld, der Spaß, der Stress, der Sport, die Musik, die Gewalt, die Ordnung, das Glück, das Vertrauen, die Erziehung, die Kommunikation, die Kritik, die Jugend, das Alter, das Eigentum, der Unterricht, der Hunger, der Durst, die Werbung, die Umwelt, das Wetter, der Verkehr, der Urlaub, die Gesundheit

(1) Ein Haus, zwei Häuser kann man zählen. Abstrakta kann man nicht zählen, sie stehen deshalb nur im Singular.

das Wandern, das Suchen, das Sprechen

(2) Substantivierte Infinitive

das Gold, der Strom, der Regen, der Essig, der Kaffee, der Tee

(3) Stoffnamen

das Gepäck, das Getreide, die Polizei, die Bevölkerung, das Publikum, das Geschirr

(4) Sammelnamen

3 Kilo Kartoffeln
10 Pfund Äpfel
30 Mark
*aber:* 10 Tonnen

(5) Mengen und Maße

## 68 Substantive ohne Singular

| | |
|---|---|
| die USA, die Niederlande<br>die Alpen, die Anden | (1) Nur im Plural stehen einige geographische Namen, |
| die Eltern, die Leute | (2) auch Personengruppen |
| die Kosten, die Kenntnisse, die Papiere<br>die Möbel, die Jeans, die Ferien | (3) und einige wichtige Substantive. |

Lerntipp

***Lerntipp***

Wollen Sie ganz sicher sein? Dann notieren und lernen Sie die Substantive immer mit Artikel, Singular- und Pluralform, also: ***das** Glas, **Gläser*** (oder ***¨er***).

Tipps & Tricks

***Tipps & Tricks***

Wie heißt der Singular von *Ferien?*
Hier gibt es einige Tricks: Von *Ferien* bilden Sie *Ferientag.*
*Leute:* Im Singular gibt es *eine Person* oder *ein Mann, eine Frau.*
*Eltern:* Der Singular heißt *ein Elternteil* oder natürlich *der Vater, die Mutter.*

Manchmal funktionieren die Wörter *-stück* und *-art.*

| | |
|---|---|
| Möbel: ein Möbel*stück* | Getreide: eine Getreide*art* |
| Musik: ein Musik*stück* | Sport: eine Sport*art* |
| Gepäck: ein Gepäck*stück* | |

Lerntipp

***Lerntipp***

Was steht im Wörterbuch?

| | | | |
|---|---|---|---|
| **Jahr,** | *das,*<br>Artikel | *-(e)s,*<br>Genitiv | *-e*<br>Plural |

**15. Ergänzen Sie die Pluralform wie im Wörterbuch. Schreiben Sie dann den Plural.**
*Beispiel:* der Weg, -e → die Wege

a) das Erlebnis
b) das Foto
c) der LKW
d) der Lehrer
e) die Kartoffel
f) der Apfel

**16. Haben die Wörter einen Plural? Wenn ja, wie lautet er?**

a) der Verkehr
b) die Straße
c) der Bus
d) der PKW
e) die Jeans
f) der Kaffee

**17. Ergänzen Sie:** ***Flasche, Glas, Liter, Pfund, Tasse, Teller, Becher, Portion, Scheibe, Stück.***
***Es gibt oft mehrere Möglichkeiten.***
*Beispiel:* Bier
ein Glas / eine Flasche / ein Liter Bier

______________________ Wein
______________________ Butter
______________________ Kaffee
______________________ Suppe
______________________ Jogurt
______________________ Honig
______________________ Käse
______________________ Schinken
______________________ Brot
______________________ Kuchen
______________________ Wurst

**18. Welche Wörter sind im Singular und Plural gleich?**

das Thema
das Bild
der Schüler
der Garten
der PKW
das Zimmer
der Lehrling
der Bruder
der Pilot
das Erlebnis
der Manager
der Handwerker
die Schwester
das Häuschen
die Party
der Maler
der Vater

**19. *Ordnen Sie die Wörter in die passenden Spalten.***

Fisch Mineralwasser Kaffee
Obst Fleisch Zucker Butter Tee
Mehl Gemüse Apfel
Milch Wurst Kirsche Müesli Erdäpfel (österr.)
Erdbeere Kartoffel Getränk Weintraube

| *Was es nur im Singular gibt* | *Was es im Singular und Plural gibt* |
|---|---|
| | |

**20. *Was essen und trinken Sie morgens zum Frühstück? Notieren Sie. (Ei, Tasse Kaffee / Tee, Butter – nichts ...)***

**21. *Grammatik im Text – Was ist Singular? Was ist Plural?***

**Kartoffeln, Brot und Eier ...**
2 Kilo Kartoffeln
1 l Milch (l = Liter)
5 Brötchen
10 Eier
1 Pfund Spinat
1 Brot
1 Becher saure Sahne

■ Heute gibt's Spinat mit Ei.
▲ Fein. Aber mit Zwiebeln, ja? Und etwas Sahne.
■ Aber natürlich!

■ Was hast du aufgeschrieben? Lies mal vor!
▲ Kartoffeln, Brötchen, Äpfel, Weintrauben, Bananen.
■ Okay, das haben wir alles.

■ Was ist mit Getränken?
▲ Wir brauchen nichts. Alles da – Mineralwasser, Limo, Cola, Bier.
■ Franken-Wein ist heute im Angebot.
▲ Na gut. Der ist für dich. Ich trinke lieber Bier.

***Markieren Sie die Substantive im Plural und notieren Sie den Nominativ, Singular und Plural. Notieren Sie die Substantive im Singular mit Artikel.***

## Die Deklination



### Die Formen

Es gibt 4 Kasus.

| | |
|---|---|
| **Herr Müller** wohnt in Dresden.<br>**Er** arbeitet bei Siemens.<br><br>**Die Stadt** liegt in Sachsen.<br>**Ich** schreibe eine Postkarte. | **Nominativ**<br>Frage: Wer? (= Person) oder<br>Was? (= Sache) |
| Ich besuche **meine Eltern**.<br>Ich schreibe **eine Postkarte**. | **Akkusativ**<br>Frage: Wen? (= Person) oder<br>Was? (= Sache) |
| Ich schreibe **dir**.<br>Ich schreibe auch **der Firma** eine Postkarte. | **Dativ**<br>Frage: Wem? |
| Das ist das Haus **der Eltern**. | **Genitiv**<br>Frage: Wessen? |

## 70 Singular

| | *maskulin* | *maskulin n-Deklination* | *feminin* | *neutral* |
|---|---|---|---|---|
| N | **der** Vater | **der** Mensch | die Mutter | das Kind |
| A | **den** Vater | **den** Mensch**en** | die Mutter | das Kind |
| D | **dem** Vater | **dem** Mensch**en** | **der** Mutter | **dem** Kind |
| G | **des** Vater**s** | **des** Mensch**en** | **der** Mutter | **des** Kind**es** |
| | | | | |
| N | ein Vater | ein Mensch | eine Mutter | ein Kind |
| A | ein**en** Vater | ein**en** Mensch**en** | eine Mutter | ein Kind |
| D | ein**em** Vater | ein**em** Mensch**en** | ein**er** Mutter | ein**em** Kind |
| G | ein**es** Vater**s** | ein**es** Mensch**en** | ein**er** Mutter | ein**es** Kind**es** |

## 71 Plural

| | *maskulin* | *maskulin n-Deklination* | *feminin* | *neutral* |
|---|---|---|---|---|
| N | die Väter | die Menschen | die Mütter | die Kinder |
| A | die Väter | die Menschen | die Mütter | die Kinder |
| D | **den** Väter**n** | **den** Menschen | **den** Mütter**n** | **den** Kinder**n** |
| G | **der** Väter | **der** Menschen | **der** Mütter | **der** Kinder |
| | | | | |
| N | Väter | Menschen | Mütter | Kinder |
| A | Väter | Menschen | Mütter | Kinder |
| D | Väter**n** | Menschen | Mütter**n** | Kinder**n** |
| G | – | – | – | – |

des Vater**s**, des Kind**es**
den Väter**n**, Mütter**n**, Kinder**n**
den / dem / des Mensch**en**
die / den / der Mensch**en**

Substantive haben Endungen:
im Genitiv Singular,
Dativ Plural
und in der *n*-Deklination.

**Genitiv** 72

des Vaters, des Kindes

(1) Maskuline und neutrale Substantive haben im Genitiv Singular die Endung *-s* oder *-es*.

des Buches, des Hauses, des Gastes
des Flusses, des Schmerzes

(2) *-es* steht meist bei einsilbigen Wörter und bei Wörtern, die man sonst schlecht aussprechen kann.

Julias Eltern
Doktor Maiers Sprechzeiten
Professor Erdmanns Aufsatz
Herrn und Frau Lehmanns Urlaubserlebnisse

(3) Der Genitiv von Eigennamen steht direkt vor dem Substantiv, zu dem er gehört.

Barbaras Eltern
= die Eltern von Barbara
die Schwester von Herrn Bauer

(4) *von* + Dativ ersetzt besonders in der mündlichen Sprache den Genitiv,

die Mitte Europas / von Europa
der Bürgermeister von Hamburg
die Einwohner von Dresden

häufig auch bei geographischen Namen.

**Dativ Plural** 73

den Vätern, den Müttern, den Kindern

Alle Substantive haben im Dativ Pural die Endung *-n*.
Ausnahmen: die Substantive auf *-s* (den Autos, den Chefs).

***n*-Deklination** 74

| | |
|---|---|
| N | der Mensch |
| A, D, G Sg. | den / dem / des Menschen |
| N, A, D, G Pl. | die / den / der Menschen |

Substantive der *n*-Deklination können Sie leicht erkennen. Ihre Zahl ist begrenzt. Sie sind maskulin.
Sie haben *-(e)n* im Akkusativ, Dativ und Genitiv Singular und im Plural.

Zur *n*-Deklination gehören:

(1) Alle maskulinen Substantive, die auf *-e* enden

der Junge, des Jungen
der Kollege, des Kollegen
der Kunde, des Kunden
der Affe, des Affen …

und einige andere maskuline Substantive.

der Bär, des Bären
der Bauer, des Bauern
der Kamerad, des Kameraden
der Nachbar, des Nachbarn
der Herr, des Herrn (Pl. Herren) …

(2) Substantive, die auf *-ant / -ent / -ist / -at / -oge / -graf* enden.

der Demonstrant, des Demonstranten
der Präsident, des Präsidenten
der Polizist, des Polizisten
der Demokrat, des Demokraten
der Biologe, des Biologen
der Fotograf, des Fotografen …

(3) Substantive mit *-ns* im Genitiv.

der Buchstabe, des Buchstabens
der Friede, des Friedens
der Gedanke, des Gedankens
der Name, des Namens
das Herz, des Herzens

*Das Herz* ist das einzige neutrale Substantiv mit *n*-Deklination.

(4) Nationalitäten enden auf *-e* und *-er.*
*-e* = *n*-Deklination
*-er* = Deklination maskulin,
(→ Nr. 70, 71)

der Bulgare, des Bulgaren
der Chinese, des Chinesen
der Däne, des Dänen …
der Argentinier, des Argentiniers
der Belgier, des Belgiers
der Engländer, des Engländers …
*aber:*
*maskulin Singular*
der Deutsche, des Deutschen
ein Deutscher, eines Deutschen
*feminin Singular*
die Deutsche, der Deutschen
eine Deutscher, einer Deutschen
*Plural*
die Deutschen, der Deutschen
Deutsche, Deutscher

(→ Adjektiv-Deklination, Nr. 91–93)

Lerntipp

***Lerntipp***

Notieren Sie die Substantive der *n*-Deklination mit dem Genitiv: *der Mensch, des Menschen.* Dann erkennen Sie die Deklination sofort.

Was steht im Wörterbuch?

| | | | |
|---|---|---|---|
| **Mensch,** | *der;* | *-en,* | *-en* |
| | Artikel | Genitiv | Plural |

Übungen

***22. Ergänzen Sie.***

a) der Beruf des ______________ (Fotograf)
b) die Mutter von ______________ (Herr) Neumann
c) ______________ (Gabriele) Kinder
d) der Bürgermeister _______ Bremen
e) die Präsidentin _______ Bundestages
f) die Vereinigung ______________ (Deutschland)
g) Er schreibt _______ Bundeskanzler einen Brief.
h) Sie schreibt _______ Leserbrief.
i) Kennen Sie meinen ______________ (Kollege)?
j) Ich werde _______ (Herr) Petrelli meinem _______ (Kollege) vorstellen.

***23. Notieren Sie den Genitiv.***

a) der Mann, des ______________
b) die Frau, ___ ______________
c) der Meister, ___ ______________
d) die Praktikantin, ___ ______________
e) der Türke, ___ ______________
f) der Grieche, ___ ______________
g) der Name, ___ ______________
h) der Albaner, ___ ______________
i) der Herr, ___ ______________
j) die Dame, ___ ______________
k) der Dozent, ___ ______________
l) der Lehrer, ___ ______________
m) die Lehrerin, ___ ______________
n) der Brief, ___ ______________

***24. Was tragen Sie gern? Sagen Sie es im Plural ohne Artikel.***

| | | | |
|---|---|---|---|
| | | (Turnschuh) | (Hemd) |
| Ich trage gern | (Pullover) | (Kleid) | (Hose) |
| | | (Hosenanzug) | (Overall) |

**25. Ergänzen Sie den Dativ Plural.**

a) Gib doch ______________ (die Kinder) ein Taschengeld!
b) Schreib doch ______________ (unsere Eltern) eine Karte!
c) Bring doch ______________ (die Geschwister) ein Geschenk mit!
d) Glaub doch ______________ (die Politiker) kein Wort!
d) Schenk doch ______________ (unsere Gäste) einen Atlas!

**26. Was tragen Männer? Was tragen Frauen? Bilden Sie Sätze.**

| | | | |
|---|---|---|---|
| Mantel (m) | Jacke (f) | Rock (m) | Turnschuhe (Pl.) |
| Schal (m) | Handschuhe (Pl.) | Hose (f) | Hosenanzug (m) |
| Bluse (f) | Hemd (n) | Schlips (m) | Anzug (m) |
| Kleid (n) | Hut (m) | Bikini (m) | Badeanzug (m) |
| Badehose (f) | | | |

**27. Suchen Sie Bezeichnungen für die Nationalität und notieren Sie auch die feminine Form. Benutzen Sie das Wörterbuch.**

| auf *-er* | | auf *-e* | |
|---|---|---|---|
| *maskulin* | *feminin* | *maskulin* | *feminin* |
| der / ein Italiener | die / eine Italienerin | der / ein Däne | die / eine Dänin |

*Regel:*
Maskulin auf *-er* und feminin auf ______________.
Maskulin auf *-e* und feminin auf ______________ ohne *-e-*.

**Bilden Sie jetzt die Plurale:**

| | | | |
|---|---|---|---|
| die / - Italiener | die / - Italienerinnen | die / - Dänen | die / - Däninnen |

*Regel:*
*-er* bleibt im Plural *-er.*
Der Plural feminin hat die Endung ______________.

## 28. *Grammatik im Text.*

**a)** ***Möchten Sie Herrn Maier kennen lernen? – Ergänzen Sie.***

*Müller:* Kennen Sie Herr___ Maier? Nein? Warten Sie, ich stelle Sie vor. Guten Tag, Herr___ Maier. Darf ich Ihnen Frau Schulte vorstellen? Von der Firma Extrablatt.

*Maier:* Guten Tag, Frau Schulte.

*Schulte:* Guten Tag, Herr Maier.

***Deklinieren Sie bitte das Wort „Herr":***

| *Singular* | *Plural* |
|---|---|
| der Herr | die _______ |
| den _______ | die _______ |
| dem _______ | den _______ |
| des _______ | der _______ |

**b)** ***„Das war des Pudels Kern." – Was bedeutet die Redewendung?***

Leser von Goethes Faust kennen den Ausdruck. „Faust" ist das bekannteste Werk von Johann Wolfgang von Goethe. Viele Ausdrücke und Wendungen aus diesem Werk zitiert man noch heute.

Eine Szene aus „Faust": Doktor Faust geht mit seinem Diener spazieren. Sie treffen einen Hund, einen Pudel, der sich sehr merkwürdig benimmt. Sie sind von ihm fasziniert und nehmen ihn mit nach Hause. Dort bellt der Pudel pausenlos und beginnt plötzlich zu wachsen. Schließlich ist er so groß wie ein Elefant. Das Tier verschwindet in einer Wolke und Mephisto tritt heraus. Mephisto ist als Schüler verkleidet. „Das war also des Pudels Kern", ruft Faust, „ein fahrender (= reisender) Scholast (= Schüler)."

***Notieren Sie die Verben.***
***Suchen Sie dann die Subjekte.***

| *Verb* | *Subjekt* |
|---|---|
| kennen | Leser von Goethes Faust |
| ist | Faust |
| zitiert | man |

## Syntax-Baustein 6

### Der Hauptsatz

Das Verb bestimmt die Struktur des Satzes, vor allem den Kasus der Ergänzungen. Merken Sie sich diese Modelle und analysieren Sie Ihre Sätze.

| **Nominativ** | **Verb** | **Nominativ** |
|---|---|---|
| Er | ist | Fotograf. |
| Bayern | ist | ein Bundesland. |
| Sie | wird / bleibt | Lehrerin. |
| Sie | arbeitet | als Lehrerin. |

| **Nominativ** | **Verb** |
|---|---|
| Klaus | arbeitet. |

*Auch:* Klaus schläft, schreit, isst, friert, singt, läuft, kommt usw.

| **Nominativ** | **Verb** | **Akkusativergänzung** |
|---|---|---|
| Klaus | hat | Hunger. |
| Er | schreibt | (einen Aufsatz). |

(Sehr viele Verben haben eine Akkusativergänzung.)

| **Nominativ** | **Verb** | **Artergänzung** |
|---|---|---|
| Er | ist | freundlich. |
| Sie | arbeitet | fleißig. |

| **Nominativ** | **Verb** | **Akkusativergänzung** | **Artergänzung** |
|---|---|---|---|
| Wir | finden | ihn | sympathisch. |

| **Nominativ** | **Verb** | **Akkusativergänzung** | **Infinitiv** |
|---|---|---|---|
| Martina | möchte / will / darf | | verreisen. |
| Wir | hören / sehen | Stefan | kommen. |
| Angela | lernt | | schreiben. |
| Du | brauchst | | nicht aufzuräumen. |
| Du | brauchst | Martina | nicht zu fragen. |

Übungen

**29. *Ergänzen Sie den Satz.***

*Beispiel:* Beate arbeitet als Praktikantin.
Wo arbeitet Beate als Praktikantin?

a) Klaus isst.
Was ______________________________?

b) Martin schreibt einen Aufsatz.
Wann? – Morgen ______________________________.

c) Er ist wütend.
Warum ______________________________?

d) Wir finden Helmut nett.
Wie findet ihr Helmut? Nett? – Natürlich ______________________________.

e) Du brauchst nicht aufzuräumen.
Muss ich aufräumen? – Nein, heute ______________________________.

f) Martina möchte verreisen.
Nächste Woche ______________________________.

**30. *Markieren Sie die Subjekte in Übung 29.***

*Beispiel:* Beate arbeitet als Praktikantin.
Wo arbeitet Beate als Praktikantin?

## Wortbildung

### Komposita

76

Im Deutschen gibt es viele zusammengesetzte Wörter (= Komposita). Täglich gibt es neue Wörter. Viele entstehen und verschwinden wieder. Oft entstehen auch Zusammensetzungen aus drei oder mehr Wörtern.

Wichtige Zusammensetzungen:

**Substantiv + Substantiv**

| | |
|---|---|
| **der** Zimmer / schlüssel | = das Zimmer + **der** Schlüssel |
| **der** Hotel / zimmer / schlüssel | = das Hotel + das Zimmer + **der** Schlüssel |
| | Das Wort ganz rechts bestimmt das Genus. |

Wortbildung

**Substantiv + *s/es* + Substantiv**
*s/es* erleichtert die Aussprache.

| | |
|---|---|
| das Geburtsdatum | = die Geburt + s + das Datum (= das Datum der Geburt) |
| der Geburtsort | = die Geburt + s + der Ort (= der Ort der Geburt) |
| die Tageszeit | = der Tag + es + die Zeit (= die Zeit des Tages) |

**Substantiv + *n* + Substantiv**

| | |
|---|---|
| die Sonnenbrille | = die Sonne + n + die Brille (= die Brille gegen die Sonne) |

**Verbstamm (z. B. *fahr-*) + Substantiv**

| | |
|---|---|
| das Fahrrad | = fahren + das Rad (= das Rad zum Fahren) |
| das Wohnhaus | = wohnen + das Haus (= das Haus zum Wohnen) |
| die Badehose | = baden + die Hose (= die Hose zum Baden) |

**Adjektiv + Substantiv**

| | |
|---|---|
| das Hochhaus | = hoch + das Haus |
| der Schnellzug | = schnell + der Zug |

*Es gibt außerdem:*
**Adverb + Substantiv:** die Hinfahrt, die Rückfahrt
**Präposition + Substantiv:** die Unterschrift

Übungen

***31. Kennen Sie Komposita? Was passt zu „Hotel-"?***

| | | | |
|---|---|---|---|
| Hotel___ | Leiter | Zimmer | Gast |
| | Anmeldung | Direktor | Mensch |
| | Portier | Rechnung | |

***Notieren Sie auch den Artikel: der Hotelportier, ...***

# III. Artikelwörter

77

Artikelwörter stehen im Deutschen vor dem Substantiv. Man erkennt das Genus, den Numerus und den Kasus des Substantivs:

| | |
|---|---|
| **Der** Urlaub war sehr schön. | = maskulin, Singular, Nominativ |
| In **diesem** Urlaub habe ich mich gut erholt. | = maskulin, Singular, Dativ |
| Wir hatten einen **schönen**, **interessanten** Urlaub. | Zwischen Artikelwort und Substantiv kann ein Adjektiv oder mehrere Adjektive stehen. |



## Der bestimmte Artikel

78

| | Singular *maskulin* | *feminin* | *neutral* | Plural |
|---|---|---|---|---|
| N | **de*r*** Urlaub | **di*e*** Pension | **da*s*** Gästehaus | **di*e*** Zimmer |
| A | **de*n*** Urlaub | **di*e*** Pension | **da*s*** Gästehaus | **di*e*** Zimmer |
| D | **de*m*** Urlaub | **de*r*** Pension | **de*m*** Gästehaus | **de*n*** Zimmern |
| G | **de*s*** Urlaubs | **de*r*** Pension | **de*s*** Gästehauses | **de*r*** Zimmer |

Auch:

| | | | | |
|---|---|---|---|---|
| N | dies*er* Urlaub | dies*e* Pension | dies*es* Gästehaus | dies*e* Zimmer |
| A | dies*en* Urlaub | dies*e* Pension | dies*es* Gästehaus | dies*e* Zimmer |
| D | dies*em* Urlaub | dies*er* Pension | dies*em* Gästehaus | dies*en* Zimmern |
| G | dies*es* Urlaubs | dies*er* Pension | dies*es* Gästehauses | dies*er* Zimmer |

(→ Demonstrativpronomen, Nr. 117, 122, 123)

| | | | | |
|---|---|---|---|---|
| | jed*er* | jed*e* | jed*es* | jed*e* |
| | manch*er* | manch*e* | manch*es* | manch*e* |

(→ Unbestimmte Pronomen, Nr. 117, 128)

| | | | | |
|---|---|---|---|---|
| | welch*er* | welch*e* | welch*es* | welch*e* |

(→ Fragewörter, Nr. 117–119)

## 79 Der unbestimmte Artikel

| | **Singular** *maskulin* | *feminin* | *neutral* | **Plural** |
|---|---|---|---|---|
| N | **ein** Gast | **ein*e*** Reise | **ein** Erlebnis | - Gäste / - Reisen / |
| A | **ein*en*** Gast | **ein*e*** Reise | **ein** Erlebnis | - Erlebnisse |
| D | **ein*em*** Gast | **ein*er*** Reise | **ein*em*** Erlebnis | |
| G | **ein*es*** Gastes | **ein*er*** Reise | **ein*es*** Erlebnisses | |

*ein* ist auch Kardinalzahl: ein Gast, zwei Gäste.



## 80 Der negative Artikel

| | **Singular** *maskulin* | *feminin* | *neutral* | **Plural** |
|---|---|---|---|---|
| N | **kein** Gast | **kein*e*** Reise | **kein** Erlebnis | **kein*e*** Gäste |
| A | **kein*en*** Gast | **kein*e*** Reise | **kein** Erlebnis | **kein*e*** Gäste |
| D | **kein*em*** Gast | **kein*er*** Reise | **kein*em*** Erlebnis | – |
| G | – | – | – | – |

Der Genitiv ist selten.

*Auch:*

| | | | |
|---|---|---|---|
| mein | mein*e* | mein | mein*e* |

dein, sein / ihr, unser, euer, ihr
(→ Possessivartikel, Nr. 89)

| | | | |
|---|---|---|---|
| irgendein | irgendein*e* | irgendein | irgendwelch*e* |
| was für ein | was für ein*e* | was für ein | was für welch*e* |

alle, einige, mehrere (nur Plural)
(→ Unbestimmte Pronomen, Nr. 128)

Oft wiederholen Sie das Substantiv nicht. Achtung: Dann bekommen Nominativ maskulin die Endung *-er* und Nominativ neutral *-s:*
Wir fahren mit dem Bus. – Da steht aber kein*er*. – Gleich kommt ein*er*.
(→ Pronomen, Nr. 117)

## Bestimmter Artikel oder unbestimmter Artikel? 81

**Der bestimmte Artikel** bezeichnet etwas Individuelles oder Bekanntes:

| | |
|---|---|
| Irene hat **den schönsten** Anorak. | Superlative |
| **Der 1.** Januar ist immer frei. | Ordinalzahlen |
| **Der Januar** hat 31 Tage. | allgemein bekannte Tatsachen |
| **Die Schlossstraße** ist da vorn. | Straßennamen |

**Der unbestimmte Artikel** bezeichnet etwas Allgemeines oder Neues.

| | |
|---|---|
| Gibt es **einen Sonderpreis**? | |
| Gibt es **Sonderpreise**? | Er hat keinen Plural. |
| Es gibt eine große Zahl **von Sonderpreisen**. | Statt Genitiv Plural steht *von* + Dativ. |

## Kein Artikel (Nullartikel) 82

| | |
|---|---|
| Das ist Herr Weber.<br>Beethoven schrieb 9 Symphonien.<br>(+ Adjektiv: **der** späte Beethoven) | bei Namen |
| Was macht die Carolin?<br>Der Müller ist nicht zu Hause.<br>Die Müllers sind im Urlaub. | *Aber:* In der mündlichen Sprache ist der bestimmte Artikel bei Namen sehr häufig. |
| Sie ist Reiseleiterin.<br>Sie ist Italienerin.<br>Sie ist Katholikin. | Berufsbezeichnungen<br>Nationalitäten<br>Bezeichnungen der Religion |
| Luft und Wasser sind Elemente.<br>(+ Adjektiv: **die** schlechte Luft)<br>Er kauft Bier und Wein.<br>(*Aber:* **einen** Kasten Bier)<br>Das Haus ist aus Holz, nicht aus Beton. | bei unbestimmten Mengen, Stoffnamen und Mengenangaben |
| Sie war in Griechenland, Spanien, Australien, in Bangkok und Tokio.<br>(*Aber:* **in den** USA, **in der** Schweiz, **in der** Bundesrepublik) | bei Ländern, Städten und Kontinenten |

| | |
|---|---|
| Wir haben Hunger und Durst.<br>Er hat viel Zeit und wenig Geld.<br>(*Aber:* **das** wenige Geld; Er hat **ein** Auto.) | bei Abstrakta (*haben* + Substantiv) |
| Ich habe Grippe (Fieber, ...)<br>(*Aber:* **eine** schwere Grippe) | oft bei Krankheiten |
| Morgens lese ich Zeitung.<br>(*Aber:* **die** Süddeutsche Zeitung)<br>Kannst du schon Auto fahren?<br>(*Aber:* **das** Auto meiner Eltern) | bei festen Ausdrücken |
| Ende gut, alles gut.<br>Er hat mehr Glück als Verstand. | bei Sprichwörtern |
| vor Ankunft des Zuges<br>ohne Begleitung<br>zu Ostern, zu Pfingsten, zu Weihnachten | oft nach Präpositionen<br>*(nach, ohne, vor, zu)* |
| Reisen mit Spaß<br>Grammatik für Anfänger<br>Gästehaus mit Doppelzimmern –<br>Frühstücksbüfett – Schwimmbad | bei Überschriften,<br>Buchtiteln<br>und Aufzählungen |
| Sie ist keine Reiseleiterin.<br>Sie ist keine Italienerin.<br>Ich habe keinen Hunger. | Verneinung mit *kein-* |

## 83 Kurzformen: Präposition + bestimmter Artikel

| | Der Artikel ist nicht betont. | Der Artikel ist betont. |
|---|---|---|
| Wir gehen heute **ins** Restaurant.<br>Wir gehen **in das** Restaurant, das du empfohlen hast. | am | an dem |
| | ans | an das |
| | beim | bei dem |
| | im | in dem |
| Ich fahre jetzt **zum** Reisebüro.<br>Ich fahre **zu dem** Reisebüro in der Schillerstraße. | ins | in das |
| | vom | von dem |
| | zum | zu dem |
| | zur | zu der |

… zu dem Reisebüro in der Schillerstraße.
… zu dem neuen Reisebüro.
… zu dem Reisebüro, das du empfohlen hast.

Bei Substantiven mit einer Ergänzung, mit Adjektiv oder mit einem Relativsatz ist der Artikel betont.

*Lerntipp* 84

Bestimmter Artikel oder unbestimmter Artikel?

Ich wünsche mir **einen** Urlaub auf einer Insel. = unbestimmt, neu
**Der** Urlaub im letzten Jahr war schön. = bestimmt, bekannt

Übungen

**1. *Wen kennen Sie alles?***

| | | | | |
|---|---|---|---|---|
| Ich kenne | einen | Experte | Philosoph | |
| | keinen | Student | Jurist | Bär |
| | keine | Biologe | Pessimist | Bürokrat |
| | viele | Idealist | Architekt | Optimist |

**2. *Brauchen wir ein Artikelwort oder nicht?***

a) Er ist ______ Musiker.
b) Er ist sogar ______ guter Musiker.
c) Er ist aber ______ Solist, sondern ______ Orchestermusiker.
d) ______ Orchester reist viel, auch in ______ Ausland.
e) Er war schon in ______ Japan und in ______ USA.
f) Die nächste Reise ist ______ Ostern. Es ist ______ Europa-Reise.

**3. *Bestimmt, unbestimmt oder ohne Artikel?***

a) ______ Urlaub (m) am Bodensee
b) ______ Bodensee (m) ist beliebt.
c) In letzter Zeit ist aber ______ Zahl (f) der Besucher zurückgegangen.
d) ______ Schweiz, ______ Österreich und ______ Bundesrepublik machen jetzt ______ gemeinsames Programm (n).

e) Im April erscheint ______ neue Broschüre (f).
f) Es gibt am Bodensee ______ Oldtimer-Eisenbahn (f).
g) Für ______ Eisenbahn sind ______ Aktionstage (Pl.) geplant.

4. ***Ergänzen Sie die Artikel.***

a) Ich möchte ______ Tageszeitung. – ______ SZ oder ______ FAZ?
b) Hat die Gruppe ______ Reiseleiter? – Ja, ______ Reiseleiter ist Herr Schwarz.
c) Ich wünsche mir ______ Urlaub am Meer. – O. k., buchen wir ______ Urlaub.
d) Möchtest du ______ Kaffee oder ______ Tee? – ______ Tee, bitte. ______ Kaffee ist alle, glaube ich.

5. ***Dies sind Titel und Überschriften aus der Zeitung. Brauchen wir einen Artikel?***

Was ______ Konzert kostet
Musik i______ Fernsehen
______ Reise und ______ Erholung
______ Abend i______ Fernsehen
______ Urlaub mit ______ Sport und ______ Spaß

6. ***Ergänzen Sie die Artikel.***

*Musik ______ Fernsehen*
In ______ Sendung „Apropos ______ Musik" berichten wir über ______ türkischen Rap-Superstars „Cartel". Sie haben inzwischen auch in ______ Deutschland ______ großes Publikum.

7. ***Grammatik im Text – Lesen Sie zuerst die Anzeige.***

a) ***Urlaub für Individualisten***
*Sylt im Sommer*
Urlaub für Individualisten – Gästehaus mit 15 komfortablen DZ (Doppelzimmern) – Frühstücksbüfett und Halbpension – Schwimmbad – ca. 1 km vom Strand, 4,5 km vom Stadtzentrum – Alternativ zum Massentourismus – freundliche, persönliche Atmosphäre

***Markieren Sie alle Substantive. Notieren Sie die Substantive mit Artikel und Pluralform. Vergleichen Sie mit der Anzeige: Wo steht ein Artikel und wo steht kein Artikel?***

**b) *Urlaubstage***

■ Wie war denn der Urlaub?

▲ In diesem Jahr sehr schön. Letztes Jahr war das Wetter furchtbar schlecht. Dieses Jahr war's prächtig, kein Regen, nur Sonne.

■ Naja, kein Urlaub ist wie der andere, jedes Mal eine Überraschung.

▲ Das stimmt. – Auf welche Wochentage fällt eigentlich Weihnachten in diesem Jahr?

■ Sie denken immer nur an Urlaub! Auf Donnerstag und Freitag, glaube ich.

▲ Ja ideal. Da gehe ich zum Schifahren. Immer in dieselbe Gegend und immer in dasselbe Hotel.

■ Wie langweilig!

▲ Im Gegenteil! Jedes Jahr schöner Schnee und immer frische Luft. Kommen Sie doch mal mit!

***Markieren Sie alle Artikelwörter mit den Substantiven, Adjektiven und Präpositionen (mit Blau).***
***Markieren Sie auch Ausdrücke ohne Artikelwort (mit Rot).***

**c) *Die schönsten Tage des Jahres***

*Claudia:* Da ist eine Anzeige in der Süddeutschen. Hast du die gesehen?
*Frank:* Was für eine Anzeige?
*C.:* Hier: Insel Sylt – Pension mit Komfort, nur 250 Euro die Woche.
*F.:* „Mit Komfort" – das bedeutet: die Pension ist nicht besonders. Das sind irgendwelche Angebote: viel Reklame und nichts dahinter. Ich bleibe lieber zu Hause und mache es mir gemütlich.
*C.:* Gemütlich ... Und dann arbeitest du wieder. Es ist jedes Jahr dasselbe. Ich möchte weg und du möchtest nicht weg. Jeder Mensch braucht doch Urlaub und zwar von zu Hause. Auch du.
*F.:* Zu Hause habe ich alles: Bücher, Computer, Fernseher ... Und in so einer Pension da habe ich nichts!
*C.:* Na Gott sei Dank! Da kannst du baden, Rad fahren, alles ...
*F.:* Außerdem: Die Autobahnen sind voll. Alle fahren im August weg, keiner bleibt zu Hause. Da muss doch einer vernünftig bleiben.
*C.:* Gut. Kompromiss. Wir bleiben eine Woche zu Hause. Den Rest des Urlaubs organisiere ich.
*F.:* Okay, das ist ein Vorschlag. Das machen wir.

***Suchen Sie die Artikelwörter. Markieren Sie die Artikelwörter und die Substantive mit Blau.***
***Einige Substantive stehen ohne Artikel. Markieren Sie sie mit Rot.***

# IV. Personalpronomen

85 **Die Formen**

**Singular**

| | 1. Person | 2. Person | | 3. Person | | |
|---|---|---|---|---|---|---|
| N | ich | du | Sie | er | sie | es |
| A | mich | dich | Sie | ihn | sie | es |
| D | mir | dir | Ihnen | ihm | ihr | ihm |
| G | – | – | | – | | |

**Plural**

| | 1. Person | 2. Person | | 3. Person |
|---|---|---|---|---|
| N | wir | ihr | Sie | sie |
| A | uns | euch | Sie | sie |
| D | uns | euch | Ihnen | ihnen |
| G | – | – | | – |

Die formelle Anrede *Sie* wird immer großgeschrieben.
Der Genitiv ist selten.

**Die 1. und die 2. Person**

**Ich** heiße Marlene. Und **du**?
**Wir** sind Geschwister. Und **ihr**?

Die Personalpronomen der 1. und der 2. Person bezeichnen nur Personen.

Könnten **Sie** mir sagen, wo der Goetheplatz ist?

Die 2. Person ist die Anrede. Sie sagen *Sie,* wenn Sie jemand nicht kennen.

Ich rufe **Sie** morgen wieder an, da kann ich **Ihnen** den genauen Termin geben. Auf Wiedersehen, Herr Walter.

Oder wenn Sie jemand beruflich, nicht privat kennen.

Hast **du** Lust, uns am Wochenende zu besuchen?
Wann habt **ihr** Zeit, Samstag oder besser Sonntag?

Sie sagen *du* in der Familie, zu Freunden und Verwandten, zu Kindern bis ungefähr 15 Jahren und guten Bekannten.

Sehr geehrte Frau Niebuhr,
haben **Sie** vielen Dank für Ihr
Schreiben vom ...

Liebe Beate,
ich habe angerufen, aber **du** bist nie zu Hause. Jetzt schreibe ich **dir** schnell ... Kauf **dir** doch einen Anrufbeantworter, das wäre toll!

Auch Jugendliche und Sportler duzen sich; Kollegen duzen sich nur, wenn sie es verabredet haben.
Der Wechsel von *Sie* zu *du* ist etwas Besonderes. Erwachsene zeigen damit ihre Freundschaft und Sympathie. Wenn Sie aber unsicher sind, sagen Sie zuerst *Sie*. Da machen Sie nichts falsch.

## es 86

Das ist unser Wochenendhäuschen.
**Es** ist jetzt zwei Jahre alt.

Das Pronomen *es* steht ...
(1) für ein Substantiv neutral,

**Es** regnet / schneit.
**Es** blitzt / donnert.
**Es** klingelt / läutet.
**Es** brennt.
**Es** schmeckt.

Wie spät ist **es**?
**Es** ist schon spät.
**Es** wird kalt.
**Es** bleibt kalt.

**Es** geht mir gut.
**Es** gefällt mir hier.
**Es** gibt hier alles.

(2) in festen Ausdrücken,

**Es** wird gebaut.

(3) oft in Passivsätzen, → Nr. 164–167

Wer ist da? – Ich bin **es**.
Ist Frau Heller da? – Ich weiß **es** nicht.

(4) als Hinweis auf einen Zusammenhang,

Ich lehne **es** ab, **darüber zu diskutieren / dass wir darüber diskutieren**.

(5) als Hinweis auf einen Nebensatz,

**Es** kamen viele Leute zum Fest.

(6) oft in Position I.

| I | II | | | |
|---|---|---|---|---|
| Es | geht | | mir gut. | (1) Fester Ausdruck: *es* verschwindet nicht. |
| Gut | geht | **es** | mir. | |
| Heute | geht | **es** | mir gut. | |
| Es | kamen | viele Leute | zum Fest. | (2) *Es* steht nur in Position I. |
| Viele Leute | kamen | | zum Fest. | |
| Zum Fest | kamen | viele Leute. | | |

Übungen

***1. Auf einer Party kommen viele Leute zusammen. Sagen sie du oder Sie zueinander? Was meinen Sie?***

Hallo, Max, wie geht's? Man sieht … ja kaum noch.

▲ Guten Abend, Frau Henrich.
■ Guten Abend, schön, … mal wieder zu sehen.

Guten Abend, herzlich willkommen. (geben) … mir … Jacke?

▲ (haben) … den Weg gleich gefunden?
■ Kein Problem. … (haben) alles sehr gut beschrieben.

Na, wie geht's denn so? (studieren) … noch?

Wir haben uns lange nicht gesehen. … (sehen) ja gut aus. Kompliment!

Komm, hier ist so viel Wirbel! (möchten) … auch eine Bowle?

***2. Schreiben Sie den Brief mit allen Pronomen.***

Liebe Tina,
heute muss ich … unbedingt schreiben. Was machen … mit Mamas Geburtstag?
… weißt, … ist schwierig wie jedes Jahr. … sagt immer, … braucht nichts, und dann freut … sich natürlich doch, wenn … uns etwas ausdenken. Ich möchte … heute etwas vorschlagen. Wir schenken … wirklich nichts, d. h. nicht das Übliche, eine Tasche, einen Pullover oder so was. Wir schenken

… einen Wochenendausflug und zwar mit … allen. Wir fahren alle zusammen irgendwohin und essen gemütlich. Wir können auch übernachten. Was hältst … davon? Ruf … bitte bald an.
Herzlichst Rolf

PS:
Wir können … natürlich auch hier treffen. Vielleicht spielt das Wetter nicht mit. Dann könnt … alle zu … (wir) kommen. … weißt, … haben genug Platz. … müssen natürlich ein Progamm machen. Kennst … Spiele? Also melde …!

### 3. *Inge und Karsten möchten Annette und Helmut einladen. Ergänzen Sie das Telefongespräch.*

▲ Wir möchten … gern mal wieder sehen. Wann habt … mal Zeit? Passt es … nächsten Samstag?
■ Nicht so gut. Da sind … in Hannover. Leider.
▲ Und in vierzehn Tagen? Was macht … da?
■ Da ist Annette nicht zu Hause. … ist auf einer Dienstreise.
▲ Na! Jetzt bist … an der Reihe. Was schlägst … vor?
■ … spreche erst mit Annette. Dann rufe … … zurück.
▲ Gut! Melde … aber bald. … gehen noch in den Biergarten.
■ Ja, … wollen auch noch weg. … melde mich sofort. Tschüs!
▲ Bis gleich.

### 4. *Grammatik im Text*

*Zwei Bekannte*
▲ Wie lange kennen wir uns schon?
■ Lange. Bestimmt fünf Jahre. Das war doch damals das Fest bei Erich Kohler. Da haben Sie mir von Ihren Reisen erzählt. Immer rund um den Globus. Ich war richtig neidisch.
▲ Und jetzt fahre ich nur noch an den nächsten Badesee. Am liebsten mit dem Fahrrad. – Übrigens, wollen wir nicht „du" sagen? Ich bin der Jochen.
■ Und ich bin Peter. Darauf müssen wir anstoßen. Prost, Jochen.
▲ Prost, Peter. – Und nun erzähl mal, was machst du denn so …?

***Markieren Sie die Personalpronomen.***
***Suchen Sie dann die Verben.***

87 Syntax-Baustein 7

## Syntax-Baustein 7

### Der Hauptsatz – Die Dativergänzung

Sie haben die Akkusativergänzung schon kennen gelernt (Nr. 75).
Hier folgen Verben mit Dativergänzung. Merken Sie sich diese Verben:

*ähneln:* Sie ähnelt ihr.
*antworten:* Antworte mir.
*begegnen:* Sie ist mir begegnet.
*danken:* Ich danke dir.
*fehlen:* Das fehlt mir.
*folgen:* Folgt mir.
*gefallen:* Das gefällt mir.
*gehören:* Gehört dir das?
*gelingen:* Das gelingt ihr.
*glauben:* Ich glaube dir.
*gratulieren:* Wir gratulieren dir.
*helfen:* Hilf mir, bitte!
*misslingen:* Das ist ihm misslungen.
*nützen:* Das nützt mir.
*schaden:* Das schadet dir.
*schmecken:* Das schmeckt mir.
*widersprechen:* Ich widerspreche dir.

88 Syntax-Baustein 8

## Syntax-Baustein 8

### Der Hauptsatz – Dativergänzung und Akkusativergänzung

**1.** Bestimmte Verben stehen mit einer Dativergänzung und mit einer Akkusativergänzung. Die Dativergänzung steht zuerst, dann die Akkusativergänzung.
Der Dativ ist oft eine Person, der Akkusativ eine Sache.

| | Position II | Dativ | Akkusativ | |
|---|---|---|---|---|
| Ich | gebe | dem Postboten | das Päckchen. | |
| Ich | habe | dem Postboten | das Päckchen | gegeben. |

*Auch:*
stellen, setzen, legen, hängen → Nr. 143

| | | | |
|---|---|---|---|
| jmdm. etwas | beantworten | erlauben | schreiben |
| | beweisen | erzählen | senden |
| | borgen / leihen | mitteilen | verbieten |
| | bringen | sagen | versprechen |
| | erklären | schenken | wegnehmen |
| | empfehlen | schicken | zeigen |

**2.** Die Dativergänzung oder die Akkusativergänzung steht manchmal am Anfang des Satzes:

| | | | | |
|---|---|---|---|---|
| Dem Postboten | werde | ich | das Päckchen | geben (, nicht der Sekretärin). |
| Das Päckchen | gebe | ich | dem Postboten | mit. |

**3.** Das Pronomen steht immer zuerst: **kurz vor lang.**

| | Position II | Pronomen | Substantiv |
|---|---|---|---|
| Ich | gebe | es | dem Postboten. |
| Ich | gebe | ihm | das Päckchen. |
| Ich | gebe | es (= Akk.) | ihm (= Dat.). |

**4.** Bei 2 Substantiven: Dativ vor Akkusativ
Bei 2 Pronomen: Akkusativ vor Dativ

Ich gebe dem Postboten (= Dat.) das Päckchen (= Akk.).

Ich gebe es (= Akk.) ihm (= Dat.).

Übungen

*5. mir oder mich?*

a) Markus hat _______ zum Geburtstag gratuliert.
b) Er hat _______ angerufen. Er möchte _______ besuchen.
c) Jörg hat _______ nicht geantwortet.
d) Frag _______ doch! Ich erklär' es dir.
e) Christine ist verreist. Sie hat _______ nichts gesagt.
f) Kannst du _______ helfen?

*6. Ergänzen Sie den Dativ.*

a) Bernd hat _______ geschrieben. Ich muss _______ sofort antworten.
b) Beate, schmeckt es _______ nicht? Was fehlt _______ ?
c) Was wünscht ihr _______ zu Weihnachten?
d) Wir schenken _______ (den Eltern) etwas Praktisches.
e) Ich habe einen Jogging-Anzug für Fred. Ich schenke ihn _______.
f) Für meine Schwester haben wir ein Fahrrad. Wir schenken es _______.

## *7. Ergänzen Sie.*

a) Hast du _______ _______ geschickt? (dein Bruder, das Päckchen)
b) Schreib _______ _______ aus dem Urlaub! (ich, eine Karte)
c) Christoph erklärt _______ _______. (die Regel, sein Nachbar)
d) Der Ober empfiehlt _______ _______. (das Schnitzel, der Gast)
e) Ich erzähle _______ jetzt _______. (du, eine Geschichte)
f) Martin schenkt _______ _______ zum Geburtstag. (seine Freundin, eine Kette)

## *8. Ergänzen Sie die Personalpronomen.*

a) Das ist Maria Dolores Branco. _______ kommt aus Portugal.
b) Kennen Sie Jan Mahler? _______ ist der Kollege von Konstantin.
c) Das ist Paolo. Wir haben _______ in Florenz kennen gelernt.
d) Wo sind denn die Kinder? Ich glaube, _______ sind in Martins Zimmer.
e) Kommt _______? – _______ kommen sofort.
f) Wir haben _______ (ihr) lange nicht gesehen.

## *9. Ergänzen Sie die Personalpronomen.*

a) Herr Ober, was können Sie _______ (wir) heute empfehlen?
b) Ich habe von Achim ein Lexikon. – Und wann musst _______ _______ _______ zurückgeben?
c) Wolf braucht eine Zange. Kannst _______ _______ _______ bringen?
d) Felix kann den Brief nicht lesen. Kannst _______ _______ _______ übersetzen?
e) Der Vater verbietet den Kindern das Fernsehen. – Warum verbietet _______ _______ _______ denn?
f) Mario hat _______ (du) eine Geschichte erzählt. Kannst _______ _______ _______ noch einmal erzählen?
g) Das Buch ist etwas für Christine. Schenk _______ _______ doch!

## *10. Wie heißt der Satz?*

a) ich / die Kollegen / die Tabelle erklären
b) das Geschenk / der Junge / nicht gefallen
c) der Fremdenführer / die Touristen / die Stadt zeigen
d) Frau Ehlers / die Firma / eine Karte aus dem Urlaub schreiben

# V. Possessivartikel 89

## Die Formen

(Gebrauch ohne Substantiv → Nr. 121)

| | | Singular *maskulin* | | *feminin* | | *neutral* | | Plural | |
|---|---|---|---|---|---|---|---|---|---|
| ich | N | mein | Koffer | mein**e** | Tasche | mein | Gepäck | mein**e** | Koffer |
| | A | mein**en** | Koffer | mein**e** | Tasche | mein | Gepäck | mein**e** | Koffer |
| | D | mein**em** | Koffer | mein**er** | Tasche | mein**em** | Gepäck | mein**en** | Koffern |
| | G | mein**es** | Koffers | mein**er** | Tasche | mein**es** | Gepäcks | mein**er** | Koffer |
| du | N | dein | Koffer | dein**e** | Tasche | dein | Gepäck | dein**e** | Koffer |
| | A | dein**en** | Koffer | dein**e** | Tasche | dein | Gepäck | dein**e** | Koffer |
| | D | dein**em** | Koffer | dein**er** | Tasche | dein**em** | Gepäck | dein**en** | Koffern |
| | G | dein**es** | Koffers | dein**er** | Tasche | dein**es** | Gepäcks | dein**er** | Koffer |
| er / | N | sein | Koffer | sein**e** | Tasche | sein | Gepäck | sein**e** | Koffer |
| es | A | sein**en** | Koffer | sein**e** | Tasche | sein | Gepäck | sein**e** | Koffer |
| | D | sein**em** | Koffer | sein**er** | Tasche | sein**em** | Gepäck | sein**en** | Koffern |
| | G | sein**es** | Koffers | sein**er** | Tasche | sein**es** | Gepäcks | sein**er** | Koffer |
| sie | N | ihr | Koffer | ihr**e** | Tasche | ihr | Gepäck | ihr**e** | Koffer |
| | A | ihr**en** | Koffer | ihr**e** | Tasche | ihr | Gepäck | ihr**e** | Koffer |
| | D | ihr**em** | Koffer | ihr**er** | Tasche | ihr**em** | Gepäck | ihr**en** | Koffern |
| | G | ihr**es** | Koffers | ihr**er** | Tasche | ihr**es** | Gepäcks | ihr**er** | Koffer |
| wir | N | unser | Koffer | unser**e** | Tasche | unser | Gepäck | unser**e** | Koffer |
| | A | unser**en** | Koffer | unser**e** | Tasche | unser | Gepäck | unser**e** | Koffer |
| | D | unser**em** | Koffer | unser**er** | Tasche | unser**em** | Gepäck | unser**en** | Koffern |
| | G | unser**es** | Koffers | unser**er** | Tasche | unser**es** | Gepäcks | unser**er** | Koffer |
| ihr | N | euer | Koffer | eur**e** | Tasche | euer | Gepäck | eur**e** | Koffer |
| | A | eur**en** | Koffer | eur**e** | Tasche | euer | Gepäck | eur**e** | Koffer |
| | D | eur**em** | Koffer | eur**er** | Tasche | eur**em** | Gepäck | eur**en** | Koffern |
| | G | eur**es** | Koffers | eur**er** | Tasche | eur**es** | Gepäcks | eur**er** | Koffer |
| sie | N | ihr | Koffer | ihr**e** | Tasche | ihr | Gepäck | ihr**e** | Koffer |
| | A | ihr**en** | Koffer | ihr**e** | Tasche | ihr | Gepäck | ihr**e** | Koffer |
| | D | ihr**em** | Koffer | ihr**er** | Tasche | ihr**em** | Gepäck | ihr**en** | Koffern |
| | G | ihr**es** | Koffers | ihr**er** | Tasche | ihr**es** | Gepäcks | ihr**er** | Koffer |

| | | Singular maskulin | | feminin | | neutral | | Plural | |
|---|---|---|---|---|---|---|---|---|---|
| Sie | N | Ihr | Koffer | Ihre | Tasche | Ihr | Gepäck | Ihre | Koffer |
| | A | Ihr**en** | Koffer | Ihre | Tasche | Ihr | Gepäck | Ihre | Koffer |
| | D | Ihr**em** | Koffer | Ihr**er** | Tasche | Ihr**em** | Gepäck | Ihr**en** | Koffer**n** |
| | G | Ihr**es** | Koffer**s** | Ihr**er** | Tasche | Ihr**es** | Gepäck**s** | Ihr**er** | Koffer |

*Sie/Ihr* = Singular und Plural

90 **Besonderheiten**

*ihr* hat verschiedene Bedeutungen:

| | | | |
|---|---|---|---|
| ihr | ihr kommt | | (a) Personalpronomen |
| | Das ist ihr Koffer. | *Singular* | (b) Possessivartikel (= der Koffer von Marlene) |
| | Das ist ihr Koffer. | *Plural* | (c) Possessivartikel (= der Koffer von Franz und Marlene) |
| Ihr | Ist das Ihr Koffer? | *Singular* | (d) Possessivartikel (= der Koffer von Frau Müller) |
| | Ist das Ihr Koffer? | *Plural* | (e) Possessivartikel (= der Koffer von Herrn und Frau Müller) |

Die formelle Anrede *Ihr* wird immer groß geschrieben.

Lerntipp

***Lerntipp***

Wer ist der Besitzer? Wie finden Sie den Possessivartikel?

| | | | |
|---|---|---|---|
| 1. Überlegen Sie zuerst: | Wer? | z. B. ich | → **mein** |
| 2. Dann: | Was? | Tasche | → **meine** Tasche |
| 3. Und: | Wo im Satz? | | → Was ist mit **meiner** (= Dativ) Tasche? Ich habe **meine** (= Akkusativ) Tasche. |

**1. *Fragen Sie.***

*Wo ist deine Zahnbürste?*
Oh, die habe ich vergessen.
Wie dumm!

Fotoapparat (m) Taucherbrille (f) Schischuhe (Pl.) Flossen (Pl.)
Badeschuhe (Pl.) Tabletten (Pl.) Schisocken (Pl.)
Sonnenbrille (f) Pullover (m) Handschuhe (Pl.)

***Was brauchen Sie noch? Ergänzen Sie weitere Sachen.***

**2. *Sprechen Sie jetzt mit Ulli und Birgit:*** *Habt ihr eure Zahnbürsten dabei?*

**3. *Ergänzen Sie den Possessivartikel.***

| | | |
|---|---|---|
| a) | Michaela – die CDs | Das sind _______ CDs. |
| b) | Michael – der CD-Player | Das ist _______ CD-Player. |
| c) | Wolf – der Computer | Das ist _______ Computer. |
| d) | Lutz und Gabriele – die Plattensammlung | Das ist _______ Plattensammlung. |
| e) | Frau Schuster – das Handy | Das ist _______ Handy. |
| f) | Frau und Herr Schuster – der Videorekorder | Das ist _______ Videorekorder. |
| g) | Herr Huber – das Segelboot | Das ist _______ Segelboot. |
| h) | Martin – der Tennisschläger | Das ist _______ Tennisschläger. |
| i) | Martina – das Surfbrett | Das ist _______ Surfbrett. |
| j) | Rudi – die Schier | Das sind _______ Schier. |

**4. *mein oder unser***

Sie sagt oft „Mein …“. Er korrigiert sie.

| | | |
|---|---|---|
| a) | Mein nächster Urlaub … | *Du meinst, unser* ____________ |
| b) | Mein Auto … | ____________ |
| c) | Meine Freunde … | ____________ |
| d) | Mein Feierabend … | ____________ |
| e) | Mein Wochenende … | ____________ |
| f) | Meine Zeitung … | ____________ |

## 5. *Wie groß ist Ihre Familie?*

a) Die Mutter von mein___ Vater. Das ist mein___ ________________________
b) Der Vater von mein___ Vater. Das ________________________
c) Die Schwester von mein___ Mutter. ________________________
d) Der Bruder von mein___ Mutter. ________________________
e) Mein Vater und mein___ Mutter haben drei Kinder, eine Tochter und zwei Söhne. Ich bin der jüngste _______ / die jüngste _______ .
f) Ich habe also zwei ________________________
g) Mein___ Bruder hat einen Sohn und eine Tochter. Das sind mein___ _______ und mein___ _______ .
h) Die Frau von mein___ Sohn. Das ist mein___ Schwiegertochter.
i) Der Mann von mein___ Tochter. Das ist mein___ Schwiegersohn.

## 6. *Und was sind Sie?*

Ich bin der Sohn von _______ .
... der Vater von ...
... der Onkel von ...
Ich habe ...

Ich bin die Tochter von _______ .
... die Mutter von ...
... die Tante von ...
Ich habe ...

## 7. *Grammatik im Text*

*Zwei Freundinnen*

■ Kommst du mit in den Biergarten?
▲ Das geht leider nicht. Ich bekomme Besuch. Morgen kommen mein Bruder und meine Schwägerin.
■ Wo lebt denn dein Bruder jetzt?
▲ Er hat doch eine Griechin geheiratet und jetzt leben sie in Athen.
■ Wie schön!
▲ Na ja, dadurch sehen wir uns sehr selten. Meine Schwester ist zur Zeit auch nicht da. Sie ist ein Jahr in England. – Du hast doch auch Geschwister. Wie ist es denn bei euch?
■ Wir sehen uns oft. Meine Schwester Eva wohnt bei unseren Eltern und meine Schwester Christine wohnt fünf Minuten entfernt. Ich besuche meine Eltern regelmäßig und da sehen wir uns dann.
▲ Ich sehe meine Familie nur zu Weihnachten. Das ist schade, aber es hat einen großen Vorteil. Wir streiten nie und vertragen uns glänzend.

***Markieren Sie die Possessivartikel mit den Substantiven.***

# VI. Das Adjektiv

Es gibt verschiedene Adjektivdeklinationen: 91

| | |
|---|---|
| der gute Wein | Nach dem bestimmten Artikel |
| ein guter Wein | Nach dem unbestimmten Artikel |
| guter Wein | Ohne Artikel |

Im Plural gibt es keinen unbestimmten Artikel. Man dekliniert ohne Artikel.

Adjektive stehen beim Substantiv oder beim Verb:

| | | |
|---|---|---|
| ein **trocken*er*** Wein | dekliniert | Beim Substantiv (= attributives Adjektiv) |
| Der Wein schmeckt **trocken**. | nicht dekliniert | Beim Verb (= adverbiales Adjektiv) |
| Der Wein ist **trocken**. | nicht dekliniert | (= prädikatives Adjektiv) |

## Die Formen nach *der/ein/-* 92

| *maskulin* | | | *feminin* | | | *neutral* | | |
|---|---|---|---|---|---|---|---|---|
| ***Nominativ*** | | | | | | | | |
| **Singular** | | | | | | | | |
| der | | Wein | die | | Vorspeise | das | | Bier |
| der | gute | Wein | die | warme | Vorspeise | das | kalte | Bier |
| ein | gut*er* | Wein | eine | warm*e* | Vorspeise | ein | kalt*es* | Bier |
| – | gut*er* | Wein | – | warm*e* | Vorspeise | – | kalt*es* | Bier |
| **Plural** | | | | | | | | |
| die | | Weine | | | | | | |
| die | guten | Weine | | | | | | |
| – | gut*e* | Weine | | | | | | |

| *maskulin* | | | *feminin* | | | *neutral* | | |
|---|---|---|---|---|---|---|---|---|
| ***Akkusativ*** | | | | | | | | |
| **Singular** | | | | | | | | |
| d*en* | **guten** | Wein | di*e* | **warme** | Vorspeise | da*s* | **kalte** | Bier |
| ein*en* | **guten** | Wein | ein*e* | **warme** | Vorspeise | ein | **kalt*es*** | Bier |
| – | **gut*en*** | Wein | – | **warm*e*** | Vorspeise | – | **kalt*es*** | Bier |
| **Plural** | | | | | | | | |
| di*e* | **guten** | Weine | | | | | | |
| – | **gut*e*** | Weine | | | | | | |
| ***Dativ*** | | | | | | | | |
| **Singular** | | | | | | | | |
| d*em* | **guten** | Wein | d*er* | **warmen** | Vorspeise | d*em* | **kalten** | Bier |
| ein*em* | **guten** | Wein | ein*er* | **warmen** | Vorspeise | ein*em* | **kalten** | Bier |
| – | **gut*em*** | Wein | – | **warm*er*** | Vorspeise | – | **kalt*em*** | Bier |
| **Plural** | | | | | | | | |
| d*en* | **guten** | Weinen | | | | | | |
| – | **gut*en*** | Weinen | | | | | | |
| ***Genitiv*** | | | | | | | | |
| **Singular** | | | | | | | | |
| d*es* | **guten** | Weins | d*er* | **warmen** | Vorspeise | d*es* | **kalten** | Biers |
| ein*es* | **guten** | Weins | ein*er* | **warmen** | Vorspeise | ein*es* | **kalten** | Biers |
| – | **guten** | Wein*s* | – | **warm*er*** | Vorspeise | – | **kalten** | Bier*s* |
| **Plural** | | | | | | | | |
| d*er* | **guten** | Weine | | | | | | |
| – | **gut*er*** | Weine | | | | | | |

Lerntipp

***Lerntipp***

| | |
|---|---|
| **der** gute Wein, | Ebenso nach *dieser; jeder; mancher; welcher.* |
| **die** guten Weine | Nur Plural: *meine, …, keine, alle.* |
| **ein** guter Wein | Ebenso nach *kein, mein (dein, …), irgendein, was für ein.* |
| gute Weine | Ebenso nach *einige, mehrere, viele, wenige,* Zahlen *(10 große Äpfel).* |

## Besonderheiten 93

dunkel – eine dunk**le** Straße
edel – ein ed**ler** Tropfen (= Wein)
sensibel – ein sensib**ler** Mensch
sauer – sau**res** Obst
teuer – eine teu**re** Wohnung

(1) Adjektive auf *-el* und *-er* verlieren das *-e-*.

Der Turm ist **hoch**.
ein ho**h**er Turm

(2) *hoch* verändert *ch* → *h*.

die Münchn**er** Straße
der Köln**er** Dom
Berlin**er** Pfannkuchen
*auch:* der Schweiz**er** Käse

(3) Adjektive von Städtenamen haben die Endung *-er*. Sie werden großgeschrieben und nicht dekliniert.

Das ist eine prim**a** Idee.
Die ros**a** / lil**a** Blume ist hübsch.
*Auch:* Das ist eine sup**er** Idee.

(4) Adjektive auf *-a* werden nicht dekliniert.

## Adjektive / Partizipien werden Substantive 94

Es gab **etwas Besonderes**.
Sie mag **nichts Süßes**.
Es gibt **wenig Neues**.

(1) Nach *etwas, nichts, viel, wenig* hat das substantivierte Adjektiv die Endung *-es* (= neutral) und wird großgeschrieben.

der verletzte Mann
→ **der Verletzte**
die verletzte Frau
→ **die Verletzte**

(2) Substantivierte Adjektive und Partizipien werden
- mit dem bestimmten, unbestimmten und ohne Artikel gebraucht,
- großgeschrieben,
- wie Adjektive dekliniert.

| | Singular<br>*maskulin* | | *feminin* | | Plural | |
|---|---|---|---|---|---|---|
| N | der | Fremd*e* | die | Fremd*e* | die | Fremd*en* |
| | ein | Fremd*er* | eine | Fremd*e* | | Fremd*e* |
| A | den | Fremd*en* | die | Fremd*e* | die | Fremd*en* |
| | einen | Fremd*en* | eine | Fremd*e* | | Fremd*e* |
| D | dem | Fremd*en* | der | Fremd*en* | den | Fremd*en* |
| | einem | Fremd*en* | einer | Fremd*en* | | Fremd*en* |
| G | des | Fremd*en* | der | Fremd*en* | der | Fremd*en* |
| | eines | Fremd*en* | einer | Fremd*en* | | Fremd*er* |

Neutra sind seltener: *das Neue, das Gelbe, das Rote.*

**Die häufigsten Wörter**

der / die Angehörige — Adjektiv → Substantiv
Arbeitslose
Bekannte
Blonde
Deutsche
Farbige
Fremde
Jugendliche
Kranke
Tote
Verwandte
Weiße

der / die Auszubildende — Partizip I → Substantiv
Reisende
Vorsitzende

der / die Angestellte — Partizip II → Substantiv
Behinderte
Betrunkene
Gefangene
Verletzte
Verliebte
Vorgesetzte

### Lerntipp

1. Sie haben die Deklination des Substantivs und der Artikel gelernt. In der Tabelle im Abschnitt Nr. 92 haben Sie Substantive, Artikel und Adjektive zusammen. Lernen Sie immer alle Wörter gemeinsam! Merken Sie sich diese Tabelle.

| **der** | **ein** |
|---|---|
| der französisch**e** Wein (N) | ein französisch**er** Wein (N) |
| die italienisch**e** Vorspeise (N, A) | eine italienisch**e** Vorspeise (N, A) |
| das deutsch**e** Bier (N, A) | ein deutsch**es** Bier (N, A) |
| (= 5 *e*-Endungen, Rest: 11 *en*-Endungen) | (= 1 *er*-Endung, 2 *e*-Endungen, 2 *es*-Endungen, Rest: 7 *en*-Endungen) |

**– (ohne Artikel)**
Die Endungen des Adjektivs haben die Kennzeichen des Kasus und Genus.

2. Die Tabelle (Nr. 92) enthält 44 Adjektiv-Endungen. 22, also die Hälfte lauten auf *-en.* Ein häufiger Fehler ist der Gebrauch von *-e* statt *-en:* *alle bekannten Weine,* nicht: *alle bekannte Weine.*



**1. *Welche Adjektive passen?***

süß groß hart heiß gesund weich dick grün frisch bitter leicht riesig reif kalt voll warm

a) Ich habe ___________ Durst und ___________ Hunger.
b) Ich trinke gern ___________ Tee mit Rum.
c) Ich mag nichts ___________, Bier ist mir lieber.
d) Ich freue mich auf einen ___________ Salat.
e) Ich esse lieber etwas ___________.
f) Salat ist aber ___________!
g) Das Essen ist ja ___________.
h) Die Soße ist so ___________, die schmeckt mir nicht.
i) Der Braten ist ___________.

j) Die Nudeln sind __________.
k) Herr Ober, das Bier ist nicht __________.
l) Ich möchte __________ Brötchen mit Butter und ein __________ Ei.
m) Das Ei ist ja ganz __________! Die Konfitüre ist mir zu __________.
n) Ich habe doch __________ Nudeln bestellt und keine Spagetti.

**2. *Ergänzen Sie die Adjektivendung und die passenden Substantive.***

| | |
|---|---|
| a) ein schnell___ | VW, BMW, Motorrad |
| b) das kalt___ | Januar, Jahr, Wetter |
| c) eine teur___ | Motor, Reparatur, Auto, |
| d) ein gut___ | Essen, Kuchen, Wagen |
| e) die international___ | Politik, Zentrum, Realismus |
| f) das weit___ | Reise, Meer, Flug |
| g) das hässlich___ | Kleid, Anzug, Mantel |

**3. *Wie heißt der Plural?***

| | |
|---|---|
| a) das große Hotel | *die* __________ |
| b) das billige Ticket | __________ |
| c) die gelbe Blume | __________ |
| d) das weiße Hemd | __________ |
| e) die alte Villa | __________ |
| f) der berufstätige Mensch | __________ |
| g) das neue Büro | __________ |
| h) das kalte Getränk | __________ |

**4. *Wie heißt der Plural?***

| | |
|---|---|
| a) mit einem großen Koffer | *mit groß*___ __________ |
| b) mit einem guten Freund | __________ |
| c) mit einem alten Fahrrad | __________ |
| d) in einem billigen Hotel | __________ |
| e) auf einer schönen Insel | __________ |
| f) mit einem schnellen Schiff | __________ |
| g) auf einem kleinen Campingplatz | __________ |
| h) an einem ruhigen Strand | __________ |
| i) mit einem schweren Rucksack | __________ |
| j) in einem feinen Restaurant | __________ |

**5.** ***a) Vergleichen Sie.***

**Singular**

| | | |
|---|---|---|
| N | der Regen | starker Regen |
| A | den Regen | starken Regen |
| D | mit dem Regen | bei starkem Regen |
| G | die Folge des Regens | die Folge starken Regens |

**Plural**

| | | |
|---|---|---|
| N | die Regenfälle | starke Regenfälle |
| A | die Regenfälle | starke Regenfälle |
| D | mit den Regenfällen | bei starken Regenfällen |
| G | die Folge der Regenfälle | die Folge starker Regenfälle |
| | *Markieren Sie die Endung des bestimmten Artikels.* | *Markieren Sie die Endung der Adjektive.* |

*Regel:*
Das Adjektiv ohne Artikel übernimmt die Endung des ________________.
Ausnahmen: Genitiv Singular ________________ und ________________.

***b) Deklinieren Sie auch im Singular:*** ***die gesunde Luft – gesunde Luft; das schlechte Wetter – schlechtes Wetter.***

**6.** ***Kennen Sie das Gegenteil?***

a) intelligent – ________________
b) mutig – ________________
c) ordentlich – ________________
d) zufrieden – ________________
e) fair – ________________
f) lustig – ________________
g) zuverlässig – ________________
h) aktiv – ________________
i) groß – ________________
j) dünn – ________________
k) hübsch – ________________
l) jung – ________________

*Sortieren Sie:*

| Aussehen | Charaktereigenschaften |
|---|---|
| | |

## 7. *Erfinden Sie Minidialoge.*

*Beispiel:*

■ Ich wollte ein weiches Ei.

▲ Tut mir Leid, das Ei ist hart. Aber harte Eier sind auch gesünder.

a) dunkles Bier – (hell)
b) trockner Wein – (halbtrocken)
c) reife Bananen – (grün)
d) billige Orangen – (teuer)
e) kalter Saft – (warm)
f) eine gesunde Ernährung – (ungesund)

## 8. *Redewendungen*

a) Dieses Problem besprechen wir nicht. Das ist ein ganz ____________ Eisen.
b) Er hat viel versprochen und nichts gehalten. Er hat uns ____________ Berge versprochen.
c) Sie ist immer optimistisch, sie ist immer ____________ Dinge.
d) Wir müssen ganz vorsichtig mit ihm sein. Wir müssen ihn wie ein ____________ Ei behandeln.
e) Tu das nicht! Das macht nur ____________ Blut.
f) Das ist nicht seine Idee. Er schmückt sich wieder mit ____________ Federn.

fremd böse heiß roh gut golden

## 9. *Grammatik im Text*

### a) *Guten Appetit!*

Guten Appetit sagt man in Deutschland zu Beginn des Essens.
Die Form ist ein Akkusativ.
*Sie bedeutet:* Ich wünsche einen guten Appetit.

Ein bekanntes Sprichwort sagt: **Man ist, was man isst.**

**Wie viele Küchen kennen Sie?**

die gute Küche
die regionale Küche
die neue Küche
die leichte Küche
die bayerische Küche
die sächsische Küche
die westfälische Küche und ...

**b)** ***Im Rheinland sind die Sommer oft heiß und schwül (= feucht). Da kam man auf eine gute Idee. Man erfand ein leichtes Sommeressen.***

**Zubereitung:**

1. Rinderbrust mit Suppengrün in kochendes Salzwasser geben. 1 Stunde bei geringer Hitze kochen.
2. Fleisch in der Brühe kalt werden lassen.
3. Creme fraîche mit Pfeffer, Salz, Zitronensaft verrühren.
4. Das kalte Fleisch dünn schneiden.
5. Fleisch in die Soße tun und kalt servieren.

*Dazu:*
ein Weißherbst trocken (Weißherbst ist ein Roséwein)

***Markieren Sie alle Adjektive:***
- ***mit Rot deklinierte Adjektive vor dem Substantiv***
- ***mit Blau Adjektive undekliniert (alle anderen)***

***Unterstreichen Sie jetzt alle Satzteile mit Adjektiv:***
***Artikelwort + Adjektiv + Substantiv***

# Wortbildung

96 Viele Adjektive entstehen durch Präfix + Adjektiv oder Substantiv / Verb + Suffix.

**… + Adjektiv**

| | | |
|---|---|---|
| **un-** | der unfreundliche Gast<br>unmodern,<br>unvorsichtig usw. | = das Gegenteil von *freundlich*<br>*Achtung:* Nur bestimmte Adjektive bilden das Gegenteil mit *un-*. Schlagen Sie immer im Wörterbuch nach. |
| **über-** | der übervorsichtige Fahrer | = mehr als normal |
| **aller-** | das allerschönste Erlebnis | = mehr als der Superlativ |
| **halb-** | das halbautomatische Gerät | = nur zum Teil |
| **teil-** | die teilmöblierte Wohnung | |

97 **Substantiv + …**

| | | |
|---|---|---|
| **-ig** | die einjährige Ausbildung | = *ein + das Jahr + ig* |
| | der einfarbige Stoff | = *ein + die Farbe + ig* |
| **-isch** | der japanische Minister | = Nationalitäten |
| **-lich** | die geschäftlichen Interessen | = in Bezug auf das Geschäft |
| | das elterliche Haus | = gehört den Eltern |
| **-los** | die fahrerlose Bahn | = ohne Fahrer |
| | die elternlosen Kinder | = ohne Eltern |
| **-arm** | die verkehrsarme Straße | = mit wenig Verkehr |
| **-reich** | die kinderreiche Familie | = mit vielen Kindern |

98 **Verb + …**

| | | |
|---|---|---|
| **-bar** | trinkbar | = kann man trinken |
| | unbezahlbar | = kann man nicht bezahlen |

Übungen

***10.** -ig oder -lich? Ergänzen Sie.*

a) ruh___
b) täg___
c) bill___
d) richt___
e) schrift___
f) glück___
g) pünkt___
h) farb___
i) mensch___
j) schwier___
k) schuld___
l) vergeb___

**11. Ergänzen Sie. Benutzen Sie das Wörterbuch.**

| *Land* | *Adjektiv* | *Einwohner (männlich / weiblich)* |
|---|---|---|
| Albanien | | |
| Belgien | | |
| Bulgarien | | |
| China | | |
| Dänemark | | |
| Deutschland | | |
| England | | |
| Finnland | | |
| Frankreich | | |
| Griechenland | | |
| Irland | | |
| Island | | |
| Italien | | |
| Japan | | |
| Korea | | |
| Kroatien | | |
| Luxemburg | | |
| Niederlande | | |
| Norwegen | | |
| Österreich | | |
| Polen | | |
| Portugal | | |
| Rumänien | | |
| Russland | | |
| Schweden | | |
| Schweiz | | |
| Serbien | | |
| Slowenien | | |
| Spanien | | |
| Tschechien | | |
| Türkei | | |
| Ukraine | | |
| Ungarn | | |
| Afrika | | |
| Amerika | | |
| Asien | | |
| Australien | | |
| Europa | | |

## 12. *Heute kommt das Gemüse aus allen Ländern und Erdteilen.*

| | Es gibt … | Das ist / sind … |
|---|---|---|
| a) | Spargel aus Griechenland | *griechischer Spargel* |
| b) | Äpfel aus Neuseeland | ____________ |
| c) | Tomaten aus Holland | ____________ |
| d) | Erdbeeren aus Israel | ____________ |
| e) | Pilze aus Japan | ____________ |
| f) | Kartoffeln aus Polen | ____________ |
| g) | Weintrauben aus Südafrika | ____________ |
| h) | Bananen aus Frankreich (!) | ____________ |
| i) | Pfirsiche aus Italien | ____________ |
| j) | Apfelsinen aus Spanien | ____________ |
| k) | Aprikosen aus der Türkei | ____________ |

Alle Adjektive haben das gleiche Suffix.
Adjektive von Ländernamen und Erdteilen haben das Suffix ____________.

## 13. *Behaupten Sie das Gegenteil.*

a) Herr Fischer ist immer freundlich. – Das stimmt nicht. Gestern war er sehr ____________.
b) Bist du glücklich? – Was? Ich? Ich bin sehr ____________.
c) Klaus ist immer vorsichtig. – Nicht im Straßenverkehr. Da ist er leider ____________.
d) Bist du zufrieden mit der Arbeit? – Im Gegenteil, ich bin ____________.
e) Zum Mars fliegen, ist das möglich? – Für Menschen ist das noch ____________. Für eine Marssonde ist das schon ____________.
f) Das Problem ist mir klar. – So? Mir ist alles ____________.
g) Wie heißt das Gegenteil von „natürlich"? – „Künstlich" oder „unnatürlich". Man sagt: Das sind ____________ Blumen. Aber: Er benimmt sich ____________.

## 14. *Wie heißt das Adjektiv?*

| | | |
|---|---|---|
| a) | die Dummheit | *dumm* |
| b) | die Süßigkeit (!) | ____________ |
| c) | die Gesundheit / die Krankheit | ____________ |

d) die Arbeitslosigkeit (!) ____________________
e) die Tätigkeit ____________________
f) die Zufriedenheit ____________________
g) die Wahrheit ____________________
h) die Richtigkeit ____________________
i) der / die Kranke ____________________
j) der / die Verwandte ____________________
k) der / die Fremde ____________________
l) der / die Bekannte ____________________
m) der / die Berufstätige ____________________
n) der / die Arbeitslose ____________________
o) der / die Verletzte ____________________
p) die Verliebten ____________________

Bilden Sie das Gegenteil mit *un-*, aber nur, wo es möglich ist. Benutzen Sie das Wörterbuch.

## Die Komparation



### Die Formen

99

Adjektive haben drei Stufen:

| | |
|---|---|
| **schön** = Positiv | |
| **schöner** = Komparativ | Komparativ mit *-er-* |
| der / das / die **schönste** … = Superlativ | Superlativ mit *-st-* |

Man kann Personen und Dinge miteinander vergleichen. Es gibt dann die 1. und die 2. Steigerungsstufe.

| Adjektiv … | als Attribut (dekliniert) | … im Prädikat (nicht dekliniert) |
|---|---|---|
| | die schön**e** Jahreszeit | Im Mai ist es **schön**. |
| | die schön**ere** Jahreszeit | Im Juli ist es **schöner**. |
| | die schön**ste** Jahreszeit | Im August ist es **am schönsten**. |

100

Die Form *am …-sten* bleibt immer unverändert.

## 101 Besonderheiten

| | | | | |
|---|---|---|---|---|
| **a → ä** | | | | |
| arm | ärmer | der / die / das **ärmste** | | (1) Einige einsilbige Adjektive haben Umlaut. |
| **o → ö** | | | | |
| groß | größer | | größte | |
| **u → ü** | | | | |
| jung | jünger | | jüngste | |

*Auch:*

| **a → ä** | **o → ö** | **u → ü** |
|---|---|---|
| warm | grob | dumm |
| lang | hoch | klug |
| stark | | kurz |
| schwach | | |
| scharf | | |
| alt | | |
| kalt | | |
| hart | | |
| nah | | |

| | | | |
|---|---|---|---|
| gern | lieber | liebste | (2) Einige Adjektive sind unregelmäßig. |
| gut | besser | beste | |
| hoch | höher | höchste | |
| nah | näher | nächste | |
| viel | mehr | meiste | |

das **gute** Bier – das **bessere** Bier – das **beste** Bier
der ho**h**e Turm – der hö**h**ere Turm – der hö**ch**ste Turm

**mehr / weniger** Geld
**mehr / weniger** Kaffee
Kaffee trinke ich **gern / lieber / am liebsten**.

(3) *mehr* und *weniger* bleiben unverändert.
*gern* ist nur Adverb.

| | | | |
|---|---|---|---|
| dunkel | dunk**ler** | dunkelste | (4) Adjektive auf *-el* und *-er* verlieren das *-e-* im Komparativ. |
| edel | ed**ler** | edelste | |
| sensibel | sensib**ler** | sensibelste | |
| sauer | sau**rer** | sauerste | |
| teuer | teu**rer** | teuerste | |

*Aber:* sauber, saub**erer**, sauberste

heiß: der heiß**este** Sommer
alt: die ält**este** Schwester
hübsch: das hübsch**este** Kleid

(5) Adjektive auf *-ss, -ß, -t, -tz, -z, -sch* haben im Superlativ ein *-e-*.

*Auch:*

| **-ss, -ß** | **-t** | **-tz, -z, -sch** |
|---|---|---|
| nass | kalt | spitz |
| weiß | schlecht | stolz |
| *aber:* groß, | spät | kurz |
| die größten | weit | frisch |
| Bäume | breit | *aber:* bedeutend, die |
| | | bedeutendsten Ereignisse |

**das** beste Restaurant

(6) Der Superlativ ist die höchste Stufe. Bestimmter Artikel!

Das ist **eines der besten Restaurants** hier.
Er ist **einer der besten Köche**, die wir kennen.
Heute ist **der längste Tag des Jahres**.
Das ist **das beste Restaurant der Stadt**.

(7) Sie können den Superlativ auch einschränken, oft mit Zeit- oder Ortsangabe.

Übungen

***15. Ergänzen Sie.***

a) Wien ist eine sehr alt___ Stadt.
b) Um Christi Geburt war das heutig___ Österreich Teil des römisch___ Reiches.
c) Die Römer brachten die erst___ Weinreben an die Donau.
d) Die Wien___ Küche ist eine der berühmt___ Küchen der Welt.
e) Man bestellt einen Klein___ oder einen Groß___, einen Schwarz___ oder einen Braun___. Welcher Kaffee schmeckt am _________?
f) Grün___ Bohnen heißen Fisolen und Schlagobers ist süß___ Sahne.

***16. Es gibt viele Beschwerden. – Setzen Sie den Komparativ ein.***

a) Das Essen ist nicht warm. Es könnte etwas ____________ sein.
b) Der Wein ist nicht trocken. Er ________________________________________

c) Der Pudding ist nicht süß. ______________________________.
d) Das Fleisch ist nicht weich. ______________________________.
e) Der Salat ist nicht frisch. ______________________________.
f) Das Schnitzel ist nicht sehr groß. ______________________________.
g) Der Apfel ist nicht reif. ______________________________.
h) Das Bier ist nicht kalt. ______________________________.
i) Der Kaffee ist nicht besonders stark. ______________________________.

**17. *Hier fehlen die Superlative.***

a) Der __________ Berg Deutschlands ist die Zugspitze mit 2962 Metern. (hoch)
b) Der __________ See in Deutschland ist der Bodensee. (groß)
c) Der __________ Fluss in Europa ist die Wolga. (lang)
d) Der __________ Tag ist der 21. Dezember. (kurz)
e) Der Sommer ist die __________ Jahreszeit. (warm)
f) Der Januar ist der __________ Monat. (kalt)
g) Der __________ Monat ist der Juli. (heiß)
h) Die __________ Wohnungen gibt es in München. (teuer)
i) Die __________ deutschen Weine wachsen im Rheintal. (gut)
j) Die __________ Universitätsstädte sind Prag, Wien und Heidelberg. (alt)

**18. *Wie heißt das Gegenteil? Erfinden Sie Minidialoge.***
*Beispiel:* das stärkste Bier – das schwächste Bier

■ Weißbier ist das schwächste Bier.
▲ Stärker ist das Helle. Das stärkste Bier aber ist das Starkbier.

**19. *Bilden Sie Adjektive und Substantive mit höchst-. (Höchst- ist der Superlativ von hoch.) Haben Sie einen Beispielsatz?***

das Gewicht    die Geschwindigkeit    der Preis
einfach    gefährlich    die Leistung

*Beispiel:* Das Höchstgewicht sind 20 Kilo. (Gepäck im Flugzeug)

**20. *Was bedeutet das?***

supermodern superneugierig supergefährlich
superteuer superbillig superlaut superstark

Die Zusammensetzung hat die Bedeutung
- eines Komparativs.
- eines Superlativs.

**21. *Kennen Sie den Unterschied:*** *sehr teuer – zu teuer?*
***Ergänzen Sie.***

a) Das Obst ist ______ teuer. Es ist wieder teurer geworden.
b) Das Obst ist mir ______ teuer. Das kaufe ich heute nicht.
c) Der Pullover ist dir ______ groß. Du brauchst einen kleineren.
d) Die neue Kamera ist ______ schön. Meine Bilder sind super geworden.
e) Der Computer ist ______ alt. Ich brauche einen neuen.
f) Mit dem Lexikon kann ich nicht arbeiten. Das ist ______ alt.

Syntax-Baustein 10

102

## Syntax-Baustein 10

### Vergleichssätze

Personen und Dinge sind gleich: Gebrauchen Sie *wie*.

Der Weißwein ist **so alt wie** der Rotwein. ⟶ Hauptsatz
Der Weißwein ist **so alt, wie** ich vermutet habe. ⟶ Nebensatz

Personen und Dinge sind ungleich: Gebrauchen Sie *als*.

Der Rotwein ist **älter als** der Weißwein. ⟶ Hauptsatz
Der Rotwein ist **älter, als** ich dachte. ⟶ Nebensatz

Bei der Verneinung *nicht ... so* gebraucht man *wie:*
Der Weißwein ist **nicht so** alt **wie** der Rotwein.

**Je älter** der Wein, **desto** teurer ist er. ⟶ *je* + Komparativ
**Je besser** das Restaurant ist, **desto** **teurer** sind die Weine. *desto* + Komparativ + Verb

103 **dass-Sätze**

Der *dass*-Satz ist ein Nebensatz. *Merke:* In Nebensätzen steht das konjugierte Verb immer am Ende. (In Hauptsätzen steht es in Position II.)
Der Inhalt des *dass*-Satzes ist eine Aussage. Bestimmte Verben leiten den *dass*-Satz ein:

| | |
|---|---|
| Florian hat angerufen.<br>Ich habe gehört, dass Florian angerufen hat.<br>Ich vermute, dass er angerufen hat.<br>Ich glaube, dass der Weißwein sehr alt ist.<br>Ich denke, dass der Weißwein älter ist. | (1) Verben des Denkens und Sagens: *sagen, antworten, denken, glauben, meinen, annehmen* usw. |
| Ich hoffe, dass Florian bald kommt.<br>(Auch mit Hauptsatz: *Ich hoffe, er kommt bald.*) | (2) Verben, die einen Wunsch, ein Gefühl ausdrücken: *hoffen, fürchten, wünschen, finden, wollen* |
| Wir raten dir, dass du jetzt Urlaub machst.<br>(Auch mit Infinitivkonstruktion: *Wir raten dir, Urlaub zu machen.* → Nr. 160, 162) | (3) *bitten, erlauben, raten* |
| Es freut mich, dass Sie die Stelle bekommen.<br>Es scheint, dass die Firma pleite ist. | (4) Unpersönliche Verben: *Es gefällt mir; Es ärgert / freut mich; Es scheint, …* |
| Es ist möglich, dass das Gerät kaputt ist. | (5) Adjektive mit *sein: Es ist möglich / nötig / angenehm / verboten, schön* usw. |

Nebensätze können in Position I stehen. Vergleichen Sie:

| I | II | | | |
|---|---|---|---|---|
| Ich | habe | dir | erzählt, | dass Florian kommt. |
| Ich | habe | es | dir erzählt. | |
| Dass Florian kommt, | habe | ich | dir erzählt. | |

Übungen

**22.** *Wussten Sie schon, dass …?* ***Ergänzen Sie.***

a) Frau Müller hat einen Hund im Büro.
b) Herr Koch isst keine Spagetti.
c) Franz Xaver hat gelogen.
d) Es gibt keine weißen Mäuse mehr.
e) Alle Charterflugzeuge sind blau.
f) Menschen können zum Mars fliegen.

**23.** *ein gutes Restaurant – Das Restaurant ist besser, als ich dachte.*

a) die teure Ware
b) der starke Kaffee
c) das scharfe Gewürz
d) die sauren Kirschen
e) der alte Wein
f) die warme Jacke

**24.** ***In Deutschland***
*Beispiel:*
der höchste Berg — Ich glaube, dass der höchste Berg die Zugspitze ist.

a) der ___________ (lang) Fluss (Rhein)
b) die ___________ (groß) Stadt mit den ___________ (viel) Einwohnern (Berlin)
c) die ___________ (alt) Messestadt (Leipzig)
d) das ___________ (berühmt) Volksfest (das Oktoberfest)
e) das ___________ (bekannt) Lied (das Lied von der Loreley)
f) das Bundesland mit den ___________ (viel) Einwohnern (Nordrhein-Westfalen)
g) das ___________ (klein) Bundesland (das Saarland)

**25.** ***Vergleiche: Ergänzen Sie den richtigen Ausdruck.***

a) Er freut sich wie …
b) Er frisst wie …
c) Er raucht wie …
d) Er fährt wie …
e) Er schläft wie …
f) Er arbeitet wie …
g) Er schimpft wie …
h) Er benimmt sich wie …

ein Rohrspatz — ein Pferd — ein Elefant im Porzellanladen — ein Schneekönig — ein Schlot — ein Bär — eine gesengte Sau — ein Scheunendrescher

104 # Zahladjektive

Ich habe zehn Euro.

Heute haben wir den zehnt**en** Juni.

Kardinalzahlen werden nicht dekliniert.
Ordnungszahlen werden dekliniert.

105 ## Kardinalzahlen

| | | | | | |
|---|---|---|---|---|---|
| 0 | null | | | | |
| 1 | ein- / eins | 11 | **elf** | 21 | einundzwanzig |
| 2 | zwei | 12 | **zwölf** | 22 | zweiundzwanzig |
| 3 | drei | 13 | dreizehn | 23 | dreiundzwanzig |
| 4 | vier | 14 | vierzehn | 24 | vierundzwanzig |
| 5 | fünf | 15 | fünfzehn | 25 | fünfundzwanzig |
| 6 | sechs | 16 | **sechzehn** | 26 | sechsundzwanzig |
| 7 | sieben | 17 | **siebzehn** | 27 | siebenundzwanzig |
| 8 | acht | 18 | achtzehn | 28 | achtundzwanzig |
| 9 | neun | 19 | neunzehn | 29 | neunundzwanzig |
| 10 | zehn | 20 | **zwanzig** | 30 | dreißig |

| | | | |
|---|---|---|---|
| 40 | vierzig | 101 | hundert(und)eins |
| 50 | fünfzig | 102 | hundert(und)zwei |
| 60 | sechzig | … | |
| 70 | siebzig | 200 | zweihundert |
| 80 | achtzig | 300 | dreihundert |
| 90 | neunzig | … | |
| 100 | hundert | | |

| | |
|---|---|
| 1 000 | tausend |
| 10 000 | zehntausend |
| 100 000 | hunderttausend |
| 1 000 000 | eine Million |
| 2 000 000 | zwei Millionen |
| 1 000 000 000 | eine Milliarde |
| 2 000 000 000 | zwei Milliarden |

13 = dreizehn
21 = einundzwanzig
98 = achtundneunzig

(1) Lesen Sie die Zahlen von 13–99 von rechts nach links.

| | |
|---|---|
| 41 = einundvierzig<br>1001 = tausendeins | (2) Am Ende der Zahl steht *-eins,* am Anfang *ein-*. |
| Bitte, einen Kaffee und ein Stück Kuchen.<br>Einer der Äpfel war schlecht. | (3) Der unbestimmte Artikel ist auch ein Zahlwort. |
| die Null, -en<br>die Million, -en<br>die Milliarde, -n | (4) Feminine Substantive mit Plural |
| Christine hat eine Zwei im Aufsatz, aber Gerhard hat eine Eins. | (5) Schulnoten sind feminine Substantive. |
| Wie viel Geld hast du dabei?<br>Wie viele Flaschen sind das? | (6) *Wie viel?* fragt nach einer unbestimmten Menge, *Wie viele?* nach einer bestimmten Anzahl. |
| Christian und Annette sind ein attraktives Paar. Beide gehen noch zur Schule. Die beiden passen zueinander. | (7) *Beide* bezieht sich auf zwei Personen oder Gegenstände. |
| Wir können nicht Musik hören und gleichzeitig arbeiten. Beides geht nicht. | *Beides* bezeichnet den Zusammenhang. |
| ein Hochzeitspaar<br>zwei Paar Strümpfe / Schuhe<br>ein paar Stifte / Bücher | (8) *Paar* bedeutet zwei Personen oder Sachen, die zusammengehören. *ein paar* bedeutet *einige*. |

**Uhrzeiten** **106**

Frage: *Wie spät ist es?*
*Wie viel Uhr ist es?*

| | informell (12 Stunden) | offiziell (24 Stunden) |
|---|---|---|
| *Es ist* | | |
| 7.00 | sieben (Uhr) (morgens) | sieben Uhr |
| 7.10 | zehn (Minuten) nach sieben | sieben Uhr zehn |
| 7.40 | zwanzig (Minuten) vor acht | sieben Uhr vierzig |
| 10.00 | zehn (Uhr) (vormittags) | zehn Uhr |
| 12.00 | zwölf (Uhr) (mittags) | zwölf Uhr |

| | | |
|---|---|---|
| 13.00 | ein Uhr / eins | dreizehn Uhr |
| 16.00 | vier (Uhr) (nachmittags) | sechzehn Uhr |
| 16.15 | Viertel nach vier (= viertel fünf) | sechzehn Uhr fünfzehn |
| 16.30 | halb fünf | sechzehn Uhr dreißig |
| 16.45 | drei viertel fünf Viertel vor fünf | sechzehn Uhr fünfundvierzig |
| 24.00 | zwölf (Uhr) / Mitternacht | vierundzwanzig Uhr |
| 0.03 | drei Minuten nach zwölf | null Uhr drei |
| 3.00 | drei Uhr (nachts) | drei Uhr |

7.55 (Uhr)
5 (Minuten) vor 8
sieben Uhr fünfundfünfzig

(9) Man spricht zuerst die Minuten, dann die Stunden.
Aber Sie hören im Radio offiziell zuerst die Stunden, dann die Minuten: *Es ist null Uhr fünf (Minuten).*

Es ist fünf vor halb drei.
Es ist zehn nach drei.

(10) Präpositionen *vor* und *nach:* Nehmen Sie immer den kürzesten Abstand zur halben oder zur vollen Stunde.

Es ist Punkt zwölf.
Es ist null Uhr. (= Es ist Mitternacht.)
Er kommt gegen eins. (= ungefähr um ein Uhr)

(11) Wendungen

107 **Jahreszahlen**

im Jahr 2000 (= zweitausend)
1999 (= neunzehnhundertneunund-neunzig)
Im Jahr 800 war die Krönung Karls des Großen.

*Im Jahr* kann bei bedeutenden Ereignissen stehen.

108 **Geld**

**Europa**

| | |
|---|---|
| 1 € | ein Euro |
| € 0,50 | fünfzig Cent |

**Deutschland**

| | |
|---|---|
| DM 10,– | zehn Mark (oder D-Mark) |
| DM 10,50 | zehn Mark fünfzig |
| DM 0,30 | dreißig Pfennig |

**Österreich**

| | |
|---|---|
| S 10,– | zehn Schilling |
| S 10,50 | zehn Schilling fünfzig |
| S –,30 | dreißig Groschen |

**Schweiz**

| | |
|---|---|
| sFr 10,– | zehn (Schweizer) Franken |
| sFr 10,50 | zehn Franken fünfzig |
| sFr 0,30 | dreißig Rappen |

## Maße und Gewichte 109

Wie lang ist der Tisch? – Einen (= Akk.) Meter. / Er ist einen Meter lang.
Wie weit ist es noch? – Noch einen (= Akk.) Kilometer.
Wie schwer ist der Rucksack? – Er wiegt einen (= Akk.) Zentner.
Wie alt ist das Baby? – Einen (= Akk.) Monat. Es ist einen Monat alt.

**Länge**

| | |
|---|---|
| 1 mm | ein Millimeter |
| 1 cm | ein Zentimeter |
| 1 m | ein Meter |
| 1,5 m | ein Meter fünfzig |
| 1 km | ein Kilometer |
| 100 km | hundert Kilometer |
| 1 Meile | |

**Geschwindigkeit**

| | |
|---|---|
| 100 km / h | hundert Kilometer pro Stunde (häufig: hundert Stundenkilometer) |

**Fläche**

| | |
|---|---|
| 1 $cm^2$ | ein Quadratzentimeter |
| 1 $m^2$ | ein Quadratmeter |
| 1 ha | ein Hektar |

**Raum**

| | |
|---|---|
| 1 $m^3$ | ein Kubikmeter |
| 100 $m^3$ | hundert Kubikmeter |
| 1 l | ein Liter |

**Gewicht**

| | |
|---|---|
| 1 g | ein Gramm |
| 100 g | hundert Gramm |
| 1 Pfd. | ein Pfund |
| 3 Pfd. | drei Pfund |
| 1 kg | ein Kilo(gramm) |
| 10 kg | zehn Kilo(gramm) |
| 1 t | eine Tonne (die Tonne, -n) |
| 10 t | zehn Tonnen |

| Temperatur | | Prozente | |
|---|---|---|---|
| 20° C | zwanzig Grad (Celsius) | 1 % | ein Prozent |
| 0° C | null Grad (Celsius) | 100 % | hundert Prozent |
| + 2° C | plus zwei Grad (Celsius) / zwei Grad über Null / zwei Grad über dem Gefrierpunkt / zwei Grad Wärme | | |
| – 2° C | minus zwei Grad (Celsius) / zwei Grad unter Null / zwei Grad unter dem Gefrierpunkt / zwei Grad Kälte | | |

## 110 Ordinalzahlen

| | | |
|---|---|---|
| der, die, das | **erste** … | zehn**te** |
| | zwei**te** | zwanzig**ste** |
| | **dritte** | dreißig**ste** |
| | vier**te** | einunddreißig**ste** |
| | fünf**te** | … |
| | sechs**te** | hundert**ste** |
| | sieb(en)**te** | … |
| | **achte** | million**ste** |
| | neun**te** | |

der erste Versuch
der millionste Besucher

(1) Zahlen 2 bis 19: mit *-te*
sonst: mit *-ste*

| | |
|---|---|
| Nominativ | der erste Versuch |
| Akkusativ | den ersten Versuch |
| Dativ | dem ersten Versuch |
| Genitiv | des ersten Versuchs |

Ordinalzahlen werden wie Adjektive dekliniert.

der 3. Versuch / der dritte Versuch
Friedrich II. / Friedrich der Zweite
die Krönung Karls I. / die Krönung Karls des Ersten
der 2. Weltkrieg / der Zweite Weltkrieg

(2) Zahl mit Punkt oder als Wort.

| | |
|---|---|
| Heute ist der 7. 9. | (3) Datumsangaben liest man so: *Heute ist der Siebte Neunte* (oder: *der Siebte September*) |
| Er hat am 7. 9. Geburtstag. | *... am Siebten Neunten* (oder: *am Siebten September*) ... |
| Ich bin am 2. Oktober 1970 geboren. | Angabe in Lebensläufen |
| Der Wievielte ist heute? *oder:* Den Wievielten haben wir heute? | Frage nach dem Datum |
| München, den 24. 10. 1998 | (4) Datum im Briefkopf: gesprochen *München, den Vierundzwanzigsten Zehnten ...* |
| Der Brief ist vom 24. 10. | *... vom Vierundzwanzigsten Zehnten.* |

## Bruchzahlen 111

| | | |
|---|---|---|
| $^1/_4$ | ein Viertel | Ordinalzahl + *-l* |
| $^1/_3$ | ein Drittel | |
| $^1/_2$ | ein halb- | |
| $^3/_4$ | drei Viertel | |
| $1\,^1/_2$ | eineinhalb (anderthalb) | |
| $4\,^1/_2$ | viereinhalb | |
| $^1/_{10}$ | ein Zehntel | |
| $^1/_{100}$ | ein Hundertstel | |

| | |
|---|---|
| ein halbes Pfund Butter | *ein halb-* wird wie ein Adjektiv dekliniert. |

## Einteilungszahlen 112

1. erstens, 2. zweitens, 3. drittens usw.

| | |
|---|---|
| Ich gehe nicht mit. Ich habe erstens keine Zeit und zweitens keine Lust. | Ordinalzahl + *-ns* Einteilungszahlen brauchen Sie bei Aufzählungen. |

113 **Wiederholungszahlen**

einmal, zweimal, dreimal usw.

| | |
|---|---|
| Wir essen nur einmal warm am Tag, selten zweimal. | Kardinalzahl + *-mal* |

114 **Dezimalzahlen**

| | |
|---|---|
| 14,3 | vierzehn Komma drei |
| 2,28 | zwei Komma zwei acht |

Tipps & Tricks

***Tipps & Tricks***

In Statistiken gibt es viele Abkürzungen:

| | |
|---|---|
| Mio. | = Million, -en |
| Ts. | = Tausend |
| Mrd. | = Milliarde, -n |

Oft kommen Dezimalzahlen vor. Lesen Sie die Zahlen nach dem Komma immer einzeln:

| | |
|---|---|
| 3,389 | drei Komma drei acht neun |
| 10,45 % | zehn Komma vier fünf Prozent |

Aber Geld liest man so:

| | |
|---|---|
| DM 20,25 | zwanzig Mark fünfundzwanzig |

Am Telefon: *zwei* und *drei* sind ähnlich. Deshalb sagt man oft *zwo* und nicht *zwei.*
650 33 60: Man liest *sechshundertfünfzig dreiunddreißig sechzig* oder *sechs fünf null – drei drei – sechs null.*
Der Rhythmus der Zahlen ist entscheidend.

## 26. *Wie groß, wie schwer, wie weit ...?*

a) Wie lang ist der Airbus A 340? – Er ist ______________________ (63,66 m)
b) Wie breit sind die Flügel? (60,30 m)
c) Wie breit ist die Kabine? (5,40 m)
d) Wie viel Liter tankt das Flugzeug? (140 000 Liter Kerosin)
e) Wie schwer ist das Flugzeug beim Start? (271 t)
f) Wie hoch fliegt das Flugzeug? (12,5 Kilometer)
g) Wie kalt ist es in 12 Kilometer Höhe? (minus 50 Grad Celsius)
h) Wie weit fliegt das Flugzeug ohne Stopp? (15 000 km)
i) Wie weit sind ______________________ (15 000 km)? – Das ist von Frankfurt am Main nach Perth in Australien.
j) Wie schnell fliegt das Flugzeug? (800 – 900 km / h)
k) Wie viele Menschen fliegen jährlich weltweit? (1,5 Millionen)

## 27. *Auf Schecks schreibt man die Summe aus. Schreiben Sie die Zahlen.*

€ 212,– ______________________
€ 52,– ______________________
€ 1005,– ______________________
€ 798,– ______________________
€ 98,90 ______________________
€ 503,80 ______________________

## 28. *Lesen Sie die Postleitzahlen.*

*Beispiel:*
81825 = acht eins acht zwei fünf
oder einundachtzig achthundertfünfundzwanzig
oder einundachtzig zweiundachtzig fünf

| | | | |
|---|---|---|---|
| 54552 | Demerath | 17379 | Demnitz b. Torgelow |
| 19217 | Demern | 17139 | Demzin |
| 16866 | Demerthin | 85095 | Denkendorf, Oberbay. |
| 08539 | Demeusel | 73770 | Denkendorf, Württ. |
| 01877 | Demitz-Thumitz | 78588 | Denkingen, Württ. |
| 39579 | Demker | 86920 | Denklingen, Oberbay. |
| 17109 | Demmin | 38321 | Denkte |
| 15518 | Demnitz b. Fürstenwalde | | |

**29.** ***Jemand fragt: „Entschuldigung, können Sie mir sagen, wie spät es ist?"***
***Schauen Sie auf die Uhr und antworten Sie: „Ja natürlich, es ist …"***

**30.** ***Lesen Sie die Zahlen.***

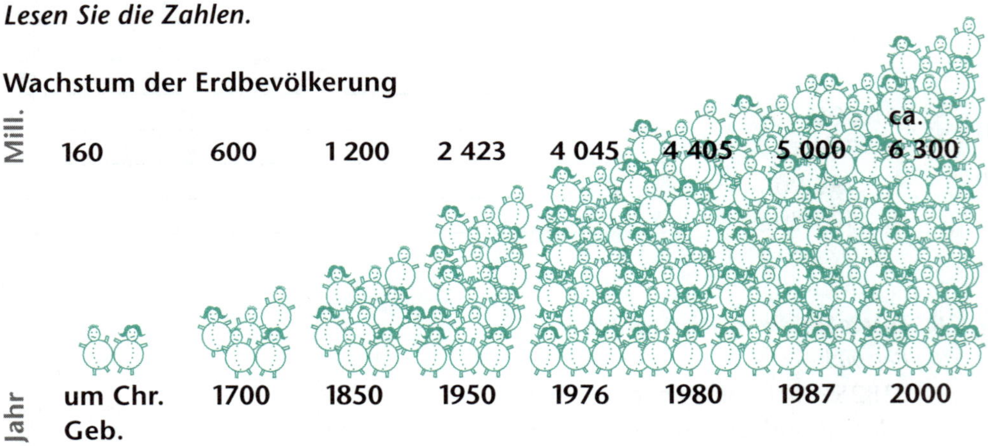


**31.** ***Schreiben Sie die Zahlen.***

| | | |
|---|---|---|
| a) | (24.) | der ______________________ Dezember |
| b) | (1.) | der ________ Januar |
| c) | (30.) | mein _____________ Geburtstag |
| d) | (II.) | Philipp der ________ |
| e) | (1 m) | Das Brett ist ________ ________ lang. |
| f) | | Das kostet Milliard___. |
| g) | (1001) | Geschichten aus ______________________ Nacht |
| h) | (1) | ______ der Orangen war schlecht. |

i) (80 km/h) Auf Landstraßen ist die Höchstgeschwindigkeit ______________________.

j) (23.55) Es ist __________ Uhr __________.
Es ist kurz vor __________.

**32. *Wann war das? Lesen Sie die Sätze laut.***

a) Die Französische Revolution war im Jahre …
b) Die Öffnung der Berliner Mauer war im Jahre …
c) Das Ende des Zweiten Weltkriegs war im Mai …
d) … entdeckte Röntgen die X-Strahlen, die bald Röntgenstrahlen heißen.
e) … ist das Todesjahr des Kopernikus. Erst in diesem Jahr erschien sein Hauptwerk über das heliozentrische Weltbild.
f) … unternahmen die Brüder Wright einen ersten Flug von 39 Sekunden mit einem Motorflugzeug.

1789 1989 1945 1903 1895 1543

**33. *Grammatik im Text – Was sagt die Statistik?***

***a) Der BigMac Barometer***

Den BigMac kann man auf der ganzen Welt kaufen. Am Preis des BigMac kann man die Kaufkraft der Länder vergleichen:

Der BigMac kostet in Deutschland DM 4,90 (€ 2,51).
In __________ kostet er __________.

a) Österreich (der Schilling) 34,00
b) Schweiz (der Schweizer Franken) 5,90
c) Argentinien (der Peso) 2,50
d) Belgien (der belgische Franken) 109
e) Brasilien (der Real) 2,97
f) Großbritannien (das Pfund) 1,81
g) China (der Yuan) 9,70
h) Tschechische Republik (die tschechische Krone) 53
i) Frankreich (der französische Franc) 17,50
j) Ungarn (der Forint) 271
k) Italien (die Lire) 4600
l) Japan (der Yen) 294
m) Polen (der Zloty) 430

n) Russland (der Rubel) 11
o) Spanien (die Peseta) Pta 375

Was kostet der BigMac in Ihrem Land?

***b) Wann trinken die Deutschen am meisten Kaffee?***

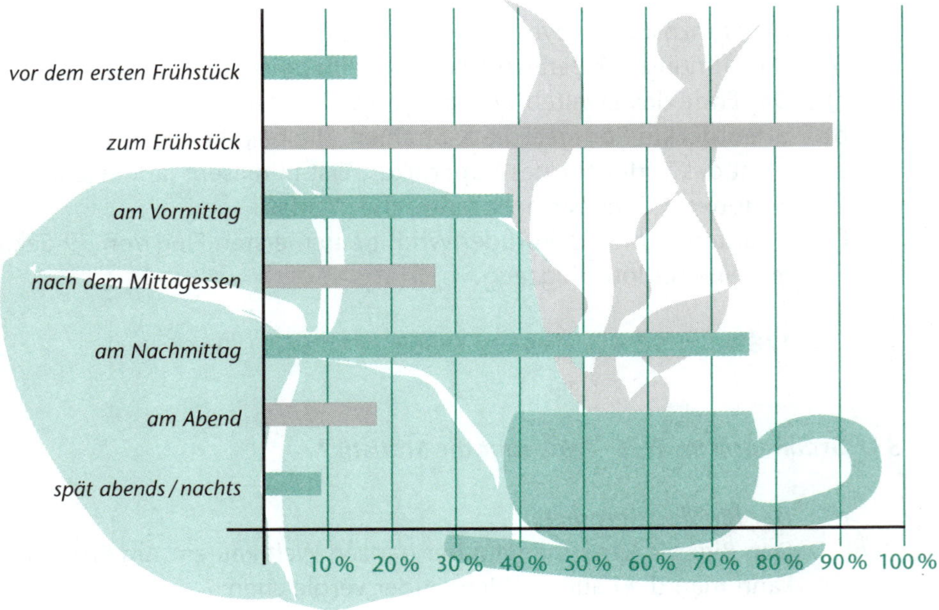


a) *Vor dem ersten Frühstück trinken 14,7 Prozent der Deutschen Kaffee.*
b) ______________ *trinken* ______________________________ *Kaffee.*
c) ______________________________
d) ______________________________
e) ______________________________
f) ______________________________
g) ______________________________

***c) Lesen Sie die Anzeigen auf Seite 76: Was kostet/kosten ...?***

# VII. Partizip I und Partizip II

Viele Partizipien gebraucht man wie Adjektive.

## Attributive Partizipien 115

| *Infinitiv* | **Partizip I**<br>Infinitiv + *-d-* +<br>Adjektivendung | **Partizip II**<br>*ge- … -t-/-en-* +<br>Adjektivendung<br>(→ Stammformen, S. 264) |
|---|---|---|
| kochen | der **kochende** Reis | der **gekochte** Reis |
| liefern | die **liefernde** Firma | die **gelieferte** Ware |
| fließen, mahlen | **fließendes** Wasser | **gemahlener** Kaffee |
| sich auflösen | die **sich auflösende** Tablette | die **aufgelöste** Tablette |

Den Reis in **kochendes** Wasser geben.

Den **gekochten** Reis sofort servieren.

(1) Das Partizip I bezeichnet eine Aktivität: etwas geschieht. Das Partizip II bezeichnet das Ergebnis: etwas ist geschehen.

sich auflösen
die **sich auflösende** Tablette
die **aufgelöste** Tablette

sich erholen
der **sich erholende** Gast
der **erholte** Gast

(2) Bei reflexiven Verben fällt *sich* im Partizip II weg.

## Prädikative Partizipien 116

Das Essen **ist serviert.**
(Der Ober hat das Essen serviert.)
Der Reis **ist** fertig **gekocht.**
(Ich habe den Reis gekocht.)

(3) *sein* + Partizip II bezeichnet einen Zustand oder ein Ergebnis.

Er ist / wird wütend.
Sie ist faszinierend.
Der Film ist aufregend und spannend.
Der Tag war / wurde anstrengend.
Das Wasser ist erfrischend.
Die Note ist ausreichend.
Das Essen ist ausgezeichnet.
Die Arbeit ist für sie geeignet.
Wir sind befreundet.
Sie ist beschäftigt.
Er ist beliebt.
Er ist entschlossen.
Das ist verboten.
Der Platz ist besetzt.

(4) Einige Partizipien sind zu echten Adjektiven geworden. Sie stehen wie Adjektive im Wörterbuch: *ausgezeichnet, geeignet* usw.

Übungen

**1. *Ergänzen Sie das Partizip.***

a) die ____________ Woche (kommen)
b) die ____________ Kosten (laufen)
c) das ____________ Wasser (fließen)
d) der ____________ Bus (halten)
e) der ____________ Passant (verletzen)
f) das ____________ Paar (sich verlieben)
g) die ____________ Rechnungen (bezahlen)
h) die vor zehn Jahren ____________ Häuser (bauen)

**2. *Ergänzen Sie die Endung.***

a) in der kommend___ Woche
b) mit laufend___ Motor
c) mit wachsend___ Begeisterung
d) mit geeignet___ Geräten
e) auf verboten___ Wegen
f) auf einer gut besucht___ Messe
g) mit enttäuscht___ Gesicht
h) bei strömend___ Regen
i) in geheizt___ Räumen
j) mit frisch gewaschen___ Hemd

**3. *Markieren Sie die Adjektive oben. Bilden Sie Sätze mit Adjektivattributen.***
*Beispiel:* Wir haben einen aufregenden und spannenden Film gesehen.

### 4. *Ergänzen Sie das Partizip II.*

a) Der Ober empfiehlt. – Wir nehmen das ___________ Essen.
b) Angenommen, du gewinnst. – Was machst du mit der ___________ Million?
c) Das Seil zerreißt. – Ein ___________ Seil kann man nicht reparieren.
d) Sie schließt das Fenster. – Sie schläft bei ___________ Fenster.
e) Der Dieb stiehlt das Fahrrad. – Er fährt mit dem ___________ Fahrrad davon.
f) Sie verliert ihr Portmonee. – Sie bekommt das ___________ Portmonee zurück.
g) Der Arzt verschreibt. – Der Patient kauft die ___________ Tabletten.
h) Die Firma importiert die Ware. – Die ___________ Ware ist versichert.

### 5. *Ergänzen Sie das Partizip I.*

a) Die Kinder spielen. – Achtung, ___________ Kinder.
b) Der Bus fährt schon. – Springen Sie nicht auf einen ___________ Bus!
c) Das Haus brannte. – Die Menschen hatten das ___________ Haus verlassen.
d) Das Flugzeug startet. – Wir beobachten das ___________ Flugzeug.
e) Das Personal einer Fluglinie ist am Boden oder fliegt. – Es gibt Bodenpersonal und ___________ Personal.
f) Die Sonne strahlt. – Wir haben ___________ Wetter.

### 6. *Ergänzen Sie.*

a) Es gab zum Glück nur Leichtverletzt___.
b) Der Film ist für Jugendlich___ empfohlen.
c) Die Hälfte der Abgeordnet___ war anwesend.
d) Habt ihr etwas Schön___ erlebt? – Nein, nichts Besonder___.
e) Wir müssen den Auszubildend___ helfen.

### 7. *Ergänzen Sie das Adjektiv.*

| | | |
|---|---|---|
| a) der Verletzte | die ___________ | Fahrgäste |
| b) die Behinderte | das ___________ | Mädchen |
| c) der Angeklagte | die ___________ | Männer |
| d) der Gefangene | der ___________ | Räuber |

**8. Suchen Sie das passende Partizip.**

a) Familienstand: Eva ist ledig. Frau Franz war ____________, jetzt ist sie ____________.

b) Ein altes Spiel geht so: Sie zupfen die Blätter einer Blume. 1. Blatt: ____________, 2. Blatt ____________, 3. Blatt ____________ und wieder von vorn ____________, ____________, ____________. Das letzte Blatt sagt Ihnen die Zukunft.

verheiratet geschieden
verliebt verlobt verheiratet

**9. Wie geht es Ihnen? Setzen Sie das passende Partizip ein. Ergänzen Sie eine Erklärung.**

a) Gut, ich bin ... wütend völlig geschafft verzweifelt
b) Schlecht, ich bin ... erholt ausgeschlafen gestresst beleidigt

**10. Grammatik im Text – Redewendungen**

a) Sie waren Freunde, jetzt sind sie ____________ Leute.
b) Es hat lange gedauert, aber dann war das Eis ____________.
c) Er hat wieder einmal kein Geld, er ist völlig ____________.
d) Ich habe wenig geschlafen, jetzt bin ich total kaputt, ich bin völlig ____________.
e) Was ist mit ihm los? Er spricht kaum und ist unfreundlich. Er ist so ____________.

geschiedene abgebrannt gerädert
gebrochen kurz angebunden

**Kennen Sie die Redewendung?**
Mit einem lachenden und einem weinenden Auge

*Beispiel:*
Es ist Januar, das Wetter ist schön, aber es liegt nur wenig Schnee.
Der Schilehrer sagt mit einem lachenden und einem weinenden Auge:
Meine Schüler können sich sonnen, aber Schifahren lernen sie nicht.

**Finden Sie andere Beispiele.**

# VIII. Pronomen

## Gebrauch 117

| Personen + Sachen | Nur Personen | Nur Sachen |
|---|---|---|
| Welcher, -e, -es | Wer | Was |
| Was für einer, -e, -s | | |
| | jemand | etwas |
| meiner, -e, -s | | |
| der, die, das | | |
| dieser, -e, -es | | |
| jener, -e, -es | | |
| derselbe, dieselbe, dasselbe | | |
| derjenige, diejenige, dasjenige | | |
| einer, -e, -s | | |
| keiner, -e, -s | niemand | nichts |
| beide | | beides |
| jeder, -e, -es | irgendjemand | irgendetwas |
| mancher, -e, -es | irgendwer | irgendwas |
| | man | |
| alle | | alles, manches |
| viele | | vieles |
| etliche | | etliches |
| einige | | einiges |
| mehrere | | mehreres |
| wenige | | weniges |

| | | |
|---|---|---|
| Fragewörter oder Interrogativpronomen | → Nr. 118, 119 | |
| Possessivpronomen | → Nr. 121 | → Possessivartikel, Nr. 89 |
| Demonstrativpronomen | → Nr. 122–125 | → Artikelwörter, Nr. 77–79 |
| Personalpronomen | → Nr. 85 | |
| Reflexivpronomen | → Nr. 48, 50 | → Reflexive Verben, Nr. 48 |
| Unbestimmte Pronomen | → Nr. 128–135 | |

# Fragewörter oder Interrogativpronomen

Wichtige Fragewörter haben Sie schon in den ersten Deutschstunden gelernt.
(→ Syntax-Baustein 1, Nr. 9)

## 118 Wer? und Was?

Das Pronomen *Wer?* kann man deklinieren:

| | |
|---|---|
| Nominativ | **Wer** ist am Apparat? |
| Akkusativ | **Wen** möchten Sie sprechen? |
| Dativ | Mit **wem** haben Sie gesprochen? |
| Genitiv | **Wessen** Telefonnummer ist das? |

| | |
|---|---|
| Nominativ | **Was** ist passiert? |
| Akkusativ | **Was** kann ich für Sie tun? |
| Dativ | – |
| Genitiv | – |

Beim Fragepronomen kann eine Präposition stehen
(→ Verben mit Präpositionalergänzung, Nr. 183):

**Mit wem** haben Sie gesprochen? –
Mit Herrn Ampfinger. (*mit* + Dativ)
**Über wen** haben Sie gesprochen? –
Über niemand. (*über* + Akkusativ)

(1) Frage nach einer Person:
Präposition + Pronomen

**Wovon** haben Sie gesprochen? –
Von den neuen Arbeitszeiten.
(umgangssprachlich auch: *Von was?*)
**Worüber** haben Sie gesprochen? –
Über die Arbeitszeiten.

(2) Frage nach einer Sache:
*Wo(r)-* + Präposition

## Welcher? und Was für einer?

| | *maskulin* | *feminin* | *neutral* | **Plural** |
|---|---|---|---|---|
| Nominativ | Welch**er**<br>Was für ein**er** | Welch**e**<br>Was für ein**e** | Welch**es**<br>Was für ein**s** | Welch**e**<br>Was für welch**e** |
| Akkusativ | Welch**en**<br>Was für ein**en** | Welch**e**<br>Was für ein**e** | Welch**es**<br>Was für ein**s** | Welch**e**<br>Was für welch**e** |
| Dativ | Mit welch**em**<br>Mit was für ein**em** | Mit welch**er**<br>Mit was für ein**er** | Mit welch**em**<br>Mit was für ein**em** | Mit welch**en**<br>Mit was für welch**en** |
| Genitiv | – | – | – | – |

*Was für einer, -e, -s* haben keinen Plural. Man gebraucht *welche.*

Ich möchte Herrn Müller sprechen. – Es gibt bei uns zwei Müller. **Welchen** meinen Sie denn?

(1) *Welch-* fragt nach einer Person oder Sache.

Ich hätte gern die Telefonnummer von Herrn Haber. – **Welche** brauchen Sie denn? Die vom Büro oder die private?

**Was für ein** Mensch ist Günter eigentlich?

(2) *Was für ein-* fragt nach der Eigenschaft einer Person oder Sache.

Ich habe einen Job. – **Was für einen** denn? – Leider nur einen Zeitjob.

***1. Fragen Sie.***

Übungen

a) Herr Bauer hat angerufen.
b) Er hat Büromaterial bestellt.
c) Er hat eine neue Telefonnummer.
d) Herrn Bauers Sekretärin kommt. (2 Fragen)
e) Sie hat mit Frau Niemetz gesprochen.
f) Sie hat einen Termin gemacht.

## 2. *Fragen Sie.*

a) Ich habe heute Herrn Hunzinger getroffen.
b) Ich habe mich mit Herrn Hunzinger unterhalten.
c) Wir haben von Egon gesprochen.
d) Wir haben von Egons Sportgeschäft gesprochen.
e) Ich habe Erika von Herrn Hunzinger erzählt. (2 Fragen)
f) Ich habe ihr erzählt, dass Herr Hunzinger Sorgen hat.

## 3. *Fragen Sie Welch- oder Was für ein-.*

a) eine moderne Schweizer Uhr (Swatch) – Was für ein- Uhr? Ein- Swatch?
b) das oberste Stockwerk (mit Dachgarten)
c) die mittlere Tür (zum Garten)
d) eine Vase aus dem 17. Jahrhundert (aus Frankreich)
e) das Museum für moderne Kunst (in Köln)
f) eine Sonderschule (für Lernbehinderte)

## 4. *Ergänzen Sie.*

a) ____________ wartest du? – Auf die Kinder.
b) ____________ fahrt ihr? Mit dem Auto? – Nein, mit dem Zug.
c) ____________ fahrt ihr nicht mit dem Auto? Das ist schneller! – ... aber weniger umweltfreundlich.
d) ____________ werdet ihr unterwegs sein? – Ich schätze, sechs Stunden.
e) Wisst ihr, ____________ ihr ankommt? (Zeit)
f) Mit ____________ Zug fahrt ihr? Mit dem um zehn Uhr?
g) Mit ____________ Zug fahrt ihr? Mit dem ICE?

## 5. *Rätsel*

a) Wer ist Theodor Fontane? (Maler, Dichter, Baumeister)
b) Wo lebte der alte Goethe? (Frankfurt, Rom, Weimar)
c) Was für eine Stadt ist Bremen? (Hauptstadt, Hafenstadt)
d) Was bedeutet „das Tüpfelchen auf dem i"?
e) Wie heißt das Gebirge im Süden Deutschlands?
f) Wie viele Meere gibt es in Deuschland? (2)

## Syntax-Baustein 11

### Indirekte Fragesätze

Indirekte Fragesätze haben die Bedeutung einer Frage. Es sind Nebensätze. Das konjugierte Verb steht am Ende.

| | *Folgende Wörter leiten den Nebensatz ein:* |
|---|---|
| Wer hat angerufen?<br>Ich weiß nicht, **wer** angerufen hat. | (1) Fragepronomen |
| Was ist passiert?<br>Niemand weiß, **was** passiert ist. | |
| Auf wen ist sie wütend?<br>Ich weiß, **auf wen** sie wütend ist. | |
| Wann ruft er an?<br>Er hat nicht gesagt, **wann** er anruft. | (2) Fragewörter (→ Nr. 118, 119) |
| Ruft er noch einmal an? – Ja. / Nein.<br>Er hat nicht gesagt, **ob** er noch einmal anruft. | (3) *ob* (= *Ja / Nein*-Fragen ohne Fragewort) |



***6. Wo ist der Koffer? Ergänzen Sie das passende Fragewort.***

a) *Manuela weiß, wo der Koffer ist.*
b) ____________ wir für die Reise brauchen.
c) ____________ wir losfahren.
d) ____________ die Tickets hat.
e) ____________ wir benachrichtigen.
f) ____________ der Schlüssel gehört.
g) ____________ Schlüssel das ist.
h) ____________ wir warten. (warten auf etwas)
i) ____________ wir warten. (warten auf jemand)
j) ____________ wir fahren. (mit dem Bus oder dem Taxi)
k) ____________ wir fahren. (z. B. mit Erich oder Christine)

l) Fahren wir sofort?
Manuela weiß nicht, ____________ wir sofort fahren.

m) Holt Christoph uns ab?
Manuela fragt ihn, ____________ er uns abholt.

**7.** ***Wiederholen Sie das Rätsel in Übung 5. Beginnen Sie so: „Weißt du, …?"***

**8.** ***Markieren Sie das konjugierte Verb.***

Ich fahre in Urlaub.
Ich möchte Urlaub machen.
Mein Kollege ist nach Holland gefahren.

Ich weiß noch nicht, wohin ich fahre.
Ich weiß nicht, wann ich Urlaub machen kann.
Ich weiß, dass mein Kollege nach Holland gefahren ist.

Im Nebensatz wandert das konjugierte Verb ans ____________________________.
Das konjugierte Verb kann sein:

| | | |
|---|---|---|
| *fahren* | a) | *ein Vollverb* |
| *kann* | b) | ein ________________________ |
| *ist* | c) | ein ________________________ |



## 121 Possessivpronomen

(→ auch Artikelwörter, Nr. 89)

**Formen von *mein-*** (= 1. Person Singular)

| **Singular** | *maskulin* | *feminin* | *neutral* | **Plural** |
|---|---|---|---|---|
| N | mein**er** | mein**e** | mein(e)**s** | mein**e** |
| A | mein**en** | mein**e** | mein(e)**s** | mein**e** |
| D | mein**em** | mein**er** | mein**em** | mein**en** |
| G | – | – | – | – |

## Alle Personen im Nominativ

| Personalpronomen | Possessivpronomen | Artikelwort |
|---|---|---|
| ich | meiner, -e, -s | mein, -e, - |
| du | deiner, -e, -s | dein, -e, - |
| er | seiner, -e, -s | sein, -e, - |
| sie | ihrer, -e, -s | ihr, -e, - |
| es | seiner, -e, -s | sein, -e, - |
| wir | uns(e)rer, -e, - | unser, -e, - |
| ihr | eurer, -e, -s | euer, eure, euer |
| sie | ihrer, -e, -s | ihr, -e, - |
| Formelle Anrede: | | |
| Sie | Ihrer, -e, -s | Ihr, -e, - |

Ist das Ihre Telefonnummer?
Ja, das ist **meine**. (= meine Telefonnummer)

Wessen Lexikon ist das?
Das ist **meins**. (= mein Lexikon)

Wem gehört der Aktenkoffer?
Das ist **meiner**. (= mein Aktenkoffer)

Nur im Nominativ maskulin und Nominativ und Akkusativ neutral sind Pronomen und Artikelwort verschieden.

Übungen

**9.** ***Ergänzen Sie das passende Possessivpronomen.***

a) Ist das deine Zeitung? – Ja, das ist ________.
b) Ist das dein Kamm? – Ja, das ist ________.
c) Ist das dein Zimmer? – Ja, das ist ________.
d) Sind das deine Handschuhe? – Ja, das sind ________.
e) Ist das deine Tasche? – Ja, das ist ________.
f) Ist das dein Computer? – Ja, das ist ________.
g) Ist das Ihr Mantel? – Ja, das ist ________.
h) Sind das Ihre Schlüssel? – ________________.
i) Ist das Manuelas Brille? – ________________.
j) Sind das Karstens Schuhe? – ________________.
k) Ist das euer Gepäck? – ________________.
l) Ist das eure Zeitung? – ________________.

**10.** ***Am Badesee liegen viele Sachen. Jetzt müssen wir einpacken. – Ergänzen Sie das Possessivpronomen.***

| | | |
|---|---|---|
| a) | die Badehose | Erich, ist das _________? |
| b) | das Handtuch | Monika, ist das _________? |
| c) | die Uhr | Frau Ulrich, ist das _________? |
| d) | die Tasche | Peter, ist das _________? |
| e) | die Handtücher | Peter und Monika, sind das _________? |
| f) | das T-Shirt | Fritz, ist das _________? |
| g) | der Korb | Herr Paulsen, ist das _________? |
| h) | der Bademantel | Claudia, ist das _________? |
| i) | die Sonnenbrillen | Wolf und Isa, sind das _________? |
| j) | die Shorts (Pl.) | Kurt, sind das _________? |

**11.** ***Ergänzen Sie.***

*Beispiel:* der neue Computer – mein neuer Computer – Das ist meiner.

a) das alt___ Haus – unser alt___ Haus – Das ist _________.
b) der alt___ Kassettenrekorder – mein alt___ Kassettenrekorder. Das ist _______.
c) der neu___ Koffer – dein neu___ Koffer – Das ist _________.
d) das schwer___ Gepäck – euer schwer___ Gepäck – Das ist _________.
e) die schön___ Kamera – sein___ schön___ Kamera – Das ist _________.
f) der teur___ Kugelschreiber – ihr teur___ Kugelschreiber – Das ist _________.
g) der weiß___ Bademantel – mein weiß___ Bademantel – Das ist _________.
h) das gelb___ T-Shirt – sein gelb___ T-Shirt – Das ist _________.
i) die eng___ Jeans – ihre eng___ Jeans – Das sind _________.
j) die bequem___ Turnschuhe – unsere bequem___ Turnschuhe – Das sind _________.

**12.** ***Schenkst du mir ein neues Fahrrad?***

a) Ich brauche ein neues Fahrrad. Mein___ hat keine Gangschaltung.
b) Ihr braucht eine neue Kamera. Eur___ ist schon zu alt.
c) Er braucht einen dicken Pullover. Sein___ ist zu dünn.
d) Du brauchst einen neuen Badeanzug. Dein___ ist nicht mehr schön.
e) Meine Eltern brauchen einen neuen Koffer. Ihr___ hat keine Räder.
f) Sie braucht einen neuen Reisewecker. Ihr___ hat sie verloren.

### *13. Grammatik im Text – Reisevorbereitungen*

■ Hast du deinen Ausweis?
▲ Na selbstverständlich. Den vergesse ich nie.
■ Man soll nie „nie" sagen!

▲ Ist das euer Autoschlüssel?
■ Ja, na klar, das ist unserer. Den habe ich schon gesucht.

▲ Gehört dir die Sonnenbrille?
■ Nein, leider. Die sieht teuer aus. Meine ist lange nicht so schön.

■ Wem gehört das Portmonee?
▲ Das ist meins. Gott sei Dank, es ist wieder da.

▲ Hier liegen T-Shirts. Sind das deine?
■ Ja, das sind meine.
▲ Lass doch nicht immer deine Sachen überall rumliegen.

Wenn das Substantiv bekannt ist, wiederholt man es nicht. Dann steht das Pronomen.

***Markieren Sie die Pronomen und das Substantiv mit dem Artikelwort.***

## Demonstrativpronomen

(→ auch Artikelwörter, Nr. 78)

### der, die, das

122

| Singular | *maskulin* | *feminin* | *neutral* | **Plural** |
|---|---|---|---|---|
| Nominativ | der | die | das | die |
| Akkusativ | den | die | das | die |
| Dativ | dem | der | dem | **denen** |
| Genitiv | dessen | deren | dessen | **deren, derer** |

Das Demonstrativpronomen hat im Dativ Plural und im Genitiv andere Formen als der bestimmte Artikel.

Sie kennen doch Herrn Meier. **Dessen** Schwester arbeitet jetzt bei uns.

(1) Der bestimmte Artikel lautet *des: die Schwester des Herrn Meier.* (feminin: *der*)

Das ist die Meinung **derer**, die immer dagegen sind.

(2) *derer* weist auf einen Relativsatz hin.

Kennen Sie Herrn Miltenberger? – **Den** kenne ich sogar sehr gut.

(3) Das Demonstrativpronomen steht meistens am Anfang des Satzes.

Wie heißt die Firma? – **Die** heißt Eurotex.

(4) *die* weist auf das Substantiv *die Firma* im Satz davor.

Frau Müller? **Das** ist unsere neue Kollegin.

(5) *das* kann auf ein beliebiges Substantiv im Singular oder Plural oder auf einen Satz hinweisen.

Die Firma Wachtl & Co. gehört zur Meta-Gruppe. – Na, **das** ist doch bekannt!

### 123 dieser, diese, dieses – jener, jene, jenes

Die Formen finden Sie in Abschnitt 78.

Ich habe heute drei Bücher gekauft. **Dieses** habe ich für euch mitgebracht.

(1) *dieser, -e, -es* ist intensiver als *der, die, das.*

**Dies(es)** sind unsere Ergebnisse.

(2) Eine Zusammenfassung

Wir haben **dieses und jenes** probiert, nichts hat funktioniert.

(3) Fester Ausdruck

## derselbe, dieselbe, dasselbe

124

| | *maskulin* | *feminin* | *neutral* | **Plural** |
|---|---|---|---|---|
| Nominativ | **derselbe** | **dieselbe** | **dasselbe** | **dieselben** |
| Akkusativ | **denselben** | **dieselbe** | **dasselbe** | **dieselben** |
| Dativ | **demselben** | **derselben** | **demselben** | **denselben** |
| Genitiv | (**desselben**) | (**derselben**) | (**desselben**) | (**derselben**) |

Das Demonstrativpronomen besteht aus *der, die, das* + *selb-*. *selb-* wird wie ein Adjektiv dekliniert (Nr. 91–93).

■ In welchem Raum treffen wir uns? In **demselben** wie gestern?
▲ Nein, in dem gleich nebenan. Der ist genauso groß.
■ Aha, also der gleiche, nicht **derselbe**.

*derselbe* ist der identische Raum. *Der gleiche* ist ein Raum, der gleich ist, also genauso groß, mit dem gleichen Tisch und den gleichen Stühlen.

## derjenige, diejenige, dasjenige

125

*der, die, das* wird wie der bestimmte Artikel dekliniert, *jenig-* wird wie ein Adjektiv dekliniert (Nr. 91–93).
Der folgende Relativsatz (→ Nr. 126) gibt die genaue Information.

Sind Sie **derjenige**, der noch kein Zimmer hat?
Das Arbeitsamt hilft **denjenigen**, die Arbeit suchen.

**Übungen**

***14. Viele Beschwerden – Ergänzen Sie das Demonstrativpronomen.***

a) unser Kopierer ______________ kopiert viel zu langsam.
b) mein Schreibtisch ______________ ist viel zu klein.
c) meine Schreibtischlampe ______________ ist nicht hell genug.
d) mein Computer ______________ ist nicht leistungsfähig genug.
e) unser Faxgerät ______________ ist viel zu alt.
f) unsere Telefonanlage ______________ ist viel zu unmodern.

**15. Wir suchen im Katalog. – Ergänzen Sie das Demonstrativpronomen.**

Schauen Sie mal,

a) ein schöner Schreibtisch! – ______________ ist viel zu teuer.
b) ein moderner Bürostuhl! – Auf ______________ kann ich nicht sitzen.
c) ein großer Computertisch! – Ja, ______________ brauchen wir dringend.
d) billige Papierkörbe! – ______________ sind nicht schöner als die alten.
e) einfache Locher! – Ja, ______________ können wir gebrauchen.
f) breite Ordner! – Ja, von ______________ brauchen wir zwanzig Stück.
g) eine tolle Schreibtischlampe! – ______________ kenne ich. Mit ______________ war ich nicht zufrieden.
h) ein praktisches Regal! – ______________ ist schön. Von ______________ nehmen wir drei Stück.

**16. Ergänzen Sie.**

a) Das ist mein neuer Schreibtisch. – ______________ ist aber schön!
b) Das ist unser neues Büro. – ______________ ist aber modern!
c) Das ist meine neue Lampe. – ______________ ist ja supermodern!
d) Das Bild gefällt mir. – Ach was, ______________ ist viel zu bunt.
e) Der Bürostuhl gefällt mir. – Ach was, ______________ ist viel zu unpraktisch.
f) Die Kunstblumen gefallen mir. – Ach was, ______________ sehen doch unnatürlich aus.
g) Sie wollen modernisieren? – ______________ ist nicht sicher. ______________ werden wir sehen.
h) Wie findest du unsere neuen Sessel? – Ich glaube, unsere Kinder haben ______________. – Nein, sie haben nicht ______________, sie haben die ______________.
i) Jetzt hast du zweimal ______________ erzählt.
j) Hans ist ______________, der im Haus alles repariert.

**17. Grammatik im Text**
**Markieren Sie die Demonstrativpronomen in Übung 13, Seite 147.**
**Redewendungen – Ergänzen Sie.**

______________ ist ein heißes Eisen.
______________ schlägt dem Fass den Boden aus.

**Was bedeuten diese Wendungen?**

## Syntax-Baustein 12

### Der Relativsatz

Der Relativsatz ist ein Nebensatz. Das konjugierte Verb steht also am Ende. Er wird durch ein Relativpronomen eingeleitet. Man dekliniert die Relativpronomen wie die Demonstrativpronomen *der, die, das.*

Relativsätze beziehen sich auf ein Substantiv oder Pronomen, das sie genauer erklären.

**Nominativ**

| | | | |
|---|---|---|---|
| m Sg. | Wie heißt | **der** Mann, **der** | uns gerade begrüßt **hat**? |
| f | | **die** Frau, **die** | |
| n | | **das** Ehepaar, **das** | |
| Pl. | Wie heißen | **die** Leute, **die** | uns gerade begrüßt **haben**? |

**Akkusativ**

| | | | |
|---|---|---|---|
| m Sg. | Wie heißt | **der** Mann, **den** | wir gerade gesehen **haben**? |
| f | | **die** Frau, **die** | |
| n | | **das** Ehepaar, **das** | |
| Pl. | Wie heißen | **die** Leute, **die** | wir gerade gesehen **haben**? |

**Dativ**

| | | | |
|---|---|---|---|
| m Sg. | Wie heißt | **der** Mann, mit **dem** | du gesprochen **hast**? |
| f | | **die** Frau, mit **der** | |
| n | | **das** Ehepaar, mit **dem** | |
| Pl. | Wie heißen | **die** Leute, mit **denen** | du gesprochen **hast**? |

**Genitiv**

| | | | |
|---|---|---|---|
| m Sg. | Wie heißt | **der** Mann, **dessen** Firma | wir kennen gelernt **haben**? |
| f | | **die** Frau, **deren** Firma | |
| n | | **das** Ehepaar, **dessen** Firma | |
| Pl. | Wie heißen | **die** Leute, **deren** Firma | wir kennen gelernt **haben**? |

(1) Das Substantiv im Hauptsatz bestimmt Genus und Zahl.
der Kollege, der
die Kollegen, die

(2) Das Relativpronomen ersetzt ein Substantiv oder Pronomen.
Dieses Substantiv oder Pronomen bestimmt den Kasus.

Nominativ:

| | |
|---|---|
| Wie heißt der Mann? | **Er** hat uns gerade begrüßt. |
| Wie heißt der Mann, | **der** uns gerade begrüßt hat? |

Akkusativ:

| | | |
|---|---|---|
| Wie heißt der Mann? | Wir haben | **ihn** gerade gesehen. |
| Wie heißt der Mann, | | **den** wir gerade gesehen haben? |

Dativ:

| | | |
|---|---|---|
| Wie heißt der Mann? | Du hast gerade | **mit ihm** gesprochen. |
| Wie heißt der Mann, | | **mit dem** du gerade gesprochen hast? |

Genitiv:

| | |
|---|---|
| Wie heißt der Mann? | Wir haben die Lebensgeschichte **des** Mannes gehört. |
| Wie heißt der Mann, | **dessen** Lebensgeschichte wir gehört haben? |

(3) Relativsätze mit Präposition + Relativpronomen (→ Nr. 186)

| | |
|---|---|
| die Frau, **mit der** ich gesprochen habe | Personen: Präposition + Relativpronomen |
| etwas, **wofür** ich mich begeistern kann | Sachen: *wo(r)-* + Präposition |

(4) *wo* bei Ortsangaben und Zeitangaben (ugs.)
in Berlin, **wo** ich jetzt arbeite (nicht: in dem)
die Stadt, **wo** (= in der) ich geboren bin
das Land, **wo** (= in dem) ich gern leben möchte
das Wochenende, **wo** (= an dem) wir nicht zu Hause waren

(5) Relativpronomen *was* nach *alles, viele, etwas, nichts, das* und Superlativen.
Das ist alles, **was** ich weiß.
Das ist etwas, **was** du nicht weißt.
Das ist das Beste, **was** du machen kannst.
Ist es das, **was** du gesucht hast?

(6) Relativpronomen *wer, was*
**Wer** raucht, (der) gefährdet seine Gesundheit.
**Wer** nicht kommt zur rechten Zeit, (der) muss nehmen, **was** übrig bleibt.

**Lerntipp**

Relativsätze erklären ein Substantiv oder Pronomen. Sie stehen meistens gleich nach diesem Substantiv oder Pronomen, manchmal also auch in der Mitte des Satzes:

Der Herr, **der dich gerade begrüßt hat,** ist mein Schwager.
Die Dame, **mit der du gesprochen hast,** ist eine alte Schulfreundin von mir.



**18. *Umschreiben Sie.***

a) ein weinendes Baby — *ein Baby, das weint*
b) ein laufender Motor ______
c) die aufgehende Sonne ______
d) ein startendes Flugzeug ______
e) ein gut gehendes Geschäft ______
f) die streikenden Arbeiter ______
g) steigende Preise ______

**19. *Umschreiben Sie.***

a) geheizte Räume — *Räume, die geheizt sind*
b) ein gelungenes Fest ______
c) eine gut besuchte Ausstellung ______
d) frisch gewaschene Wäsche ______
e) verbotene Liebe ______

**20. *Definitionen – Bilden Sie Relativsätze, die den Begriff erklären.***
*Beispiel:* der Hausbesitzer: Ein Hausbesitzer ist jemand, der ein Haus besitzt.

a) die Büroangestellte ______
b) der Reisewecker ______
c) der Fahrradhändler ______
d) der Hotelschlüssel ______
e) die Reiseerlebnisse ______
f) das Holzhäuschen ______
g) das Anmeldeformular ______

# Unbestimmte Pronomen

128 **Gebrauch** → auch Artikelwörter Nr. 79, 80

| mit Substantiv (= Artikelwort) und ohne Substantiv (= Pronomen) | | ohne Substantiv | meist ohne Substantiv | |
|---|---|---|---|---|
| alle<br>viele<br>etliche<br>einige | (Studenten, Bücher) | einer, -e, -s /<br>keiner, -e, -s<br>irgendeiner, -e, -s<br>welcher, -e, -es | alles<br>vieles<br>einiges<br>etliches | (Neue) |
| mehrere<br>wenige | | beides<br>man | beide | (die beiden Freunde) |
| jeder, -e, -es<br>mancher, -e, -es | (Student, Studentin, Buch) | | jemand<br>niemand | (Berühmtes) |
| | | | irgendwer<br>irgendjemand | (Fremdes) |
| etwas / nichts<br>viel / wenig | (Neues) | | irgendwas<br>irgendetwas | (Schönes) |

129 **einer – keiner**

| **Singular** | *maskulin* | *feminin* | *neutral* | **Plural** |
|---|---|---|---|---|
| Nominativ | (k)ein**er** | (k)ein**e** | (k)ein(e)**s** | kein**e**, welch**e** |
| Akkusativ | (k)ein**en** | (k)ein**e** | (k)ein(e)**s** | kein**e**, welch**e** |
| Dativ | (k)ein**em** | (k)ein**er** | (k)ein**em** | kein**en**, welch**en** |
| Genitiv | – | – | – | – |

*einer, -e, -s* haben keinen Plural. Man gebraucht *welche.*

Wir spielen. **Einer** fängt an.
Ich mische die Karten. **Eine** liegt auf dem Tisch.
Unentschieden! **Keiner** hat gewonnen!

*Einer* ist eine Person oder Sache aus mehreren. *Keiner* ist das Gegenteil.

Haben Sie Anrufe bekommen? – Ja, **einen**.

(1) Das Pronomen übernimmt die Deklinationsendungen.

Haben Sie eine Antwort bekommen? – Nein, leider **keine**.

Haben wir noch Kaffee? – Da ist noch **welcher**.
Ist auch Milch da? – Ja, da ist noch **welche**.
Und Gebäck? – Ja, da ist **welches**.

(2) *welcher, -e, -es* steht auch für Substantive, die ohne Artikel gebraucht werden.

## mancher, -e, -es 130

Der Vortrag war langweilig. **Manche** gingen schon nach zehn Minuten nach Hause.

= *einige*

Sei nicht unzufrieden. **Mancher** (*oder:* **manch einer**) wäre froh.

## man 131

| | |
|---|---|
| Nominativ | man |
| Akkusativ | einen |
| Dativ | einem |
| Genitiv | – |

*man* ist nur Nominativ. Für den Akkusativ und Dativ nimmt man die Formen von *ein-* (→ Nr. 79).

**Man** fragt nicht so viel.
**Man** spricht nicht beim Essen.

(1) Moralische Regel

Der Lärm stört **einen** sehr.
Das gefällt **einem** nicht.

(2) Das gilt für alle.

## 132 alle

### Plural

| | |
|---|---|
| Nominativ | alle |
| Akkusativ | alle |
| Dativ | allen |
| Genitiv | aller |

*Auch:*
*wenige – einige – etliche – mehrere – viele*

**Alle** waren für die Kandidatin.
Wir haben vorher mit **allen** diskutiert.

(1) Im Plural stehen die Pronomen für Personen.

Woher kommen diese **vielen** Leute?
Wie schafft er nur die **viele** Arbeit?

(2) *viel-* und *wenig-* stehen auch mit dem bestimmten Artikel oder nach Demonstrativ- und Possessivartikeln. Sie werden wie Adjektive dekliniert.

### Singular

| | |
|---|---|
| Nominativ | alles |
| Akkusativ | alles |
| Dativ | allem |
| Genitiv | – |

Einige sind mit **allem** einverstanden.
**Einiges** ist aber falsch.
**Vieles / etliches** ist noch unklar.

(1) Im Singular stehen die Pronomen für Sachen. Ausnahme: *Alles aussteigen!* betrifft eine anonyme Gruppe.

**viel** Geld / Platz / Zeit
**wenig** Geld / Platz / Zeit
Das **viele** Geld war weg.

(2) *viel* und *wenig* haben im Singular keine Endung, wenn kein Artikelwort davor steht.

Jan braucht **mehr Geld**.
Er hat **mehr Bücher** mitgenommen, als er lesen kann.

*mehr* (Komparativ von *viel*) steht vor Substantiven im Singular und Plural.

**Alles** Gute! **Viel** Glück! **Viel** Spaß!

(3) Feste Ausdrücke

## etwas – nichts 133

Brauchen Sie **etwas**?
Nein, im Moment **nichts**.

Gibt es **etwas** (= was) Neues?
Nein, **nichts** Neues.

Haben Sie **nichts** Moderneres?

(1) Mit substantiviertem Adjektiv (oder Komparativ)
In der Umgangssprache sagt man *was*.

Könnte ich **etwas** Zucker haben?
Könnten Sie **etwas** lauter sprechen?
Hier ist es **etwas** kalt.

(2) *etwas* bedeutet auch *ein bisschen/ein wenig*.

## jemand – niemand 134

Ist da **jemand**? – Es hat geklingelt.
Nein, da ist **niemand**.

Ich habe **niemand(en)** gesehen.
Ich habe mit **niemand(em)** gesprochen.

(1) Gebrauch häufig ohne Endung.

**Jemand Neues** sitzt in der Telefonzentrale.

(2) Manchmal mit substantiviertem Adjektiv.

## irgend- 135

irgendjemand
irgendeiner, irgendeine, irgendeins
irgendwer
irgendwelche
irgend(et)was

Die Vorsilbe *irgend-* bedeutet: *Es ist egal/man weiß nicht, wer/was …*
Auch bei Fragepronomen: *irgendwann, irgendwo, irgendwohin, irgendwoher.*

### *21. Beim Einkaufen – Ergänzen Sie ein-/welch- oder kein-.*

a) Wie gefällt dir die Kamera? Du suchst doch ___________.
Ich brauche ___________.
b) Wie gefällt euch der Küchenschrank? Ihr sucht doch ___________.
Wir brauchen ___________.
c) Wie gefallen euch die Stühle? Ihr sucht doch ___________.
Wir brauchen ___________.
d) Wie gefällt dir der Geschirrspüler? Du suchst doch ___________.
Ich brauche ___________.
e) Wie gefällt dir die Mikrowelle? Du suchst doch ___________.
Ich brauche ___________.
f) Wie gefällt euch der Tisch? Ihr sucht doch ___________.
Wir brauchen ___________.
g) Wie gefällt dir das Geschirr? Du suchst doch ___________.
Ich brauche ___________.
h) Wie gefällt euch der Fernseher? Ihr sucht doch ___________.
Wir brauchen ___________.
i) Wie gefällt Ihnen die Kaffeemaschine? Sie suchen doch ___________.
Ich brauche ___________.

### *22. Was ist ein Workaholic?*

*Beispiel:* Er denkt immer an die Arbeit. – Das ist jemand, der immer an die Arbeit denkt.

a) Er arbeitet auch abends und am Wochenende.
b) Er macht keine Pause nach der Büroarbeit.
c) Seine Gedanken kreisen immer um die Arbeit.
d) Er vergisst seine Freundin.
e) Er mag keine Feste.
f) Für ihn ist Freizeit ein Fremdwort.
g) In der Freizeit hat er Schuldgefühle.
h) Er braucht den Stress.
i) Er kann nichts liegen lassen.
j) Er braucht für alles länger als andere.

***Und Sie? Was sind Sie für ein Typ?***

a) Ich bin auch jemand, der …
b) Ich bin niemand, der …

## 23. *Ergänzen Sie das passende Pronomen.*

a) ______________, der als Letzter geht, muss das Licht ausmachen.
b) ______________ verlässt den Raum! Wo ist ...?
c) ______________ ist hier eigentlich los?
d) ______________ stimmt hier nicht.
e) ______________ in Ordnung! Keine Panik!
f) ______________ passiert.

## 24. *Erkennen Sie das unbestimmte Pronomen?*

Das macht einem nichts.
Das freut einen.
Das kann einem egal sein.

a) Der Nominativ lautet: ________
b) Dieses unbestimmte Pronomen bezeichnet etwas
   - ■ Allgemeines
   - ■ Bestimmtes
c) Wiederholen Sie die Sätze mit „mir" und „mich".

## 25. *Korrigieren Sie die Fehler.*

**1.** Herr Schuster hat schon drei Mal in Augsburg angerufen. Sie möchte Herrn Oertl sprechen. **2.** Kein ist ans Telefon gegangen. **3.** Er hat auch ihre Privatnummer. **4.** Den ruft er dann an. **5.** Auch dort geht jemand ans Telefon. **6.** Es ist immer derselbe. **7.** Wieder etwas. **8.** Herr Schuster ist verzweifelt. Welcher Tag! **9.** Da kommt ihm eine Idee. In Bayern ist bestimmt wieder eine Feiertag. **10.** Mehrere sind auf dem Weg in die Berge und an die Seen.

Die richtigen Wörter: *er, ein, alle, nichts, keiner, seine, die, niemand, dasselbe, was für ein.*

## 26. *Grammatik im Text*

*Telefon, Telefon ...*

■ Mein Name ist Mader. Darf ich Sie etwas fragen?
▲ Ja bitte, worum geht es?
■ Ich möchte jemand sprechen, der für die Pressearbeit zuständig ist.
▲ Das bin ich.

■ Sehr schön. Unsere Zeitschrift e + a möchte gern eine Anzeige für Ihr Produkt Sonnenschein abdrucken …
▲ Entschuldigung, von welcher Firma sind Sie eigentlich und von was für einer Zeitschrift sprechen Sie überhaupt?
■ Entschuldigung, natürlich. Ich bin von der Firma Mediareport und …
▲ Entschuldigung, dass ich Sie unterbreche. Schicken Sie doch bitte ein Fax mit allen Informationen zu meinen Händen. Das ist für Sie und für mich am einfachsten.
■ Ja, aber …

*Zwei Kollegen*
■ Ich habe schon drei Mal in Augsburg bei der Firma Digital angerufen. Es geht niemand ans Telefon. Ich unterhalte mich immer mit dem Anrufbeantworter.
▲ Tja, wen brauchen Sie denn?
■ Den Programmierer, Herrn Oertl.
▲ Vielleicht arbeitet er zu Hause. Hier ist seine Privatnummer. Versuchen Sie die mal. Das ist Telefon und Fax.
■ Was ist denn bloß los? Da läuft auch der Anrufbeantworter: … zur Zeit nicht besetzt … morgen …
▲ Wahrscheinlich ist in Bayern wieder so ein Feiertag und alle sind auf dem Weg in die Berge.
■ Richtig! Volltreffer! Heute ist Fronleichnam, Feiertag in allen katholischen Bundesländern.

***Suchen Sie alle Pronomen (Fragepronomen, Demonstrativpronomen, unbestimmte Pronomen, Reflexivpronomen).***

# IX. Präpositionen

Präpositionen haben verschiedene Funktionen im Satz. 136

1. Sie sind Teil einer lokalen, temporalen, modalen oder kausalen Angabe. Sie stehen mit dem Akkusativ (→ Nr. 137), Dativ (→ Nr. 138), Genitiv (→ Nr. 139) oder dem Gleichsetzungskasus (→ Nr. 140). Als Wechselpräpositionen stehen sie mit Akkusativ oder Dativ (→ Nr. 141).
**Im Sommer** fahren viele Leute **wegen des gesunden Klimas an die Nordsee.**
Man geht stundenlang **zu Fuß am Wasser entlang.**
Viele machen Kuren **aus Gesundheitsgründen.**

2. Sie gehören zu einem Verb (→ Nr. 183), Substantiv oder Adjektiv und haben einen bestimmten Kasus:
**sich interessieren für** + Akkusativ
Interessieren Sie sich für das Angebot?

**interessiert sein an** + Dativ
Ich bin an dem Angebot sehr interessiert.

**Interesse haben an** + Dativ
Ich habe großes Interesse an dem Angebot.

3. Präpositionen, die zu Verben gehören, stehen auch vor dem Relativpronomen (Nr. 178):
Das ist eine Reise, **für die** ich mich sehr interessiere.

4. Sie sind Teil von Fragepronomen:
**Für wen** interessierst du dich?
**Wofür** interessierst du dich?

5. Präpositionen sind Vorsilben von trennbaren Verben:
**an/kommen**
Wir kamen um 10 an.
**ab/fahren**
Um 11 sind wir wieder abgefahren.

6. Präpositionen sind Teil eines festen Ausdrucks:
**Zum Glück** sind wir bald da.
Wir sind **auf gut Glück** losgefahren. (= ohne Plan)

## 137 Präpositionen mit dem Akkusativ

Es gibt Präpositionen, die immer mit dem Akkusativ stehen:
**bis, durch, entlang, für, gegen, ohne, um**

**bis** (ohne Artikelwort, meist + Präposition)

| | |
|---|---|
| Der Zug fährt bis Hamburg.<br>Der Bus fährt bis vors Haus / bis zum Hotel.<br>Von München bis Hamburg sind 780 Kilometer. | (1) lokal<br>Frage: Bis wohin? |
| Das Ticket gilt bis Juni / bis zum 31. Juni. | (2) temporal<br>Frage: Bis wann? |
| Er war bis in die Nacht (= Akk.) unterwegs.<br>Das Ticket gilt bis zum 31. Juni. (= Dat.)<br>Der Sturm erreichte bis zu 150 Kilometer pro Stunde. | (3) *bis* mit einer zweiten Präposition. Die zweite Präposition bestimmt den Kasus. |

**durch**

| | |
|---|---|
| durch Europa fahren<br>durch die Stadt fahren | lokal |

**entlang**

| | |
|---|---|
| den Fluss entlang | lokal (nachgestellt)<br>Frage: Wo? |

**für**

| | |
|---|---|
| für einen Monat (= einen Monat lang)<br>für Jahre (= viele Jahre lang)<br>für heute Abend | (1) temporal<br>Frage: Für wie lange?<br>Frage: Für wann? |
| ein Geschenk für dich | (2) Frage: Für wen? |
| Wir sind für Reformen. | (3) Frage: Wofür / Für was? |

**gegen**

| | |
|---|---|
| gegen einen Baum fahren | (1) lokal – Frage: Wogegen? |
| gegen Abend / 8 Uhr (= ungefähr …)<br>gegen Ende des Jahrtausends | (2) temporal<br>Frage: Wann? |

das Fußballspiel gegen Barcelona — (3) Frage: Gegen wen?

Viele sind gegen das Rauchen. (→ *für*) — (4) Frage: Wogegen / Gegen was?

**ohne** (oft ohne Artikel)

| | |
|---|---|
| ohne (meine) Familie ↔ mit (meiner) Familie | modal |
| ohne Auto ↔ mit Auto | Frage: Wie? |

**um**

| | |
|---|---|
| um das Haus (herum) | (1) lokal |
| Die Erde kreist um die Sonne. | Frage: Wo? |
| um 3 Uhr | (2) temporal |
| um die Jahrhundertwende (= ungefähr um …) | Frage: Wann? |
| *Aber auf die Frage:* Wie spät ist es? Es ist 12 Uhr. | |

## Präpositionen mit dem Dativ

138

Es gibt Präpositionen, die immer mit dem Dativ stehen:
**ab, aus, außer, bei, gegenüber, mit, nach, seit, von, zu**

**ab** (meist ohne Artikelwort)

| | |
|---|---|
| ab München | (1) lokal |
| | Frage: Ab wo? |
| ab morgen, ab 17 Uhr | (2) temporal |
| ab 18 Jahren (z. B. Wahlalter) | Frage: Ab wann? |
| ab € 50,– (Die Pullover kosten …) | (3) andere Bedeutungen |
| | Frage: Wie viel? |

**aus**

| | |
|---|---|
| aus der Schule kommen (↔ in die Schule gehen) | (1) lokal – Frage: Woher? |
| aus Dänemark, aus Lüneburg | (2) Herkunft: lokal |
| | Frage: Woher? |

| | |
|---|---|
| aus Ärger / Mitleid / Frust | (3) kausal<br>Frage: Warum? |
| aus Wolle (Stoff aus …) | (4) Frage: Woraus? |

**außer**

niemand außer uns (= nur wir)

**bei**

| | |
|---|---|
| Fürth bei Nürnberg (= in der Nähe von)<br>bei uns / bei Onkel Friedrich / bei unserer Schwester / bei den Großeltern wohnen | (1) lokal<br>Frage: Wo? |
| bei Siemens / Ford arbeiten | (2) Arbeitsplatz<br>Frage: Wo? |
| bei Nebel, bei dichtem Nebel<br>beim Essen, bei der Arbeit | (3) temporal – Frage: Wann?<br>= *während* |

**gegenüber**

| | |
|---|---|
| gegenüber der Kirche<br>(auch nachgestellt: der Kirche gegenüber)<br>direkt mir gegenüber | (1) lokal<br>Frage: Wo? |
| gegenüber früher | (2) Gegensatz |

**mit**

| | |
|---|---|
| Ich komme mit meinem Mann / meiner Frau. | (1) modal – Frage: Mit wem? |
| mit dem Auto / mit der Bahn / mit dem Bus fahren | Frage: Wie? |
| Tee mit Zitrone<br>ein Zimmer mit Bad<br>mit Absicht / Interesse | (2) oft ohne Artikel |

**nach**

| | |
|---|---|
| nach Italien / nach Dresden fahren<br>(*aber:* in die Schweiz)<br>nach Hause gehen (↔ zu Hause sein) | (1) Städte, Länder, Kontinente ohne Artikel<br>Frage: Wohin? |

| | |
|---|---|
| nach dem Essen | (2) temporal |
| 10 nach 2 (↔ 10 vor 2) | Frage: Wann? |
| nach Vorschrift arbeiten | (3) modal |
| meiner Meinung nach | Frage: Wie? |

**seit**

| | |
|---|---|
| seit einer Woche | temporal |
| seit Jahren | Frage: Seit wann? |

**von**

| | |
|---|---|
| Von unserer Wohnung (aus) sehen wir die Alpen. | (1) lokal – Frage: Von wo aus? |
| von Hamburg bis Kiel | Frage: Von wo bis wo? |
| die Tickets vom Reisebüro holen | Frage: Wo? |
| Ich komme von der Arbeit. | Frage: Woher? |
| von 10 bis 12 (Uhr) | (2) temporal |
| vom 2. Januar ab (ab 2. Januar) | Frage: Wann? |
| vom 1. November an | |
| (→ auch *von* beim Passiv, Nr. 165) | |
| (→ auch *von* statt Genitiv, Nr. 72) | |

**zu**

| | |
|---|---|
| zum Bahnhof / zur Haltestelle gehen | (1) lokal – Frage: Wohin? |
| zu Ostern / Pfingsten / Weihnachten | (2) temporal: bei kirchlichen Feiertagen (ohne Artikel) Frage: Wann? |
| zur Zeit der Französischen Revolution | *zur Zeit* + Genitiv Frage: Wann? |
| zum Geburtstag / zur Hochzeit | Feste Frage: Wann? |
| bis zum Schluss | zwei Präpositionen Frage: Bis wann? |
| Es steht 3 : 0. (= 3 zu 0) | (3) Frage: Wie? |
| zu Hause sein (↔ nach Hause gehen) | (4) Wendungen |
| zu Besuch kommen | |
| zu Fuß gehen | |
| zu Mittag / Abend essen | |
| zu Hilfe kommen | |
| zu Ende sein | |

## 139 Präpositionen mit dem Genitiv

Es gibt Präpositionen, die mit dem Genitiv stehen (selten mit dem Dativ):
**außerhalb, innerhalb, statt, trotz, während, wegen**

**außerhalb – innerhalb**

außerhalb / innerhalb der Stadt — (1) lokal, Frage: Wo?

innerhalb eines Tages
innerhalb einer Stunde
*aber:* innerhalb von zwei / drei … Stunden (= Dat.) — (2) temporal, Frage: Wann?

**statt**

Statt des Koffers nahm er zwei Taschen.
(umgangssprachlich auch: *Statt dem Koffer* = Dativ)

**trotz**

Trotz des Staus war er pünktlich.
(umgangssprachlich auch: *Trotz dem Stau* = Dativ)

**während**

während des Fluges — temporal, Frage: Wann?

**wegen**

Wegen des Staus verpasste er das Flugzeug. — kausal, Frage: Warum?
(umgangssprachlich auch: *Wegen dem Stau* = Dativ)

## Präposition mit dem Kasus des Bezugswortes
(Gleichsetzungskasus)

**als**
als Kind / als Erwachsener/Erwachsene
Er (= Nom.) arbeitet als Lehrer (= Nom.).
Sie (= Nom.) arbeitet als Lehrerin (= Nom.).
Jeder kennt ihn (= Akk.) als einen ehrlichen Menschen (= Akk.).



***1. Wo liegt denn Entenhausen?***

a) In der Nähe ___________ Dipfelfingen.
b) Dipfelfingen liegt ___________ Holzkirchen.
c) Das ist zehn Kilometer südlich ___________ München.
d) ___________ Holzkirchen ___________ Dipfelfingen geht eine Landstraße.
e) ___________ Entenhausen sind es noch drei Kilometer.
f) Das ist ein schöner Ausflug ___________ ___________ Fahrrad.

***2. Woher kommt ihr? – Ergänzen Sie aus oder von (+ Artikel).***

a) ___________ Sportplatz.
b) ___________ Baden.
c) ___________ ___________ Schule.
d) ___________ ___________ Kino.
e) ___________ Frau Müller.
f) ___________ ___________ Arbeit.
g) ___________ ___________ Fabrik.
h) ___________ ___________ Wasser.

***Wohin geht ihr? – Ergänzen Sie zu + Dat. oder in + Akk.***
*Merke: in* meist Gegensatz zu *aus*.

***3. Wie reisen Sie am liebsten? Gebrauchen Sie mit.***

a) ___________ ein___ bequemen Reisebus.
b) ___________ d___ eigen___ Auto.
c) ___________ d___ Deutschen Bahn.

d) ____________ d___ schnellst___ Verkehrsmittel.
____________ d___ Flugzeug.
e) ____________ d___ Fahrrad.
f) ____________ d___ Schiff.

**4. *Wie kommt man denn da hin?***
***Ergänzen Sie** ab, durch, in, mit, zu **und den Artikel.***

a) Nehmen Sie zuerst den Zug ____________ Hauptbahnhof.
b) Fahren Sie ____________ Richtung Holzkirchen.
c) Steigen Sie ____________ Holzkirchen um.
d) Fahren Sie ____________ ____________ Bus.
e) Dann kommen Sie ____________ Dipfelfingen.
f) Gehen Sie am besten die letzten zwei Kilometer ____________ Fuß.

**5. *mit* oder *ohne***

a) Wir fahren mit ________ Kindern. / ... ohne ________ Kinder.
b) Wir verreisen mit groß___ Gepäck. / ... ohne groß___ Gepäck.
c) Ich fahre mit ________ Familie. / ... ohne ________ Familie.
d) Ich komme mit mein___ Hund. / ... ohne mein___ Hund.
e) Ich komme mit mein___ Freundin. / ... ohne mein___ Freundin.
f) Ihr fahrt doch mit eur___ Campingbus? / ... ohne eur___ Campingbus?

**6. *Fahr doch mit! Ergänzen Sie:* *um, die, nach, an die, zur, zum, zu den, in die.***

a) bis ________ ________ Innenstadt
b) bis ________ Bahnhof
c) bis ________ Haltestelle
d) bis ________ ________ Nordsee (2 Möglichkeiten)
e) bis ________ ________ Alpen
f) bis ________ Australien
g) durch ________ Amerika
h) einmal ________ ________ Welt
i) ________ Mond
j) ________ ________ Sternen

## 7. *Ergänzen Sie.*

a) ________ ________ Haus (Woher?)
b) ________ Metzger (Wohin?)
c) ________ ________ Schiff (Womit?)
d) ________ den Großeltern (Wohin?)
e) ________ ________ Schweiz (Woher?)
f) ________ Kärnten in Österreich (Wohin?)
g) ________ Gärtnerplatz (Wohin?)
h) ________ ________ Salzburger Straße (Wohin?)
i) ________ ________ Bad (Woher?)
j) ________ ________ Volkshochschule (Wohin?) (2 Möglichkeiten)

## 8. *Rätsel*

Die Uhr ist sehr groß. Sie ist direkt über dem Eingang. Die Besucher kommen mit dem Taxi oder mit der U-Bahn. Manchmal kommen sie auch mit dem Auto und stellen es in die Garage. Dort bleibt es oft viele Tage. Die Leute haben es eilig. Sie rennen in das Gebäude, stehen Schlange vor den Schaltern und rennen dann weiter. Manche gehen hier auch spazieren. Sie gehen in die Geschäfte oder stehen an den Kiosken. Viele essen ein Brötchen oder eine Wurst. Sie fühlen sich wohl in dem Lärm und zwischen den vielen Leuten.

***Was für ein Gebäude ist das?***
***Markieren Sie alle Präpositionen. Unterstreichen Sie die darauf folgenden Wörter.***

## 141 Wechselpräpositionen

Wechselpräpositionen sind Präpositionen mit Akkusativ oder Dativ.
Sie haben eine lokale Bedeutung:
**an, auf, hinter, in, neben, über, unter, vor, zwischen**

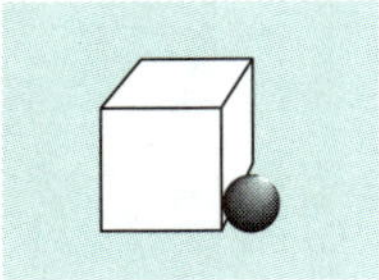

an

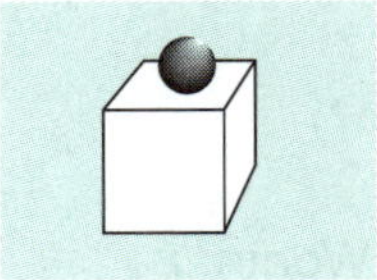

auf

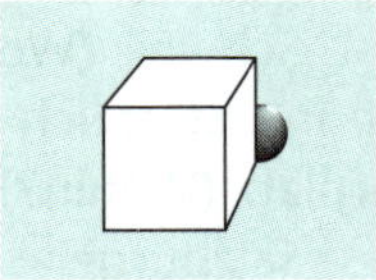

hinter

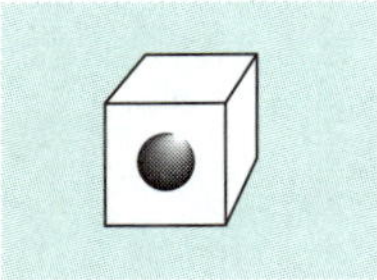

in

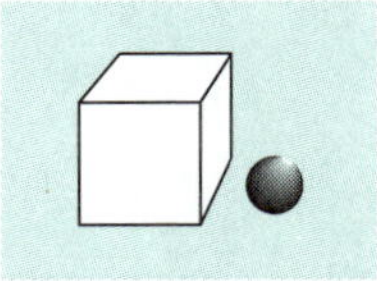

neben

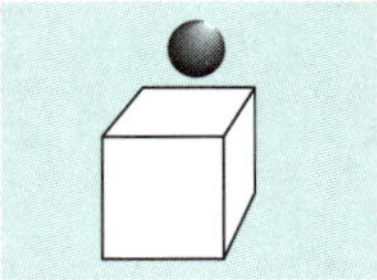

über

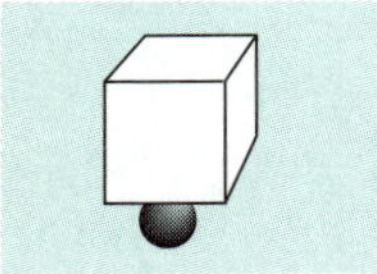

unter

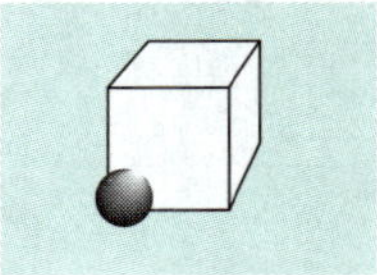

vor

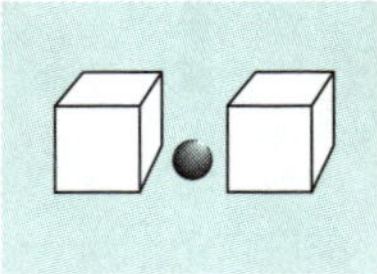

zwischen

| | | | | | |
|---|---|---|---|---|---|
| Frage: **Wo?** | im Haus sein | → | **Dativ** | = | **ein Standort** |
| Frage: **Wohin?** | ins Haus gehen | → | **Akkusativ** | = | **eine Richtung** |

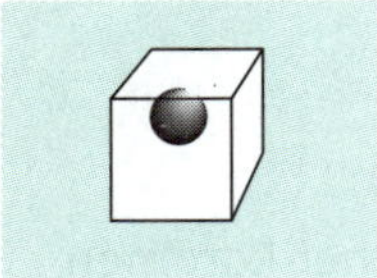

*Standort*
im Würfel

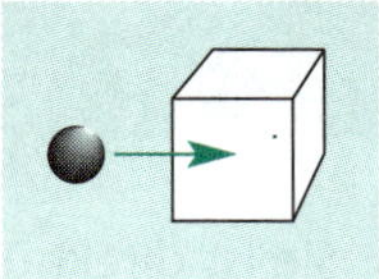

*Richtung*
in den Würfel

**an**

Frage: **Wo?**

Ich stehe / sitze / bin …
am Meer, am Strand, am Ufer,
an der Küste, an der Donau / Isar,
am Bahnhof, an der Haltestelle,
am Computer, am Fenster

= in unmittelbarer Nähe
*an dem = am*

Frage: **Wohin?**
Ich fahre / gehe ...
ans Meer, an den Strand, ans Ufer, an die Küste, an die Donau, an den Computer, ans Fenster
(*aber:* zum Bahnhof, zur Haltestelle)

*an das = ans*

**auf**

Frage: **Wo?**
auf der Zugspitze (= Berg) sein
auf dem Fernsehturm sein
auf dem Dach, auf der Leiter stehen
auf der Treppe stehen

etwas ist höher

auf dem Feld, auf der Wiese sein
auf den Kanarischen Inseln

etwas ist eben und offen

auf dem Rathausplatz

auf der Straße (*aber:* in der Bahnhofstraße) stehen
auf der Autobahn fahren
auf der Erde leben

Standort *auf*

Frage: **Wohin?**
auf die Zugspitze fahren
auf den Fernsehturm gehen
aufs Dach, auf die Leiter steigen

etwas ist höher

*auf das = aufs*

aufs Feld, auf die Wiese gehen
auf die Kanarischen Inseln fahren

etwas ist eben und offen

auf den Rathausplatz gehen

auf die Straße (in die Bahnhofstraße) gehen
auf die Autobahn fahren
auf die Erde schauen

Richtung *aufs*

**hinter**

Frage: **Wo?**

Der Junge sitzt hinter dem Baum. — *hinter + dem = hinterm (ugs.)*

Frage: **Wohin?**

Der Junge rennt hinters Haus. — *hinter + das = hinters (ugs.)*

**in**

Frage: **Wo?** — Räume, *in + dem = im*

im Haus, im Wohnzimmer, im Bad
(*aber:* auf der Toilette),
im Schrank, im Regal, im Büro,
im Ministerium, in der Schule

im Wasser, in der Luft, im Regen,
im Wald, im Tal, im Garten — etwas ist um uns herum

im Schwarzwald, in der Eifel,
in den Alpen, im Allgäu, in Bayern — Gebirge, Landschaften

in Wasserburg, in Spanien,
in Europa, in der Antarktis — Orte, Länder, Erdteile

Er wohnt in der Berliner Straße. — Straßen
*aber:* auf der Straße gehen / spielen / sein
Die Kinder spielen auf der Straße, nicht im Haus.
Wir fahren auf der Landstraße und auch auf der Autobahn.

Frage: **Wohin?** — Räume, *in + das = ins*

ins Haus, ins Wohnzimmer, ins Bad
(*aber:* auf die Toilette)
ins Kino, ins Museum, ins Restaurant
in den Schrank, ins Regal
ins Büro, ins Ministerium,
in die Schule

ins Wasser, in den Regen, in die Luft,
in den Wald, ins Tal, in den Garten — etwas ist um uns herum

| | |
|---|---|
| in den Schwarzwald, in die Eifel, in die Alpen<br>ins Rheinland<br>in die Schweiz, in die USA<br>in die Antarktis | Landschaften, Länder, Erdteile mit Artikel |

**in – nach, zu**

| **Wo?** | **Wohin?** | |
|---|---|---|
| **in** Wasserburg,<br>**in** Bayern,<br>**in** Spanien,<br>**in** Europa | **nach** Wasserburg,<br>**nach** Bayern,<br>**nach** Spanien,<br>**nach** Europa | Orte, Länder, Erdteile ohne Artikel |
| **im** Norden,<br>**im** Süden | **nach** Norden,<br>**nach** Süden | Himmelsrichtungen |
| **in der** Kirche<br>**in der** Schule | **in die / zur** Kirche<br>**in die / zur** Schule<br>*in* = in das Gebäude hinein<br>*zu* = in Richtung des Gebäudes | Gebäude |
| **im** Rathaus<br>**in / auf** der Post / Bank<br>**im** Supermarkt | **ins / zum** Rathaus<br>**in die / zur** Post / Bank<br>**in den / zum** Supermarkt | |

***Tipps & Tricks***

Unterscheiden Sie:

Ich gehe **zur Post / zur Bank.** = Ich will einen Brief hinbringen, Geld holen usw.

*Auch:*

Ich gehe **auf die Post / auf die Bank.**

Ich gehe **in die Post / in die Bank.** = Ich gehe in das Gebäude hinein.

Tipps & Tricks

**neben**
Frage: **Wo?**
Sie sitzt neben mir.
Die Post ist neben dem Bahnhof.

Frage: **Wohin?**
Sie setzt sich neben mich. *sitzen, sich setzen* → Nr. 143

**über**
Frage: **Wo?**
Die Lampe hängt über dem Esstisch.

Frage: **Wohin?**
Wir haben die Lampe über den Esstisch gehängt. *hängen* → Nr. 143

**unter**
Frage: **Wo?**
Der Hund sitzt unter dem Tisch.

Frage: **Wohin?**
Der Hund setzt sich unter den Tisch. *sitzen, sich setzen* → Nr. 143

**vor**
Frage: **Wo?**
Die Blumen stehen nicht vor dem Fenster.

Frage: **Wohin?**
Stell die Blumen vors Fenster.

*vor + das = vors*
*stehen, stellen* → Nr. 143

**zwischen**
Frage: **Wo?**
Fritz steht zwischen seinen Cousins.

Frage: **Wohin?**
Stell dich zwischen deine Freundin und den Vater. Ich fotografiere euch. *stehen, (sich) stellen* → Nr. 143

**Tipps & Tricks** 142

Frage: *Wo?* oder *Wohin?* Dativ oder Akkusativ?
Schauen Sie sich das Verb im Satz an. Dann erkennen Sie leichter, ob eine Ortsergänzung (Frage: *Wo?* → Dativ) oder eine Richtungsergänzung (Frage: *Wohin?* → Akkusativ) folgt.

| | | | |
|---|---|---|---|
| | | | *Ortsergänzung (= Dat.)* |
| Er | **wohnt / ist / bleibt** | | **in** Berlin / **bei seiner** Schwester. |
| Er | **steht** | | **vor der** Tür. |
| Sie | **lässt** | die Tasche (= Akk.) | **im** Bus. |
| | | | *Richtungsergänzung (= Akk.)* |
| Er | **fährt** | | **nach** Berlin / **in die** Schweiz. |
| Er | **geht / läuft / rennt / kommt** | | **nach** Hause. |
| Sie | **fliegt** | | **in den** Süden. |
| Er | **bringt** | die Kinder | **in den** Kindergarten. |
| Er | **lädt** | die Koffer | **ins** Auto. |
| Sie | **schickt** | ihn | **auf die** Post. |
| Er | **trägt** | das Gepäck | **ins** Zimmer. |
| Er | **wirft** | den Schlüssel | **in die** Tasche. |

## stehen – stellen; sitzen – (sich) setzen; liegen – (sich) legen; hängen 143

Die Verben *stehen, sitzen …* mit Ortsergänzung sind stark.
Die Verben *stellen, setzen …* mit Richtungsergänzung sind schwach.

| **Ortsergänzung** | **Starke Verben** |
|---|---|
| Die Teller **stehen** auf dem Tisch. | stehen, stand, hat gestanden |
| Die Tante **sitzt** auf der Couch. | sitzen, saß, hat gesessen |
| Die Katze **liegt** auf dem Teppich. | liegen, lag, hat gelegen |
| Der Mantel **hängt** an der Garderobe. | hängen, hing, hat gehangen |

| **Richtungsergänzung (= Akk.)** | **Schwache Verben** |
|---|---|
| **Stell** die Teller auf den Tisch. | stellen, stellte, hat gestellt |
| **Setz dich** auf die Couch. | (sich) setzen, setzte, hat gesetzt |
| **Leg dich** auf die Couch. | (sich) legen, legte, hat gelegt |
| **Häng** den Mantel an die Garderobe. | hängen, hängte, hat gehängt |

Tipps & Tricks

> ***Tipps & Tricks***
> Heißt es ——→ Die Teller **liegen** auf dem Tisch.
> oder ——→ Die Teller **stehen** auf dem Tisch?
> Im Deutschen stehen sie.
>
> Die Butter liegt im Kühlschrank, wenn sie noch verpackt ist, sie steht im Kühlschrank, wenn Sie sie in die Butterdose gelegt haben.

## 144 Nichtlokale Bedeutungen

Bei nichtlokaler Bedeutung haben die Wechselpräpositionen einen festen Kasus:

| | |
|---|---|
| an, in, neben, unter, vor, zwischen | + Dativ |
| auf, über | + Akkusativ |

**an**

| | |
|---|---|
| am Wochenende<br>an einem Freitag | (1) temporal<br>Frage: Wann? |

**auf**

| | |
|---|---|
| Weihnachten fällt dieses Jahr auf einen Dienstag.<br>von Sonnabend auf Sonntag | (1) temporal<br>Frage: Wann? |
| auf jeden Fall<br>auf der Fahrt in die Alpen<br>auf Deutsch<br>auf Urlaub gehen | (2) Wendungen |

**in**

| | |
|---|---|
| im Jahr 2000<br>im Frühling, im Sommer<br>in einer Woche, in 14 Tagen | (1) temporal: Jahreszahl<br>Jahreszeiten<br>Frage: Wann? In welcher Zeit? |
| 100 Kilometer in der Stunde | (2) Geschwindigkeit |

**über**

| | |
|---|---|
| Ich warte schon über eine Stunde. (= länger als eine Stunde) | (1) temporal: Zeitdauer<br>Frage: Wie lange? |
| Er bleibt über die Feiertage. | |

**unter**

| | |
|---|---|
| Er lief eine Rekordzeit unter 10 Sekunden. (= weniger als 10 Sekunden)<br>Das kostet unter 100 Euro. (= weniger als 100 Euro) (↔ über 100 Euro = mehr als) | (1) Frage: Wie schnell, wie viel? |
| Leute unter 30 (↔ über 30) Jahren | (2) Frage: Wie alt? |

**vor**

| | |
|---|---|
| vor drei Wochen, vor drei Jahren (↔ in drei Wochen, in drei Jahren)<br>vor dem 8. Oktober (↔ nach dem 8. Oktober) | (1) temporal<br>Frage: Wann? |
| Es ist 5 vor 12. (↔ nach 12) | Frage: Wie spät ist es? |
| vor Ärger / Angst / Freude / Wut / Schmerzen | (2) ohne Artikel<br>Ursache: seelische Empfindungen |

**zwischen**

| | |
|---|---|
| zwischen 2 und 3 Uhr (= später als 2 und früher als 3) | (1) temporal: Frage: Wann? |
| zwischen 2 und 3 Stunden (= mehr als 2 und weniger als 3 Stunden) | Zeitdauer: Frage: Wie lange? |
| zwischen 50 und 100 Euro (= mehr als 50 und weniger als 100 Euro) | (2) ohne Artikel<br>Frage: Wie viel? |
| sich entscheiden zwischen Extremen<br>Verhandlungen zwischen Arbeitgebern und Arbeitnehmern | (3) andere Bedeutungen |

**9. *Wo ist Ulli? – Ergänzen Sie.***

a) ________ ________ Garage
b) ________ ________ Terrasse
c) ________ Keller
d) ________ ________ Dach
e) ________ Garten
f) ________ ________ Treppe
g) ________ Hof
h) ________ Bad
i) ________ ________ Dusche
j) ________ ________ Küche
k) ________ Wohnzimmer
l) ________ ________ Toilette
m) ________ ________ Badewanne

**10. *Wo sitzt du am liebsten?***

a) ________ Sessel
b) ________ ________ Couch
c) ________ ________ Stuhl
d) ________ Ofen
e) ________ ________ Heizung
f) ________ ________ Bank

**11. *Hallo, ich rufe mit meinem Handy an. – Wo bist du denn? – Ergänzen Sie auf, in oder bei.***

a) ________ ________ Sparkasse / Bank.
b) ________ ________ Post.
c) ________ den Eltern.
d) ________ ________ Autobahn.
e) ________ Restaurant.
f) ________ Zug.
g) ________ meinem Freund.
h) ________ Claudia.

*Merke:* Bei Personen sagt man ________.

**12. *Wohin willst du? – Ergänzen Sie in oder nach.***

a) ________ Hause.
b) ________ ________ Süden.
c) ________ Polen.
d) ________ ________ Tschechische Republik.
e) ________ Asien.
f) ________ ________ Vereinigten Staaten / ________ ________ USA.

### 13. *Woher? – Wo? – Wohin?*

| | Woher kommst du jetzt? | Wo bist du? | Wohin willst du? |
|---|---|---|---|
| | *aus / von* | *auf, bei, in* | *zu, in* |
| a) | ________ Supermarkt. | ________ Supermarkt. | ________ Supermarkt. |
| b) | ________ Bank. | ________ Bank. | ________ Bank. |
| c) | ________ Arzt. | ________ Arzt. | ________ Arzt. |
| d) | ________ Büro. | ________ Büro. | ________ Büro. |
| e) | ________ Baden. | ________ Baden. | ________ Baden. |
| f) | ________ Schwimmbad. | ________ Schwimmbad. | ________ Schwimmbad. |
| g) | _____ meiner Schwester. | _____ meiner Schwester. | _____ meiner Schwester. |
| h) | ________ Karlsplatz. | ________ Karlsplatz. | ________ Karlsplatz. |

Vergessen Sie nicht den Artikel: *aus dem / der; von dem (vom) / der; auf dem / der, bei dem (beim) / der, in dem (im) / der; zu dem (zum) / der (zur), in den / der / ins*
Oft gibt es zwei Möglichkeiten.

### 14. *Ein Ferientag*

a) Wir stehen nicht ______ 9 Uhr auf.
b) Dann frühstücken wir ______ 10.
c) Danach fahren wir ______ ein___ See
oder ______ d___ Stadt zum Einkaufen
oder steigen ______ ein___ Berg
oder rennen ______ ______ Wald
oder fahren ______ Freunden
oder bleiben ______ Hause.

### 15. *Können Sie mir sagen, wie ich zum Aussichtsturm komme?*

*hinter der, an, auf, über, vom – bis zu, um, durch, bis zum, zur*

a) Gehen Sie zuerst geradeaus bis ________ Kirche.
b) Dann ________ die Kirche herum. ________ ________ Kirche ist die Verdistraße.
c) Die Verdistraße gehen Sie geradeaus ________ ________ Alpenplatz.
d) ________ Alpenplatz ________ ________ der kleinen Brücke ist es nicht weit.
e) Gehen Sie ________ die Brücke.
f) ________ der großen Schule vorbei.

g) Dann sehen Sie den Aussichtsturm ________ einem kleinen Berg.
h) Gehen Sie ________ den Wald den Berg hoch ________ ________ Aussichtsturm.

■ Hoffentlich kann ich das alles behalten!
▲ Ich erklär' es Ihnen kurz noch einmal: Sie müssen ...

### *16. Wo ist denn ...?*

a) Butter und Wurst sind ________ Kühlschrank.
b) Fertiggerichte sind ________ ________ Tiefkühltruhe.
c) Handtücher habe ich ________ Bad gehängt.
d) Getränke findest du ________ Keller.
e) Die Bettwäsche liegt auf ________ Bett.
f) Die Fahrräder stehen hinter ________ Haus.
Auf Wiedersehen, wir fahren jetzt los.

### *17. Warum?*

a) Warum stellst du das Fahrrad nicht in ________ Keller?
Es steht doch schon ________ Keller. – Ach so, entschuldige!
b) Warum räumst du das Geschirr nicht in ________ Schrank?
Es steht doch schon ________ Schrank.
c) Warum setzt du dich nicht bequem auf ________ Couch?
Ich sitze lieber auf ________ Stuhl.
d) Warum hängst du den Mantel nicht an ________ Garderobe?
Der hängt doch an ________ Garderobe.
e) Warum stellst du die Schuhe nicht vor ________ Tür?
Die stehen doch vor ________ Tür. Hast du die nicht gesehen?
f) Warum legst du dich nicht in ________ Liegestuhl?
Ich habe doch zwei Stunden ________ Liegestuhl gelegen.

### *18. in oder im? an oder am? um oder zu/zum/zur?*

a) ________ Jahr 2000
b) ________ einer Stunde
c) ________ Mitternacht
d) ________ einem Sonntag
e) ________ Wochenende
f) ________ der nächsten Woche
g) ________ Frühling
h) ________ frühen Morgen

i) ________ Ostern
j) ________ 14 Tagen
k) ________ Zeit Napoleons

**19. *Ich finde nichts. Wo ist denn …***

a) meine Brille? – Die liegt ________ ________ Tisch.
b) mein Handy? – Das ist ________ dein___ Aktentasche.
c) die Zeitung? – Die liegt ________ ________ Couch.
d) der Korkenzieher? – Der liegt ________ ________ zweiten Schublade.
e) der Bohrer? – Der ist ________ Keller.

***Bitte, räum auf!***

f) Das Werkzeug gehört ________ Regal.
g) Die Zeitungen gehören ________ ________ Papierkorb.
h) Die schmutzige Tischdecke gehört ________ ________ Wäsche.
i) Das kaputte Glas gehört ________ ________ Mülleimer.
j) Der Abfall gehört ________ ________ verschiedenen Abfalltonnen.

**20. *Diese Redewendungen kommen in der Umgangssprache sehr oft vor. Ergänzen Sie die Präpositionen.***

a) Er lacht ________ vollem Hals.
b) Er kriecht ________ allen Vieren.
c) Er spricht ________ vollem Mund.
d) Er träumt ________ offenen Augen.
e) Er fällt ________ der Rolle.
f) Er kommt gleich ________ die Reihe.

***Erfinden Sie Situationen, in denen man die Redewendung gebraucht.***

**21. *6 Mal das Herz***

Was bedeutet …?

a) etwas nicht ________ Herz bringen
(Mitleid haben) Wir konnten das Tier nicht ins Tierheim bringen.
Wir haben es nicht ________ Herz gebracht.
b) jemanden ________ Herz schließen
(gern haben, mögen)

c) etwas ________ ________ Herzen haben
(Sorgen oder Wünsche haben)
d) sich etwas ________ Herzen nehmen
(einen Rat annehmen)
e) das Herz ________ ________ rechten Fleck haben
(ein guter, hilfsbereiter Mensch sein)
f) jemandem etwas ________ Herz legen
(jemand dringend um etwas bitten)

*Finden Sie Beispiele für b)–f).*

*22. Sammeln Sie alle Präpositionen mit lokaler Bedeutung. Sie finden sie in den Abschnitten 137–141.*

*Ordnen Sie die Präpositionen in die folgende Liste:*

| **Woher kommst du?** (Herkunft) | **Wo bist du?** (Ort) | **Wohin gehst du?** (Richtung) |
|---|---|---|
| | | |

*Notieren Sie kurze Beispiele.*

*23. Sammeln Sie alle Präpositionen mit temporaler Bedeutung. Sie finden sie in den Abschnitten 137–141.*

*Ordnen Sie die Präpositionen in die folgende Liste:*

| **Wann? Für wann?** (Zeitpunkt: Datum, Uhrzeit …) | **Wie lange? Bis / seit wann? Von wann bis wann?** (Zeitdauer) |
|---|---|
| | |

*24. Grammatik im Text – Reiseangebote*

*a) Lesen Sie noch einmal Übung 8, Seite 169. Markieren Sie die Wechselpräpositionen.*

## b) *Unterstreichen Sie die Präpositionen in den folgenden Sätzen. Welche Wörter gehören zusammen?*

*Exklusiv für die Leser des Münchner Morgenblatts*

### Zauberhafte Bernsteinküste

**Weiße Sandstrände, einsame Wälder und roter Backstein**

Auf dem schnellsten Weg an die Ostsee mit Augsburg Airways im eigens für Sie gecharterten Flugzeug mit max. 37 Passagieren.

Notieren Sie:

1) ______________________ 5) ______________________
2) ______________________ 6) ______________________
3) ______________________ 7) ______________________
4) ______________________

## c) *Ungarische Impressionen*

### Eine Reise durch das Land der Magyaren

*– Für die Leser des Münchner Morgenblatts*

Das kleine Land der Magyaren hat viele Gesichter. Dank seiner Geschichte findet man in Ungarn neben barocken Kirchen und Schlössern auch Moscheen und Minarette aus türkischer Zeit, neben Ziehbrunnen und Csardas die Prachtbauten der k. u. k.-Zeit. Das weltstädtische Flair und die Eleganz der Metropole Budapest bilden einen starken Kontrast zu der Weite der Puszta mit ihren verstreuten Gasthöfen. Dagegen fühlt man sich am Plattensee direkt in eine mediterrane Landschaft versetzt. Auch die kulinarische und musikalische Seite des Magyarenlandes kommen auf dieser Reise selbstverständlich nicht zu kurz.

**8 Tage**
**18. – 25. Mai**
Fahrt im Salonbus

*Besichtigungen*
*Reiseleitung*

Ü / HP in guten Hotels in Budapest, Eger, Debrecen, Szeged, Sopron.

*Unterstreichen Sie die Präpositionen und die dazugehörenden Wörter.*

*d) Aus dem Reiseführer – Von Garmisch-Partenkirchen auf die Zugspitze*

Abfahrt vom Bahnhof Garmisch mit der Bahn (stündlich, Fahrzeit circa eine Stunde). Die Bahn fährt durch das Dorf Grainau, am Eibsee entlang zum Schneefernerhaus in 2650 m Höhe. Von dort geht eine Seilbahn auf den 2963 m hohen Gipfel. Sie können aber auch mit dem Auto zum Eibsee fahren und dort in die Seilbahn einsteigen (tägl. 8–17 Uhr, halbstündlich). Bei gutem Wetter bietet sich von Deutschlands höchstem Berg ein großartiger Rundblick. Von Einsamkeit in der Natur kann natürlich keine Rede sein. Die Zugspitze ist für Hunderte von Touristen ein attraktives Ziel. Bis zum Gipfelkreuz gibt es Gasthäuser, Seilbahnen, Funk- und Fernmeldeanlagen und meteorologische Stationen.

***Unterstreichen Sie die Präpositionen und die dazugehörenden Wörter, z. B.:** … vom Bahnhof Garmisch.*

# X. Adverbien und Partikeln

1. Adverbien und Partikeln haben keine Endung. 145

2. Adverbien können im Satz an erster Stelle stehen. Sie sind damit betont:
Er hat **manchmal** Recht. – **Manchmal** hat er Recht.
Partikeln stehen nicht an erster Stelle und sind unbetont:
Du hast **ja** Recht.

3. Adverbiale Adjektive kann man steigern:
Bergsteiger leben **gefährlich**.
Wer lebt **gefährlicher**?
Rennfahrer leben **am gefährlichsten**.

## Lokaladverbien 146

| Frage: **Wo?** | Frage: **Wohin?** (Richtung) | Frage: **Woher?** (Richtung) |
|---|---|---|
| hier, da, dort | hierhin, dahin, dorthin | hierher |
| drinnen, draußen | nach drinnen / draußen | von drinnen / draußen |
| unten, mitten, oben | nach unten / oben | von unten / oben |
| links, rechts | nach links / rechts | von links / rechts |
| vorn, hinten | nach vorn / hinten | von vorn / hinten |
| überall | überallhin | von überallher |
| irgendwo | irgendwohin | von irgendwoher |
| nirgends / nirgendwo | nirgendwohin | nirgendwoher |
| zu Hause | nach Hause, heim | von zu Hause |
| | abwärts, aufwärts<br>vorwärts, rückwärts | |

Wo gehst du **hin**? (= Wohin)
Komm mal **her**!

*hin* = Bewegung vom Sprecher weg
*her* = Bewegung zum Sprecher

In der Umgangssprache sagt man *raus (= heraus, hinaus), rein (= herein, hinein). rauf (= herauf, hinauf).*

# Temporaladverbien

## Vergangenheit – Gegenwart

| *Vergangenheit* → | | | *Gegenwart* |
|---|---|---|---|
| damals | kürzlich | gerade | heute |
| früher | vor kurzem | soeben | jetzt |
| ehemals | neulich | eben | |
| (ein)mal | gestern | bereits | |
| jemals | vorgestern | vorhin | |
| | vorher | | |

## Gegenwart – Zukunft

| → | | *Zukunft* |
|---|---|---|
| gleich | bald | zukünftig |
| sofort | morgen | (ein)mal |
| | übermorgen | |
| | später | |
| | nachher | |
| | hinterher | |

## Verhältnis zu einem anderen Zeitpunkt

| | | | | |
|---|---|---|---|---|
| zuerst, erst | – | dann | | |
| vorher | – | nachher, hinterher | | |
| bisher | – | da, danach | – | schließlich |
| seitdem | – | inzwischen | – | zuletzt |
| | | unterdessen | | |

## Häufigkeit und Wiederholung

Frage: **Wie oft?**

| ↓ | ↓ | ↓ | ↓ |
|---|---|---|---|
| nie, niemals | manchmal, | oft, häufig | immer |
| fast nie, kaum | ab und zu | meistens, meist | immer wieder |
| selten | öfters | fast immer | |

täg / wöchent / monat / jähr → **lich** — Endung *-lich*

montags, dienstags, mittwochs — Endung *-s*
(= jeden Montag, Dienstag, Mittwoch)
morgens, mittags, abends
(= jeden Morgen, Mittag, Abend)

### Augenblick und Dauer

früh ↔ spät
erst ↔ schon
lange
monatelang
jahrelang
noch

## Modaladverbien 148



Frage: **Wie?**

| | |
|---|---|
| Die Party verlief turbulent.<br>(= Die turbulente Party ...) | (1) = adverbiales Adjektiv |
| Wir feiern gern.<br>Wir feiern lieber im Lokal.<br>Wir feiern am liebsten zu Hause. | (2) = Qualität<br>*(gern – lieber – am liebsten)* |
| Wir müssen leider nach Hause. | *leider,* |
| Sie ist ebenso / genauso lustig wie er. | *ebenso, genauso* |
| Nein, sie ist anders. | *anders* |
| Löse das Problem irgendwie. | *irgendwie* |
| Er wartet umsonst / vergeblich. | *umsonst, vergeblich* |

| | |
|---|---|
| | (3) Verstärkung: |
| Er ist sehr / ganz / besonders / so stolz auf die gute Prüfung. | *sehr, ganz* <br> *besonders, so* |
| Er hat sogar eine Auszeichnung bekommen. | *sogar* |
| Die hat er auch verdient. | *auch, bestimmt* |
| Er hat es doch (= betont) geschafft. (Niemand hat es geglaubt.) | *doch* |
| Er hat vor allem Glück gehabt. | *vor allem* |
| | Abschwächung: |
| Sie war ziemlich müde. | *ziemlich* |
| Fast / Beinahe wäre sie eingeschlafen. | *fast, beinahe* |
| Sie konnte kaum antworten. | *kaum* |
| Sie hat wenigstens zwölf Stunden geschlafen. | *wenigstens* |
| Sonst schläft sie höchstens acht. | *höchstens* |
| Zwölf sind wohl etwas zu viel. | *etwas* |
| Er kommt bestimmt / sicher. (= Ich weiß es.) | (4) Gewissheit / Ungewissheit: <br> *bestimmt, sicher* |
| Wahrscheinlich kommt er morgen. (= Ich vermute es.) | *wahrscheinlich* |
| Vielleicht kommt er morgen. (= Ich bin nicht sicher.) | *vielleicht* |
| | (5) Verneinung: |
| Du hast dich gar nicht gemeldet. | *gar nicht* |
| Das ist überhaupt nicht wahr. | *überhaupt nicht* |
| Wir haben umsonst angerufen. | *umsonst* |
| Wir haben mindestens dreimal angerufen. | *mindestens* |

Lerntipp

**Lerntipp**

Vergleichen Sie: Ich mag Nachspeisen. Ich esse am liebsten Eis.
Ich mag Nachspeisen. Am liebsten esse ich Eis.

Vermeiden Sie gleiche Strukturen: Ich mag … – Ich esse … .
Adverbien stehen in Position I und in der Satzmitte.

**Syntax-Baustein 13**

**Satzstellung der Angaben**

Die Angaben haben meistens die Reihenfolge

| | | | | |
|---|---|---|---|---|
| **te-ka-mo-lo** | (**te**mporal - | **ka**usal - | **mo**dal - | **lo**kal) |
| | wann? | warum? | wie? | wo? |
| | ↓ | ↓ | ↓ | ↓ |
| *Wir haben* | *heute* | *deswegen* | *dreimal* | *bei euch angerufen.* |

*(Wir wollten hören, wie es unserer Mutter geht.)*

Übungen

*1.* ***Formen Sie um nach dem Beispiel.***

a) Mir geht es gut. – Du siehst auch gut aus!
b) Ich bin erholt. – Du siehst auch erholt aus!
c) Ich bin ausgeschlafen. – ____________________
d) Ich bin nicht müde. – ____________________
e) Ich fühle mich topfit. – ____________________
f) Gestern war ich gestresst. – Du hast auch ____________________
g) Ich war nervös. – Du hast ____________________
h) Ich war schlecht gelaunt. – ____________________

*2.* ***Ulli hat Fahrstunde***

*nach, rückwärts, vorwärts, rechts, links, von rechts, von überall her, rauf, runter, mitten, nach vorn*

a) Heute ist er ______________ in eine Parklücke gefahren.
b) ______________ ist es einfacher. Das kann er schon.
c) Es ist zuerst den Berg ______________gefahren, dann wieder ______________. Am Berg hat er gestoppt.
d) Er ist zuerst r ______________ eingebogen, dann l ______________.
e) ______________ auf der Kreuzung hat er den Motor abgewürgt.
f) ______________ r______________ ist nämlich ein Auto gekommen.
g) Er hat ______________ ______________ geschaut und das Auto nicht gesehen.

h) Plötzlich kamen ______________ viele Autos und es gab ein großes Chaos.
i) Trotzdem ist er bald mit dem Führerschein ______________ Hause gekommen.

### 3. *Setzen Sie das passende Adverb ein.*

a) Hast du ______________ gedacht, dass wir noch ______________ ______________ kommen?
(hierher, jemals, einmal)
b) Wir haben ______________ mit dem alten Herrn gesprochen. Er hat erzählt, dass er ______________ zur See gefahren ist.
(früher, neulich)
c) Ich habe ______________ keine Zeit. Kannst du ______________ noch ______________ vorbeikommen?
Kein Problem. Ich komme ______________ gegen drei.
(dann, jetzt, später, einmal)
d) Du bist ______________ zu Hause und zum Essen kommst du ______________ zu spät.
Ich bin abends ______________ weg, das stimmt. Am Nachmittag bin ich aber ______________ da und mache Schulaufgaben.
(immer, nie, oft, fast immer)
e) Wir essen ______________ und ______________ gibt's einen Pudding.
Ich muss aber ______________ weg!
(nachher, jetzt, gleich)
f) Ich wasche ______________ ab. Du kannst ______________ mit Christine spielen.
(inzwischen, jetzt)

### 4. *Welches Adverb passt auch?*

a) Ich komme gleich.
b) Wir waren neulich bei Neumanns. (2)
c) Heike hat soeben angerufen. (2)
d) Habt ihr nachher noch etwas Zeit?
e) Was machen wir nachher? (2)
f) Fritz ruft fast nie an.

kaum, gerade, später, vor kurzem, danach, eben, sofort, kürzlich, hinterher

## 5. *Ergänzen Sie das passende Adverb.*

a) (Es klingelt.) Bitte, kommen Sie doch … — raus / hinein / rein

b) Karla ist gerade … im Keller. — runter / unten / oben

c) Der Verkehr von … hat Vorfahrt. — links / rechts / hinten

d) Tut mir Leid, ich muss jetzt … Hause. — nach / zu / von

e) Wir sind eingeladen. Gehst du …? — her / hin / wohin

f) Ralph hat … seinen Führerschein gemacht. — bereits / vorhin / vor kurzem

g) Zuerst kam er …, dann immer seltener. — oft / meistens / immer

h) Du musst die Tropfen … nehmen. — morgens / gerade / lange

i) Es ist schon … spät. — höchstens / ziemlich / wirklich

j) Das Ja-Wort – Setzen Sie ein: *danach, dann, zuletzt, schließlich, zuerst.*

… wollte er nicht, … hat er überlegt, … hat er noch gezögert,
… war er fast dafür und … hat er ja gesagt.

## 6. *Ergänzen Sie das Adverb.*

a) Thomas ist zu spät gekommen. Er hat den Bus verpasst. (wahrscheinlich)
b) Kerstin ist fertig. Sie hat die Prüfung gemacht. (vor kurzem)
c) Möchtest du ein Stück Kuchen? – Danke, ich habe gegessen. (gerade)
d) Siehst du, er hat Recht. (doch)
e) Wo ist denn das Lexikon? Es hat hier auf dem Tisch gelegen. (gestern)
f) Sie war ruhig. Sie taute auf. (zuerst, dann)

## 7. *Grammatik im Text*

### a) *Der Blumenstrauß*

Paul und Christoph sitzen im Café. Vor ihnen steht ein Blumenstrauß.

■ Sind die eigentlich künstlich?
▲ Natürlich.
■ Du meinst, die sind natürlich?
▲ Quatsch! Natürlich nicht.
■ Was heißt „natürlich nicht"? Sind sie nun künstlich oder natürlich?
▲ Natürlich künstlich, was denn sonst?

***Übersetzen Sie den Text in Ihre Muttersprache.***

### b) *Verkehrsampeln in Deutschland*

Nirgendwo in der Welt gibt es so viele Verkehrsampeln wie in Deutschland. Manchmal sind es sogar sechs Ampeln auf 500 Meter.

Verkehrsexperten halten sie aber trotz Staugefahr wegen der hohen Verkehrsdichte für notwendig. Ein Versuch der Versicherungen ergab, dass bei abgeschalteten Ampeln die Unfallzahlen auf das Drei- bis Achtfache steigen.

In der Bundesrepublik sind etwa 50 000 Kreuzungen mit Ampeln geregelt. Der Kauf einer Anlage kostet rund 50 000 Euro. Wartung und Strom kosten jährlich bis zu 15 000 Euro.

***Markieren Sie Wörter, die zusammengehören. Dann ist der Text nicht mehr schwer, zum Beispiel:*** *nirgendwo in der Welt – gibt es – so viele Ampeln wie in Deutschland.*

Bauen Sie dann den Satz. Fangen Sie mit dem Verb an.
*Beispiel:*
gibt
es gibt
Nirgendwo in der Welt gibt es
Nirgendwo in der Welt gibt es so viele Ampeln wie in Deutschland.

## Syntax-Baustein 14

### Adverbien als Konjunktionen

Adverbien stehen in der Mitte des Satzes.
Als Konjunktionen verbinden sie zwei Hauptsätze. Sie stehen in Position I, d. h. das Verb folgt direkt (→ Konjunktionen in Position 0, Nr. 157) oder in einer Position nach dem Verb.

| I | II | I | II |
|---|---|---|---|
| Petra | möchte ein Motorrad. | Sie | macht den Führerschein. |
| Petra | möchte ein Motorrad; | **deshalb** | macht sie den Führerschein. |
| | | Sie | macht **deshalb** den Führerschein. |

| | |
|---|---|
| **also** | Sie möchte ein Motorrad; also muss sie den Führerschein machen. |
| **außerdem** | Sie macht eine Lehre; außerdem jobbt sie. |
| **dadurch** | Sie jobbt; dadurch hat sie etwas Geld. |
| **dann** | Dann möchte sie das Motorrad kaufen. |
| **danach** | Danach möchte sie eine eigene Wohnung mieten. |
| **darum / daher** | Darum / Daher arbeitet sie fleißig. |
| **deshalb / deswegen** | Deshalb / Deswegen hat sie wenig Zeit. |
| **gleichzeitig** | Gleichzeitig hat sie natürlich einen Freund. |
| **inzwischen** | Der ist inzwischen schon sauer. |
| **jedenfalls** | Jedenfalls hat sie immer etwas vor. |
| **jedoch** | Er gibt jedoch nicht auf. |
| **nämlich** | Es ist nämlich noch nicht aller Tage Abend. (*nämlich* immer nachgestellt.) |
| **schließlich** | Schließlich hat er viel Geduld. |
| **sonst** | Sonst wäre er schon verzweifelt. |
| **trotzdem** | Trotzdem will er mit ihr reden. |
| **vorher – nachher** | Vorher will er sich alles genau überlegen, nachher ist es vielleicht zu spät. |
| **zuerst – zuletzt** | Zuerst möchte er sie einladen, zuletzt wird dann alles o. k. sein. |

8. ***Ergänzen Sie:** nämlich, gleichzeitig, dadurch, trotzdem, danach, deshalb*

a) Frauke möchte Lehrlinge ausbilden. – Sie macht _______________ eine Fortbildung.
b) Florian möchte nicht studieren. – Er macht _______________ das Abitur.
c) Er geht noch zur Schule. – Er hilft _______________ im Betrieb seines Vaters.
d) Er macht die Prüfung. – Er macht _______________ den Zivildienst.
e) Frauke darf ausbilden. – Sie ist _______________ schon viele Jahre in der Firma.
f) Sie arbeitet oft mit Jugendlichen. – Sie hat _______________ viel Erfahrung.

9. ***Setzen Sie in Übung 8 die Adverbien in Position I.***

Satz _______ kann man nicht umformen.



## 151 Partikeln und Interjektionen

Partikeln sind eine Gruppe von etwa 40 Wörtern, die man nicht deklinieren, nicht konjugieren und auch nicht komparieren kann.

### 152 Modalpartikeln und ihre Bedeutung

**doch, ruhig, schon, nur, mal**
Sag doch was!
Mach ruhig weiter!
Geh schon!
Frag nur!
Komm mal her!

(1) Sie fordern jemand auf und möchten Ihrer Aussage mehr Nachdruck geben. (Meist mit dem Imperativ. Die Modalpartikel machen ihn „weicher“.)

**bloß, ja, nur**
Mach bloß keinen Ärger!
Mach das ja / nur nicht!

(2) Sie warnen oder drohen.

**aber, allerdings, denn, ja, vielleicht**
Das ist aber neu!
Hat er denn Geld?
Das ist ja die Höhe!
Das ist vielleicht ein Ärger!
Das ist allerdings richtig.

(3) Sie staunen oder ärgern sich.

Aber **ja**!

(4) Sie betonen etwas.

**eben, einfach, ja**
Er hat eben kein Glück.
Das ist einfach schade.
Sie wollte ja nicht.

(5) Sie nehmen die Dinge, wie sie sind.

**denn, eigentlich, etwa, überhaupt**
Können Sie denn segeln?
Sind Sie eigentlich verheiratet?
Sind Sie etwa Pilot?
Was machen Sie überhaupt?
(*Achtung:* Diese Fragen sind etwas aggressiv oder indiskret.)

(6) Sie fragen erstaunt oder neugierig.

**bloß, denn, eigentlich, nur, überhaupt**
Was ist denn / bloß / eigentlich / nur / überhaupt los?

(7) Fragen klingen mit Partikeln im Allgemeinen natürlicher. W-Fragen (Warum? Wo? Was? usw.) haben meistens *denn*.

**schon, wohl**
Es wird schon klappen!
Was ist los mit dir? Du hast wohl schon wieder Ärger.

(8) Sie wünschen oder vermuten etwas.

**bloß, doch, nur**
Hätte ich bloß nichts gesagt!
Wär' ich doch / nur zu Hause geblieben!

(9) Sie wünschen etwas, aber es ist zu spät. (mit Konjunktiv II)

**also, nun**
Was machen wir also / nun?
Das bedeutet / heißt also …

(10) Sie beenden etwas oder fassen zusammen.

Also wirklich! Jetzt ist Schluss.

(11) Sie sind gefühlsmäßig engagiert.

153 Einige Modalpartikeln sind auch Adjektiv, Adverb oder Konjunktion.

| | | |
|---|---|---|
| **aber** | Ich gehe, aber ich komme gleich wieder. | Konjunktion |
| | Heute ist es aber kalt! | Partikel |
| **denn** | Er kam zu spät, denn er hatte eine Panne. | Konjunktion |
| | Wo bist du denn? | Partikel |
| **einfach** | Das ist einfach, nicht schwer. | Adjektiv |
| | Ruf einfach an! | Partikel |
| **schon** | Wir essen schon und du bist nicht da. | Adverb |
| | Komm schon, beeil dich! | Partikel |
| **vielleicht** | Wir kommen vielleicht, sicher ist das aber nicht. | Adverb |
| | Du hast vielleicht Nerven! | Partikel |
| **wohl** | Sie fühlen sich wohl hier. | Adverb |
| | Du bist wohl müde, was? | Partikel |

Die Negationspartikel (→ Nr. 56–58).

Modalpartikeln stehen nicht am Satzanfang. Dialogpartikeln stehen am Satzanfang. Oft sind sie ein ganzer Satz mit Punkt am Ende: *Ja. Jawohl.*

| | |
|---|---|
| | Nach einer positiven Frage. |
| Sind Sie müde? | – Ja. / Ja, sehr.<br>Nein. / Nein, überhaupt nicht. |
| | Nach einer negativen Frage. |
| Sind Sie nicht müde? | – Doch. / Doch, sehr sogar.<br>Nein. / Nein, gar nicht. |

154 Zu den Dialogpartikeln gehören auch Interjektionen:

| | | | |
|---|---|---|---|
| **Aha, Aja** | Ich habe verstanden. | **Bravo** | Gut gemacht. |
| **Oh** | Ich bin überrascht. | **Toll** | Ich bin begeistert. |
| **Psst** | Bitte Ruhe! | **Spitze** | |
| **Iii** | Ich ekle mich. | **Super** | |
| **Igitt igitt** | Das mag ich nicht. | **Klasse** | |
| **Ach was, ph** | Das macht nichts. | **Nanu** | Wie ist das möglich? |
| **Aua** | Das tut weh. | **Na ja** | Ich bin nicht begeistert. |
| **Toi, toi, toi** | Ich wünsche alles Gute. | **Hm** | Ich bin skeptisch. |
| **Ätsch** | Das hast du nun davon. (Schadenfreude) | **Tja** | Das ist nicht zu ändern. |
| | | **Na gut** | Ich bin einverstanden. |
| **(Sehr) schön** | Ich stimme zu. | | |

Es gibt natürlich noch viele Modewörter, die dauernd wechseln.

***Tipps & Tricks***

**Bitte … Danke**

1. *Bitte* kann *Ja, Danke* kann *Nein* bedeuten:

▲ Möchten Sie noch etwas Kaffee?
■ Danke. (= Nein, danke.)
■ Bitte. (= Ja, bitte.)

Oft gibt es hier Missverständnisse. Intonation und Gesten bringen Klarheit.

2. B*itte* ist die Antwort auf *Danke:*
▲ Möchten Sie noch Kaffee?
■ Ja, noch einen Schluck. Danke.
▲ Bitte.

3. B*itte* ist eine wirkliche Bitte:
▲ Bitte, kann ich noch einen Kaffee haben? – Ja, natürlich.
(Oder: Kann ich bitte noch einen Kaffee haben?
Oder: Kann ich noch einen Kaffee haben, bitte?)

Wenn die Bitte erfüllt ist:
▲ Danke.



**10.** ***Haben Sie Mut. Benutzen Sie die Partikeln. Dann wird man Ihnen sagen: Sie sprechen aber gut Deutsch.***
***Wiederholen Sie die Frage mit*** denn. ***Sie klingt dann natürlicher.***

a) Beeil dich! – Warum? Wie spät ist es?
b) Florian hat gerade den Führerschein gemacht. – Ach, ist er schon achtzehn?
c) Er spricht Bairisch. – Kommt er aus Bayern?
d) Du hast nie Zeit. – Das stimmt nicht. Was willst du?
e) Kommst du mit ins Kino? – Ja, was gibt es?
f) Komm schnell! – Was ist passiert?

**11. Geben Sie Ihrer Antwort mehr Nachdruck. Benutzen Sie *doch.***

a) Wie heißt der Rennfahrer? – Das ist der Schumacher.
b) Wir gehen jetzt essen. Kommen Sie mit!
c) Kommst du auch? – Nein, ich habe kein Auto. – Nimm den Bus!
d) Hier ist der Bahnhof auch nicht. – Frag mal den Mann da!
e) Melanie ist faul. – Das ist nicht wahr.
f) Ich habe deinen Geburtstag vergessen. – Das macht nichts.

**12. Sie sind erstaunt oder Sie geben nach. Benutzen Sie die Partikel *ja.***

a) Ich habe 100 Leute eingeladen. – Du hast Nerven!
b) Ich habe im Lotto gewonnen. – Das ist fantastisch.
c) Ich möchte nach Japan. – Du hast gar kein Geld.
d) Das Essen wird kalt. – Ich komme schon.
e) Du hast Recht.

**13. Welche Wörter fehlen? Ergänzen Sie *etwa, ja, mal, doch, denn, also.***

▲ Kennen Sie Vorurteile?
■ Und ob! Sie ________ nicht?
▲ Klar. Geben Sie ________ ein Beispiel.
■ Es heißt, das meiste Bier kommt aus München.
▲ Das ist ________ richtig, oder ________ nicht?
■ Nein, das meiste Bier kommt aus Dortmund, nicht aus München. Die Dortmunder produzieren circa 6 Millionen Hektoliter im Jahr, die Münchner aber nur 5,5 Millionen. Die Hauptstadt des Biers liegt ________ in Nordrhein-Westfalen.
Zweites Vorurteil: Stierkampf ist eine spanische Erfindung.
▲ Aber das stimmt ________.
■ Falsch. Stierkampf ist keine spanische Erfindung. Schon die Römer und sogar die Chinesen haben Stierkämpfe veranstaltet.
▲ Aha. Sie sind ________ ein Spezialist!
■ Drittes Vorurteil: Blitz und Donner gehören zusammen.
▲ ________ nicht?
■ Nein, die meisten Blitze, circa 40 Prozent, haben keinen Donner. Und die Blitze gehen auch nicht alle vom Himmel zur Erde.
▲ Wie ________ sonst?
■ Viele gehen von der Erde zum Himmel.
▲ Na, da können wir ________ froh sein!

## 14. *Wo stehen die Partikeln? Machen Sie ein Kreuz.*

a) Komm ■ her ■! (mal)
b) Frierst ■ du ■ nicht? (denn)
c) Wirf ■ die alten Zeitungen ■ weg! (doch)
d) Frag ■ den Schaffner ■, wann wir ankommen. (mal)
e) Das ist ■ eine Pleite ■! (vielleicht)
f) Sei ■ vorsichtig ■! (bloß)
g) Sag ■ ja ■! (einfach)
h) Wir haben ■ kein Glück ■. (eben)

Wo stehen die Partikeln im Satz? Haben Sie es entdeckt?
Partikeln stehen meistens gleich nach dem ________________, manchmal auch nach dem Subjekt.

## 15. *Grammatik im Text*

*Du, hör mal!*

▲ Hör mal zu!
■ Ja?
▲ Hier gibt's eine Liste der Biere. Kennst du einen Russen?
■ Klar. Das ist Limo und Weißbier.
▲ Ja. Und was ist ein Radler?
■ Limo und Bier, oder?
▲ Jawohl.
■ Sag mal, machst du ein Quiz mit mir? Jetzt frage ich mal. Was ist eigentlich eine Berliner Weiße?
▲ Weißbier mit Himbeersaft natürlich. Igitt igitt!
■ Richtig. Und Kölsch?
▲ 600 Jahre alt und immer noch trinkbar.
■ Bravo! – Fassbier?
▲ Das vielleicht beste Bier überhaupt. Bier aus dem Holzfass.
■ Und Freibier?
▲ Das ist bestimmt das Bier, das du jetzt holst und das ich dann gemütlich trinke. Gratis.

***Streichen Sie die Partikeln und lesen Sie den Text. Lesen Sie anschließend den Originaltext. Welcher Text gefällt Ihnen besser?***

Tipps & Tricks

### *Tipps & Tricks*

Man sagt, das Deutsche klingt hart und unfreundlich. Dagegen helfen die Partikeln, vor allem die Modalpartikeln. Sie sind die „Weichmacher" der Sätze. Vergleichen Sie:
Das ist **nicht richtig**. (= unfreundlich, sehr direkt)
Das ist **eigentlich nicht richtig**. (= freundlicher)
Das ist **doch eigentlich nicht richtig**. (= noch freundlicher)

Benutzen Sie deshalb die Partikeln. Fangen Sie mit einer Partikel an, zum Beispiel mit *denn* in der Frage. Probieren Sie es dann mit *ja, doch, mal* und so weiter:
Was machst du **denn**?
Das ist **ja** eine Überraschung!
Das ist **doch** egal!
Moment **mal**! Guck **mal**!

*Ja, denn, doch* und *mal* sind besonders häufig.

Lerntipp

### *Lerntipp*

**Die Verwendung von *doch*** (→ auch Wunschsätze, Nr. 175)

1. als Dialogpartikel:
Sind Sie nicht müde? – **Doch** (= betont), ich bin sehr müde.

2. als Adverb:
Er hat **doch** (= betont) Recht.

3. als Modalpartikel (= unbetont):
Hol bitte die Zeitung. – Ich habe sie **doch** schon geholt.
Sie wussten **doch**, dass ich komme.
Schrei **doch** nicht so!
Gehen Sie **doch** zum Arzt!

# XI. Satzverbindungen / Konnektoren

Wir unterscheiden Konjunktionen und Subjunktionen. 156
**Konjunktionen** verbinden Hauptsätze.
In Hauptsätzen steht das konjugierte Verb in Position II:
Das Wetter ist schön **und** wir gehen jetzt spazieren.

**Subjunktionen** verbinden Hauptsätze und Nebensätze.
Im Nebensatz steht das konjugierte Verb am Ende:

| | |
|---|---|
| | Das Radio ist laut. |
| Ich höre nichts, | **wenn** das Radio laut **ist**. |
| | Ich muss arbeiten. |
| Ich komme nicht, | **weil** ich arbeiten **muss**. |

## Konjunktionen 157

Konjunktionen sind:
**und, aber, denn, sondern, oder**
**entweder …, oder**
**zwar …, aber**
**nicht nur …, sondern auch**

Konjunktionen verbinden zwei Hauptsätze. Die Hauptsätze bleiben unverändert.

| I | II | | 0 | I | II | |
|---|---|---|---|---|---|---|
| Der Koffer | ist | gepackt | **und** | das Auto | steht | vor der Tür. |
| Alle | sind | da, | **aber** | Heinz | fehlt. | |
| | Beeile | dich, | **denn** | wir | wollen | fahren. |
| Du | sollst | **nicht** trödeln, | **sondern** | (du) | (sollst) | kommen. |
| | Kommst | du mit | **oder** | | bleibst | du da? |
| **Entweder** du | beeilst | dich | **oder** | du | bleibst | zu Hause. |
| Wir | haben | **zwar** Platz, | **aber** | es | ist | eng. |
| Christian | fährt | **nicht** **nur** schnell, | **sondern** | (er) | (fährt) | **auch** gut. |

Ich packe den Koffer **und (ich)** nehme auch die Reisetasche mit.
Der Koffer ist schön, aber (der Koffer) (ist) schwer.

(1) Das Subjekt / Das Verb ist identisch. Nach *und, aber, oder, sondern* können Sie das zweite Subjekt / das zweite Verb weglassen.

**aber**
**zwar ..., aber**
Der Weg ist weit, aber wir schaffen ihn in einer Stunde.
Der Weg ist weit, wir schaffen ihn aber in einer Stunde.
Der Weg ist zwar schön, aber weit.

(2) Gebrauch:
Gegensätze
*Aber* kann in Position 0 oder frei im Satz stehen.

**denn**
Er kommt nicht, denn er ist krank.

Grund

**oder**
**entweder ... oder**
Wir übernachten hier oder wir gehen gleich zurück.
Entweder wir übernachten hier oder wir gehen gleich zurück.

Alternative

**sondern**
**nicht (nur) ..., sondern (auch)**
Er ist nicht dumm, sondern faul.
Er ist nicht nur dumm, sondern auch faul.

Korrektur
*Sondern* korrigiert eine negative Aussage.
*Sondern auch* ergänzt eine Aussage.

**sowohl ... als auch**
Das Haus ist sowohl schön als auch praktisch.

2 Möglichkeiten
Verbindet zwei Satzteile.

**und**
Das Haus ist schön und der Garten ist groß.
Er kam, setzte sich und erzählte sein Erlebnis.

Addition

**1. *Verbinden Sie die Sätze mit und. Das zweite Subjekt können Sie manchmal weglassen.***

a) Er ging durch die Straßen. Es regnete.
b) Es war dunkel. Die Laternen brannten noch.
c) Er ging am Rathaus vorbei. Er überquerte den Großen Platz.
d) Schritte folgten ihm. Er lief schneller.
e) Die Schritte kamen näher. Er lief zum Fluss hinunter.
f) Er sah den Fluss. Er fühlte eine Hand auf der Schulter.

Da wachte er auf …

**2. *Ergänzen Sie die passende Konjunktion.***

a) Edith wollte Malerin werden, _________ sie hatte keinen Erfolg.
b) Knut ist nicht im Büro, _________ beim Segeln.
c) Er ist in Italien _________ Slowenien.
d) Sie hat sich bei der Lufthansa beworben, _________ sie möchte Stewardess werden.
e) Nina tanzt sehr gut _________ möchte Tänzerin werden.
f) Sie möchte Tänzerin werden, _________ zuerst macht sie die Schule fertig.

**3. *Verbinden Sie die Hauptsätze mit Konjunktionen. Das zweite Verb und das zweite Subjekt können Sie manchmal weglassen.***

a) Ein Brötchen heißt in Süddeutschland Semmel. In Berlin heißt es Schrippe.
b) Viele meinen: Bairisch klingt gut. Sächsisch klingt nicht so gut.
c) Das war einmal anders. Sächsisch galt im 17. Jahrhundert als sprachliches Vorbild.
d) „Hart arbeiten" oder „schuften" heißt „roboten" oder „wurachen" in Sachsen. Es heißt „wurzeln" und „haudern" in Hessen. Es heißt „schinageln" in Schwaben und Bayern.
e) Unser Lehrer spricht mehrere Sprachen. Er spricht verschiedene Dialekte.
f) Die Bäuerin spricht Dialekt. Sie spricht kein Hochdeutsch.

# Subjunktionen

| | Subjunktionen sind | |
|---|---|---|
| Zeit | temporal: | *als; wenn; bis; seit/seitdem; während*<br>*bevor; ehe*<br>*nachdem; sobald* |
| Grund | kausal: | *weil; da* |
| Bedingung | konditional: | *wenn; falls* |
| Einräumung | konzessiv: | *obwohl; obgleich* |
| Zweck/Folge | konsekutiv: | *so dass; so …, dass* |
| Absicht | final: | *damit* |
| Gegenüberstellung | adversativ: | *anstatt; statt* |
| Vergleich | | *als; wie; als ob* |
| *dass* → Nr. 103 | | |
| *ob* → Nr. 120 | | |

Subjunktionen verbinden Hauptsatz und Nebensatz. Im Nebensatz steht das konjugierte Verb am Satzende:

| **I** | **II** | **I** | **II** | **Satzende** |
|---|---|---|---|---|
| Sie | ist unpünktlich. | Er | ärgert sich. | |
| | | Er | ärgert sich, weil sie unpünktlich | **ist.** |

Der Nebensatz kann auch in Position I stehen. Das konjugierte Verb des Hauptsatzes steht wie immer in Position II:

| **I** | **II** | |
|---|---|---|
| **Weil sie unpünktlich ist,** | **ärgert** | er sich. |

| | | Gebrauch: |
|---|---|---|
| **als** | Als ich in Hamburg war, gab es Sturm. | gleichzeitig |
| | Als ich abgefahren war, wurde das Wetter besser.<br>(= Nachdem ich abgefahren war, wurde das Wetter besser.) | nachzeitig |
| → **bevor** | | vorzeitig |
| **als** | Du bist stärker, als du denkst. | Vergleich (→ Vergleichssatz, Nr. 102) |

| | | |
|---|---|---|
| **als ob** | Er tut so, als ob er nichts wüsste. (= ..., als wüsste er nichts.) | irrealer Vergleich (→ Konjunktiv II, Nr. 168; 175) |
| **(an)statt dass** | Anstatt dass er fernsieht, könnte er uns helfen. (= Anstatt fernzusehen, könnte er uns helfen. → Infinitivkonstruktion Nr. 160, 162) | adversativ (nicht wie erwartet) |
| **bevor** | Bevor ich in Hamburg ankam, war das Wetter schlecht. = Das Wetter war schlecht, dann kam ich an und es wurde besser. | Zeit<br>Handlung im Hauptsatz + Handlung im Nebensatz<br>Frage: Wann? |
| **bis** | Warte, bis ich fertig bin.<br>Warte, bis wir gegessen haben. | Zeit<br>Ende einer Handlung<br>Frage: Bis wann? |
| **da** | Da die Stipendien knapp sind, müssen viele Studenten arbeiten.<br>Mündlich *weil:*<br>Warum arbeitest du? – Weil ich kein Stipendium bekomme. | Grund |
| **damit** | Peter will die Meisterprüfung machen, damit er selbst Lehrlinge ausbilden kann. (= um selbst Lehrlinge ausbilden zu können. → Infinitivkonstruktion Nr. 160, 162) | Absicht<br>Frage: Wozu? |
| **ehe** | Ehe (= Bevor) er die Prüfung macht, geht er in die Berufsschule. | Zeit |
| **falls** | Falls (= Wenn) er die Prüfung nicht schafft, muss er das Jahr wiederholen. | Bedingung |

| | | |
|---|---|---|
| **nachdem** | Nachdem er in einem Betrieb gearbeitet hat, macht er die Prüfung.<br>Er arbeitet ... und macht dann die Prüfung. | Zeit<br>Frage: Wann? |

Beachten Sie die Tempora:

| *nachdem*-Satz (früher | Hauptsatz später) |
|---|---|
| Perfekt | Präsens |
| Plusquamperfekt | Präteritum |

| | | |
|---|---|---|
| **obwohl / obgleich** | Obwohl sich Petra oft beworben hat, hat sie keine Lehrstelle gefunden.<br>*Vergleichen Sie:*<br>Petra hat sich oft beworben; trotzdem hat sie keine Lehrstelle gefunden. | Einräumung |
| **seit(dem)** | Seit / Seitdem er eine Lehrstelle hat, ist er überglücklich. | Zeit<br>Beginn einer Handlung<br>Frage: Seit wann? |
| **so dass** | Sein Freund verdient genug Geld, so dass er ein Geschäft kaufen kann.<br>Er verdient so viel Geld, dass er ein Geschäft kaufen kann. | Folge |
| **sobald** | Sobald er die Prüfung hat, will er einen Handwerksbetrieb gründen. | gleich danach<br>Frage: Wann? |
| **solange** | Er fühlt sich nicht wohl, solange er kein Geld verdient. | gleichzeitig |
| **während** | Er liest, während sie fernsieht. | Gleichzeitigkeit |
| **weil** | Warum geht Manuela nicht zur Arbeit? – Weil sie krank ist. | Grund |

| | | |
|---|---|---|
| **wenn** | Wenn sie fertig ist, mietet sie eine eigene Wohnung. | Bedingung (real) |
| | Wenn sie fertig wäre, würde sie eine eigene Wohnung mieten. | Bedingung (irreal) |
| | Ich mache Pause, wenn ich mit dieser Arbeit fertig bin. | Zeit einmalige Handlung |
| | Jedesmal wenn ich fernsehe, klingelt das Telefon. (→ *als:* Sie sah fern, als das Telefon klingelte.) | wiederholte Handlung |

| Vergangenheit | Gegenwart | |
|---|---|---|
| als | wenn | einmalig |
| wenn | wenn | wiederholt |

| | | |
|---|---|---|
| **wie** | Sie ist so alt, wie ich gedacht habe. Sie ist genauso alt wie ihr Freund. *so = genauso = ebenso* | Vergleich |

Übungen

### 4. *Wann? – wenn –* ***Bilden Sie Sätze.***

a) Wann binden Sie eine Krawatte um?
- ich heirate
- ich muss mich vorstellen
- ich will einen guten Eindruck machen

b) Wann binden Sie keine Krawatte um?
- ich habe Urlaub
- ich habe keine Lust
- ich möchte ein wenig schockieren

### 5. *Wann fühlen Sie sich so richtig wohl? Ergänzen Sie.*

Ich fühle mich so richtig wohl, wenn …

a) (Ich habe Besuch von Freunden.)
b) (Mein Fußballclub hat gewonnen.)
c) (Es regnet nur einen Tag, die Sonne scheint dann wieder.)
d) (40 Jahre alt ist kein Thema.)

e) (Meine Partei gewinnt die Wahlen.)
f) (Freunde fahren mich nach einem guten Essen nach Hause.)

6. ***Wenn einer eine Reise tut, dann kann er was erzählen. Ergänzen Sie.***

a) Ich fahre nach Ägypten, weil …
(Die Pyramiden sind hoch und die Sonne ist schön heiß.)
b) Ich fahre nach Kiribati, weil …
(Niemand weiß, wo das liegt.)
c) Ich fahre nach Bayern, weil …
(Die Berge sind dort am höchsten.)
d) Ich fahre nach Spitzbergen, weil …
(Ich will auch mal Eisberge sehen.)
e) Ich fliege nach Spanien, weil …
(Alle Nachbarn waren schon dort.)
f) Ich mache eine Schiffsfahrt, weil …
(Ich möchte mich einmal richtig ausschlafen.)

***Fragen Sie** Warum …? **und antworten Sie mit dem Nebensatz:** Weil … .*

7. ***Die 10 aufregendsten Städte oder Orte – Fragen Sie auch** Warum …?*

a) Berlin, weil …
(Die Stadt ist die größte Baustelle der Welt.)
b) Hamburg, weil …
(In Hamburg sind die Nächte lang.)
c) Köln, weil …
(Das Kölsch (= Bier) schmeckt so gut.)
d) München, weil …
(Dort findet das Oktoberfest statt.)
e) Trier, weil …
(Man begegnet überall römischen Ruinen.)
f) Dresden, weil …
(Sie müssen alles über die Frauenkirche wissen.)
g) Hinteroberbergheim, weil …
(Sie wissen bestimmt nicht, wo das liegt.)
h) Füssen, weil …
(Sie wollen Schloss Neuschwanstein sehen.)

i) Bad Birnbach, weil …
(Dort ist aufregend wenig los und Sie können sich richtig erholen.)
j) Frankfurt, weil …
(Dort gibt es Deutschlands höchste Hochhäuser.)

## 8. *Welche Subjunktion passt?*

*weil, bevor, damit, seitdem, obwohl, wenn*

Vermeiden Sie Unfälle

a) Fassen Sie nie ein Elektrogerät an, ________ Sie nasse Hände haben oder ________ Sie auf nassem Boden stehen.
b) Prüfen Sie, wo elektrische Leitungen in der Wand sind, ________ Sie die Bohrmaschine bedienen.
c) Benutzen Sie kein elektrisches Gerät beim Baden, ________ das lebensgefährlich ist.
d) ________ Sie sich mit einer heißen Flüssigkeit den Mund verbrannt haben, hilft Butter oder süße Sahne.
e) Lassen Sie nie Zigaretten liegen, ________ Kleinkinder sie nicht verschlucken.
f) Achtung mit Plastiktüten, ________ Kinderspiele tödlich sein können, ________ Kinder diese Tüte vor Mund und Nase pressen.
g) Rasenpflege ist einfach, ________ es Rasenmäher gibt.
h) Fassen Sie nie in die Messer des Rasenmähers. Es könnte sein, dass sie sich noch drehen, ________ das Gerät schon ausgeschaltet ist.

## 9. *Was haben die folgenden Sätze gemeinsam?*

a) Florian kommt, um mit Martina zu spielen.
b) Florian kommt, weil er mit Martina spielen will.
c) Wisst ihr, wann Florian kommt?
d) Wir schätzen, dass Florian gleich nach der Schule kommt.
e) Wisst ihr, ob er schon gegessen hat?
f) Da ist Florian, der bestimmt mit Martina spielen will.

***Was sind das für Sätze? Ordnen Sie zu.***

1 Relativsatz, 2 Kausalsatz, 3 Infinitivsatz, 4 Indirekter Fragesatz, 5 dass-Satz.

***Und was haben sie gemeinsam?***

________________________________________

### *10. Grammatik im Text*

***Tolle Tipps***

*a) … für die Küche*

1. Zwiebeln kann man besser schälen, wenn man sie zwei Minuten in kochendes Wasser legt.
2. Gewürze halten länger, wenn man sie in Olivenöl legt.
3. Senf sollten Sie in den Kühlschrank tun, da Öle empfindlich gegen Licht sind.
4. Damit Milch im Topf nicht ansetzt, spülen Sie ihn vorher mit kaltem Wasser.
5. Kiwis reifen schneller, wenn Sie einen reifen Apfel mit in die Papiertüte tun.
6. Paranüsse lassen sich leichter knacken, wenn Sie sie 10 Minuten bei 200 Grad erhitzen.

***Markieren Sie die Subjunktion und das Verb im Nebensatz.***
***Stellen Sie die Nebensätze in Position I.***

*b) … für die Reisevorbereitung*

1. Denken Sie möglichst früh an eventuelle Impfungen, damit Sie im Urlaub keine Probleme bekommen.
2. Machen Sie eine Liste, bevor Sie mit dem Kofferpacken anfangen.
3. Auch wenn Sie in den Süden fahren, sollten Sie eine warme Wolljacke mitnehmen.
4. Falls Sie gern Urlaubskarten schreiben, sollten Sie die Adressen nicht vergessen.
5. Man spart Zeit und Ärger, wenn man bei Autoreisen die Fahrtroute genau studiert.
6. Denken Sie daran, dass während der Hauptreisezeit ein kleiner Umweg manchmal kürzer ist als der direkte Weg über die Autobahn.
7. Bevor Sie die Wohnung verlassen, sollten Sie nachschauen, ob alle elektrischen Geräte ausgeschaltet sind.
8. Wenn Sie Kopien Ihrer Papiere machen, können Sie vielleicht viel Ärger vermeiden.

***Markieren Sie die Nebensätze. Unterstreichen Sie das konjugierte Verb am Ende.***
***In welchen Sätzen steht der Nebensatz am Anfang. Welches Wort steht nach dem Komma?***

c) ***Ergänzen Sie die Verbindungen zwischen Satzteilen und Sätzen. Es fehlen sowohl Relativpronomen, Konjunktionen als auch Subjunktionen.***

Ivanca, 22, aus Polen berichtet:

Seit Jahren lerne ich Deutsch in der Schule. _________ es wird noch etwas dauern, _________ ich es richtig kann. Ich glaube, jeder Mensch ist so wie die Sprache, _________ er spricht. Französisch zum Beispiel ist eine schöne Sprache, _____ aber ein bisschen affektiv wirkt. Englisch klingt trocken _________ pointiert wie die Engländer. _________ Deutsch klingt in meinen Ohren exakt, kantig, praktisch wie ein Automotor. Passt zu einem Land, _________ _________ jede Familie ungefähr zwei Autos in der Garage hat.

In unserem Deutschbuch ist sogar ein ganzes Kapitel über das Auto. Damit haben wir _________ _________ das Passiv gelernt, _________ _________ Vokabeln wie ein Automechaniker.

_________ ich in ein paar Wochen mein Abschlussexamen habe, werde ich an der Uni anfangen. _________ wir in Polen neben Englisch auch Deutsch brauchen, möchte ich auch nach Deutschland fahren und mich auf Deutsch unterhalten, _________ ich später Deutschlehrerin werden kann.



## Syntax-Baustein 15

### Wo steht das konjugierte Verb? – Übersicht

**1. Am Satzanfang**

| | |
|---|---|
| **Wohnen** Sie in Kiel? | Satzfrage → Nr. 9 |
| **Hat** Peter angerufen? | |
| **Komm** bitte! | Imperativ |
| **Ruf** bitte an! | |

**2. In Position II**

| | | | |
|---|---|---|---|
| Wo | **wohnen** | Sie? | Frage mit Fragewort (W-Fragen → Nr. 9, 10) |
| Peter | **kommt** | morgen. | Hauptsatz |
| Morgen | **kommt** | Peter. | Angaben oder Ergänzungen in Position I |
| Aus München | **hat** | er angerufen. | |
| Wegen Nebel | **konnte** | er nicht fahren. | → Nr. 23, 88 |

| | | | | |
|---|---|---|---|---|
| Peter | **hat** | heute | **angerufen.** | Satzklammer → Nr. 47, 57 |
| Eva | **ruft** | bestimmt | **an.** | Partizip II, Vorsilbe oder |
| Er | **möchte** | zu Hause | **anrufen.** | Infinitiv am Satzende. |
| Sie | **wird** | bestimmt | **anrufen.** | |

| | |
|---|---|
| Die Koffer sind im Flur und das Auto **steht** vor der Tür. | Hauptsätze mit den Konjunktionen *und, aber, oder, denn, sondern* |
| Je besser das Restaurant ist, desto teurer **sind** die Weine. | Vergleichssätze mit *je ... desto* → Nr. 102 |
| Petra möchte ein Motorrad, deshalb **macht** sie den Führerschein. | Adverbien als Konjunktionen |
| Weil er unpünktlich ist, **ärgert** sie sich. | Nebensatz in Position I |

**3. Am Satzende**

| | |
|---|---|
| Der Rotwein ist älter, als ich **dachte.** | Vergleichssätze → Nr. 102 |
| Der Weißwein ist so alt, wie ich vermutet **habe.** | |
| Ich glaube, dass der Rotwein sehr alt **ist.** | *dass*-Sätze → Nr. 103 |
| Ich weiß nicht, wer den Wein gekauft **hat.** | Indirekte Fragesätze → Nr. 120 |
| Wie heißt der Mann, der uns gegrüßt **hat**? | Relativsätze → Nr. 126 |
| | Nebensätze mit Subjunktionen: |
| Als er in Hamburg **ankam**, holte sie ihn ab. | Temporalsatz |
| Sie ärgerte sich, weil er unpünktlich **war.** | Kausalsatz |
| Wenn sie genug Geld **hat**, macht sie sich selbstständig. | Konditionalsatz |
| Obwohl es **regnet**, ist es nicht kalt. | Konzessivsatz |
| Er fährt so schnell, dass ich Angst **bekomme.** | Konsekutivsatz |
| Sie spart, damit sie eine Wohnung kaufen **kann.** | Finalsatz |
| Anstatt dass er **spart**, macht er große Reisen. | Adversativsatz |

# XII. Das Verb (2)

## Der Infinitiv

160

(Substantivierung → Nr. 64)

Der Infinitiv steht ohne *zu* und mit *zu*.

| | Ohne *zu:* |
|---|---|
| Die Jungen **wollen** Fußball **spielen**.<br>**Lass** sie **spielen**!<br>**Bleiben** Sie ruhig **sitzen**. | (1) nach Modalverben und *lassen, bleiben* |
| Wir **gehen / fahren einkaufen**. | (2) nach *gehen, fahren* |
| Ich **höre / sehe** ihn **kommen**.<br>Sie **lernt tauchen**. | (3) bei *hören, sehen, lernen* |
| Die Jungen **haben** Fußball **spielen wollen**.<br>Ich **habe** sie **spielen lassen**.<br>Ich **habe** ihn **kommen hören / sehen**. | (4) Perfekt und Plusquamperfekt: Modalverben und *lassen, hören, sehen* haben den Infinitiv, also 2 Infinitive. |
| Wir sind **einkaufen gegangen / gefahren**.<br>Er ist **sitzen geblieben**.<br>Sie hat **tauchen gelernt**. | Alle anderen Verben haben Partizip II + Infinitiv. |

| | Mit *zu:* |
|---|---|
| Sie hat **angefangen**, segeln **zu lernen**. | (1) nach bestimmten Verben: *anfangen, beschließen, beginnen, entscheiden, sich freuen, fürchten, hoffen, vergessen, versprechen, versuchen, vorhaben* |
| Du **brauchst** nicht **zu warten**. | (2) nach *brauchen* |
| Er **scheint** müde **zu werden**. | (3) nach *scheinen* |

**Es ist verboten**, allein **zu tauchen**. — (4) nach Ausdrücken mit *es: Es ist möglich/schwierig/verboten/schade …*

Das **ist zu schaffen**.
(= Das muss/kann man schaffen.) — (5) bei *sein + zu*

Er **hat zu kämpfen**.
(= Er muss kämpfen.) — *haben + zu*

161 Lerntipp

***Lerntipp***

„Wer *brauchen* ohne *zu* gebraucht, braucht *brauchen* überhaupt nicht zu gebrauchen."

Das ist ein Spruch, der häufig zitiert wird, wenn jemand *zu* weglässt.
Und das geschieht in der Umgangssprache oft.
Wenn Sie korrekt sein wollen, dann gebrauchen Sie *brauchen + zu*.

Unterscheiden Sie:

| | |
|---|---|
| **brauchen** = nötig haben | Er braucht frische Luft. |
| **gebrauchen** = verwenden | Gebrauchen Sie *zu*. |
| **verbrauchen** = bis zu Ende brauchen | Das Gerät verbraucht viel Strom. |

Übungen

***1. Infinitiv mit oder ohne zu?***

a) Christine möchte Schi fahren … (lernen)
b) Christine und Gerhard beschließen, … (in Schiurlaub fahren)
c) Sie hat immer Angst, … (hinfallen, sich etwas brechen)
d) Sie hat vor, … (einen Kurs machen)
e) Dort braucht sie keine Angst … (haben)
f) Sie lässt sich vom Schilehrer die Übungen … (zeigen)
g) Sie vergisst immer, sich auf den richtigen Schi … (stellen)
h) Sie beschließt, schneller … (fahren)
i) Das scheint leichter … (gehen)
j) Sie fängt an, ehrgeizig … (werden)
k) Zum Schluss möchte sie eine Privatstunde … (nehmen)
l) Sie hat das Gefühl, schon sicherer … (sein)

## 2. *Welches sind die gefährlichsten Sportarten?*

Bei welcher Sportart verletzt man sich am häufigsten? (5 = am gefährlichsten)

***Sprechen Sie jetzt von sich. Achtung: Manchmal müssen Sie** spielen, fahren **oder** machen **benutzen.***
Ich fliege mit dem Paragleiter.
Ich fliege mit dem Drachen.
Ich boxe. ...

***Kommentieren Sie jetzt die Statistik.***
Es ist am gefährlichsten, ...
Es ist (sehr) gefährlich, ...
Es ist weniger gefährlich, ...

## 3. *Grammatik im Text*

### a) *Ärger und Stress – was tun?*

Wie Männer und Frauen im Leben und im Job reagieren:

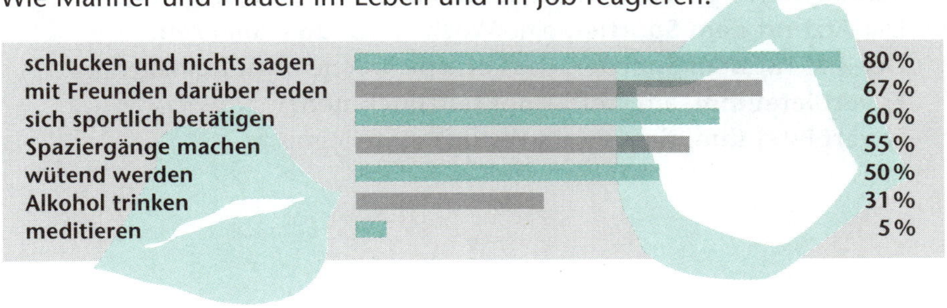

***Machen Sie aus der Statistik einen Text:*** *80 % der Menschen schlucken und sagen nichts …*
***Und wie reagieren Sie? Beginnen Sie so:*** *Wenn ich Ärger habe, …*

*b)* ***Tipps für den Schi-Winter***

1 – Zuerst die müden Knochen auf Trab bringen und Schi-Gymnastik machen
2 – die schönsten Schiorte nachschlagen
3 – rechtzeitig das Hotel buchen
4 – bei Sportgeräten auf Qualität achten
5 – nicht Schlange stehen, sondern neue Pisten ausprobieren
6 – etwas Neues ausprobieren, zum Beispiel Snowboarden

***Schreiben Sie einen Text und beginnen Sie so:*** *Der Schispezialist rät, …*

162 Syntax-Baustein 16

## Syntax-Baustein 16

### Infinitivkonstruktionen

**1. Hauptsatz, … (zu) + Infinitiv**
Infinitivkonstruktionen haben das Subjekt des Hauptsatzes. Machen Sie die Probe mit *dass:*
Er hofft, den ersten Preis zu gewinnen.
**Er** hofft, **dass er** den ersten Preis gewinnt.
**Er** hofft, **dass sein Club** den ersten Preis gewinnt. (Infinitivkonstruktion nicht möglich.)

**2.** Eine Ausnahme machen Verben des Bittens, Befehlens und Ratens – *bitten, erlauben, raten, verbieten, vorschlagen.* Die Infinitivkonstruktion bezieht sich auf die Dativergänzung, nicht auf das Subjekt des Hauptsatzes.
Der Arzt **rät dem Sportler,** eine Woche nicht **zu trainieren.**
Der Arzt **rät dem Sportler, dass er** eine Woche nicht trainiert.
Er **verbietet ihm,** am Wettkampf **teilzunehmen.**
Er **verbietet ihm, dass er** am Wettkampf teilnimmt.

**3.** ***um … zu, ohne … zu, anstatt … zu***
Er trainiert regelmäßig, **um seine Leistung zu verbessern.**
Er trainiert weiter, **ohne auf seine Verletzung zu achten.**
Er trainiert täglich, **anstatt eine Pause zu machen.**

Oft steht die Infinitivkonstruktion in Position I:
**Um seine Leistung zu verbessern,** trainiert er regelmäßig.
**Ohne auf seine Verletzung zu achten,** trainiert er weiter.
**Anstatt eine Pause zu machen,** trainiert er täglich.

Übungen

**4.** ***Bilden Sie eine Infinitivkonstruktion, wenn möglich.***

a) Wir empfehlen Ihnen, dass Sie das neueste Schimodell kaufen.
b) Wir raten allen, dass sie nicht außerhalb der Piste fahren.
c) Die Sportlerin glaubt, dass sie gewinnen kann.
d) Der Verein hofft, dass sie Punkte macht.
e) Er meint, dass sie sich verbessern kann.
f) Sie verspricht, dass sie ihr Bestes geben wird.

**5.** ***Ergänzen Sie um … zu, ohne … zu oder anstatt … zu.***

a) Die Freunde trafen sich, ________ diskutieren.
b) Sie machten Lesungen, ________ diskutieren und ________ kritisieren.
c) ________ arbeiten, feierten sie oft.
d) Sie bildeten eine Gruppe, ________ ein Programm ________ haben.
e) Sie kamen zusammen, ________ Verantwortung ________ zeigen.
f) ________ die Politik ________ kommentieren, verhielten sie sich passiv.

**6.** ***Grammatik im Text***

***a) Wie es wirklich war – Erinnerungen an die Gruppe 47***
Im Herbst 1947 trafen sich einige Autorinnen und Autoren, um einander ihre Texte vorzulesen. Hans Werner Richter leitete die Lesungen. Zur Gruppe 47 gehörten Ingeborg Bachmann, Martin Walser, Heinrich Böll, Günter Grass und viele andere. Heute gibt es die Tendenz, die Rolle der Gruppe zu idealisieren.

In der Sendung „Erinnerungen an die Gruppe 47“ geben Zeitzeugen Auskunft darüber, wie es wirklich war. Sie versuchen in ihren Berichten, die Arbeit der Gruppe realistisch darzustellen.
*(Bayern2Radio, Freitag, 15.30 Uhr)*

***Markieren Sie die Infinitivkonstruktionen.***

b) ***Paolo aus Italien berichtet über seinen Deutschkurs***
Oscar Wilde hat einmal gesagt, das Leben ist viel zu kurz, um Deutsch zu lernen. Ich versuche es trotzdem weiter. Jeden Nachmittag lerne ich Grammatik: der Vater, des Vaters, dem Vater, den Vater, die Väter … Ich habe beschlossen, die Märchen der Brüder Grimm zu lesen, weil ich sie gut verstehen kann. Manchmal versuche ich, etwas Schwieriges zu lesen, zum Beispiel einen Roman auf Deutsch, den ich schon auf Italienisch gelesen habe. Auch Zeitung lese ich manchmal, vor allem die Abendzeitung und tz. Die sind sprachlich einfacher als die Süddeutsche. Fernsehen bringt auch sehr viel. Wenn ich müde vom Sprachkurs heimkomme, genieße ich es, einen Krimi anzuschauen. Das ist ideal, um sich von den Infinitivkonstruktionen eines langen Schultags zu erholen.

***Markieren Sie die Infinitivkonstruktionen.***
***Welche Nebensätze gibt es außerdem?***



163 ***Tipps & Tricks***
Wenn das Subjekt im Hauptsatz und im Infinitivsatz gleich ist, verwenden Sie bitte die Infinitivkonstruktion, nicht *dass*. Die Infinitivkonstruktion ist stilistisch eleganter: *Er hofft, den ersten Preis zu gewinnen.* (an Stelle: *Er hofft, dass …*)
Manche Verben funktionieren übrigens nur mit dem Infinitiv, nicht mit *dass:* Sie **fängt an / beginnt / hört auf**, Sport zu treiben.

# Das Passiv

## Die Formen 164

**Präsens**

| | | |
|---|---|---|
| Ich | werde | fotografiert. |
| Du | wirst | fotografiert. |
| Er / sie | wird | fotografiert. |
| Wir | werden | fotografiert. |
| Ihr | werdet | fotografiert. |
| Sie | werden | fotografiert. |

**Präteritum**

| | | |
|---|---|---|
| Ich | wurde | fotografiert. |
| … | | |

**Perfekt**

| | | | |
|---|---|---|---|
| Ich | bin | fotografiert | worden. |
| … | | | |

Bildung des Passivs: *werden* + Partizip II

Die Produktion des Trabi **wurde eingestellt**.
Mehrere Filme **wurden gedreht**.

(1) Das Passiv kommt in beschreibenden Texten vor. Deshalb ist die 3. Person Singular und Plural besonders häufig.

**Ich werde** sofort **informiert.**

**Bist du gefragt worden?**

Das Passiv kann man in allen Personen und Tempora bilden. Im Perfekt steht die Kurzform *worden* (nicht: *geworden*).

## Aktiv und Passiv 165

| | | |
|---|---|---|
| Präsens | Passiv | Der Unfall **wird protokolliert.** |
| | Aktiv | Ein Polizist **protokolliert** den Unfall. |
| Präteritum | Passiv | Der Unfall **wurde beobachtet.** |
| | Aktiv | Ein Passant **beobachtete** den Unfall. |

| | | |
|---|---|---|
| Perfekt | Passiv | Der Mann **ist** ins Krankenhaus **gebracht worden**. |
| | Aktiv | Ein Krankenwagen **hat** den Mann ins Krankenhaus **gebracht**. |

**Ein Passant** hat **den Unfall** beobachtet.
Subjekt — Akkusativergänzung

**Der Unfall** wurde **(von einem Passanten)** beobachtet.
Subjekt — (*von* + Dativ)

(1) Aktiv → Passiv: Akkusativergänzung → Subjekt

Subjekt → *von* + Dativ

Der Mann **wurde** ins Krankenhaus **gebracht**.
Er **ist** sofort **untersucht worden**.

(2) *von* + Dativ ist oft uninteressant oder selbstverständlich (*von einem Arzt*). Man lässt *von* + Dativ weg.

Das Feuer wurde **von der Feuerwehr** gelöscht.
Das Haus wurde **durch ein Feuer** zerstört.

(3) *von* + Dativ: „Täter" *durch* + Akkusativ: Mittel, Instrument

**Man hat** den Unfall **beobachtet**. – Der Unfall ist beobachtet worden.
**Man bringt** den Mann ins Krankenhaus. – Der Mann wird ins Krankenhaus gebracht.

(4) Unbekanntes Subjekt: *man* im Aktivsatz. *Man* im Passivsatz ist nicht möglich.

**Es** wurde geraucht / getrunken / gegessen.

(5) Häufig *es*, wenn ein „Täter" nicht vorhanden ist. → (Nr. 86)

## 166 Modalverben im Passiv

| | | |
|---|---|---|
| Präsens | Passiv | Der Mann **kann gerettet werden**. |
| | Aktiv | Man **kann** den Mann **retten**. |
| Präteritum | Passiv | Der Mann **konnte gerettet werden**. |
| | Aktiv | Man **konnte** den Mann **retten**. |
| Perfekt | Passiv | Der Mann **hat gerettet werden können**. |
| | Aktiv | Man **hat** den Mann **retten können**. |

Präteritum ist stilistisch besser als das komplizierte Perfekt.
Das konjugierte Verb *(kann, hat)* steht in Position II, der Infinitiv steht am Satzende. (→ Modalverben, Nr. 26–38)

## Das Passiv im Nebensatz und in der Infinitivkonstruktion 167

| | |
|---|---|
| Passiv | In der Zeitung stand, dass der Mann **gerettet werden konnte**. |
| Aktiv | In der Zeitung stand, dass man den Mann **retten konnte**. |
| Passiv | Der Mann hofft, **bald entlassen zu werden**. |
| Aktiv | Der Mann hofft, dass man ihn bald **entlässt**. |

Lerntipp

***Lerntipp***

Vermeiden Sie das Passiv, wenn Sie einen Aktivsatz mit handelndem Subjekt bilden können. Der Aktivsatz ist einfacher und lebendiger:
Der Mann **wurde** sofort von einem Hubschrauber ins Krankenhaus **gebracht**.
→ **Ein Hubschrauber brachte** den Mann sofort ins Krankenhaus.

Übungen

***7. Bilden Sie das Passiv Präsens, Präteritum und Perfekt.***

a) Die Ware (liefern)
b) Der Angeklagte (vernehmen)
c) Der Fernseher (reparieren)
d) Die Straße (sperren)
e) Das Konzert (verschieben)
f) Das Auto (verkaufen)

***8. Wann wird am häufigsten gelogen? Bilden Sie Passivsätze.***

a) beim Alter, lügen
b) die Haarfarbe, nicht verraten
c) die Größe, höher angeben
d) das Gewicht, geringer angeben
e) das Einkommen, erhöhen
f) beim Beruf, übertreiben
g) bei der Kinderzahl, untertreiben
h) die Hobbys, abenteuerlich darstellen

**9. *Was muss ich heute alles tun? Bilden Sie das Passiv mit* müssen.**

a) die Wäsche – waschen
b) die Briefe – einstecken
c) die Kinder – abholen
d) die Blumen – gießen
e) die Wohnung – aufräumen
f) die Schuhe – putzen

***Erzählen Sie auch im Aktiv:*** *Ich muss heute noch …* ***Ergänzen Sie die Beispiele.***

**10. *Aus einer Chronik – Ergänzen Sie das passende Partizip II. Bilden Sie dann Passivsätze im Präsens.***

| | | | |
|---|---|---|---|
| a) | 1820 | Turnen in Preußen | verbieten |
| b) | 1810 | Oktoberfest in München | gründen |
| c) | 1881 | Erste Fernsprecher in Deutschland | einrichten |
| d) | 1906 | Hosenrock in Paris | ablehnen |
| e) | 1878 | Postkarte von Heinrich Stephan | einführen |
| f) | 1948 | der Staatsmann Mahatma Gandhi | ermorden |

**11. *Überschriften in der Zeitung***
***Bilden Sie – wenn möglich – Sätze im Passiv.***

*Beispiel:*
Räuber **verhaftet**
Der Räuber **wurde verhaftet**.

Kurz gemeldet
60-Meter-Sturz überlebt
Deutsches Museum international empfohlen
Radlerin angefahren und schwer verletzt
Konferenz erfolgreich beendet
Flugzeug notgelandet
300 Menschen erkrankt

***Welche Überschriften sind keine Passivformen?***

*Regel:*
Überschriften sind oft Passivformen oder ______________________________.

**12. *Grammatik im Text***

Das Passiv wird in beschreibenden Texten verwendet, also auch in Zeitungstexten.

***a) Der Trabant – von den Anfängen bis zum Aus***

Am 7. November 1957 rollten die ersten Kleinwagen in der Automobilstadt Zwickau vom Band. Es war der vierzigste Jahrestag der Oktoberrevolution. Mehr als drei Millionen Exemplare wurden bis 1991 gebaut. Der Trabant war für zwei Erwachsene und zwei Kinder gedacht. Er war das Kultauto der kleinen Leute, liebevoll „Trabi" genannt. Die Bundesbürger hatten ihren „Käfer", die DDR-Bürger ihren „Sachsen-Porsche", den Trabant.

Dann kam der Fall der Mauer. Den hat der Kleinwagen miterlebt, aber nicht lange überlebt. Um die Wendezeit wurde der Trabi noch begeistert gefeiert. Aber bald kam das Aus. Das „Auto des Jahres 1989" war nicht umweltfreundlich und verpestete die Luft. Die Produktion wurde eingestellt und 12 000 Menschen verloren ihren Arbeitsplatz. Fahrzeuge und Materialien wurden in Automobilmuseen ausgestellt. Einzelne Exemplare wurden poppig angemalt, Kult und Nostalgie gaben sich die Hand. Nostalgisch waren auch die Filme, die über den Trabant und seine Geschichte gedreht wurden.

***b) Woher kommt der Klammeraffe?***

Bekannt wurde das Zeichen @ durch Internet und E-Mail. Es trennt in jeder E-Mail-Adresse den Namen des Empfängers von seinem elektronischen Postamt, zum Beispiel: VerlagfuerDeutsch@t-online.de. Ausgesprochen wird das Zeichen „ät", wie Englisch „at" („zu" oder „bei").

Dieses Zeichen, genannt Klammeraffe, hat seinen Ursprung im Mittelalter. Um sich die Arbeit in den Schreibstuben zu erleichtern, wurden Kurzzeichen für häufig vorkommende Wörter erfunden. So wurde das lateinische Wort „ad" (Deutsch: zu, an, bei) durch ein Kurzzeichen ersetzt, das dem @ sehr ähnlich war. Im 16. Jahrhundert verwendeten Kaufleute das Zeichen bei Preisangaben: 3 Ziegenhäute @ (= zu) 1 Krone. Später erschien es auf den Schreibmaschinen und wurde von Buchhaltern benutzt. Schließlich gelangte es in die Computerwelt. Programmierern gefiel das Kurzzeichen, weil es nicht gebräuchlich ist und keine Gefahr der Verwechslung besteht. Am PC wird das Zeichen aufgerufen mit den Tasten „Alt-GR" und „Q" oder „Alt+Shift" und „1".

*(nach PM 11/1997, S. 68)*

c) ***Was wird zum Welterbe?***

Die Pyramiden in Ägypten, die Wasserfälle des Iguacu in Argentinien und der Kölner Dom in Deutschland sind Kultur- oder Naturdenkmäler, die in die Liste der „Welterbestätten" aufgenommen wurden. Die Vorschläge werden von den einzelnen Staaten gemacht, die Entscheidung trifft die UNESCO (Organisation der Vereinten Nationen für Bildung, Wissenschaft, Kultur und Kommunikation). Sie hat die „Internationale Konvention für das Kultur- und Naturerbe der Menschheit" beschlossen, die von 147 Staaten unterschrieben wurde.

Über 500 Objekte in über 100 Ländern wurden in die Welterbeliste aufgenommen, laufend kommen neue hinzu. Um „Welterbe" zu werden, muss das Natur- oder Kulturdenkmal bestimmte Eigenschaften haben. Es muss einmalig und historisch echt sein, außerdem gut erhalten. Der jeweilige Staat wird verpflichtet, die Stätte zu pflegen und zu erhalten.

In Deutschland gehören zum Welterbe die Dome in Aachen, Speyer, Köln, Hildesheim, die Bauten der Römer in Trier, viele Schlösser und Kirchen, Altstädte und vieles mehr.

*(nach PM 11/1997, S. 68)*

*Welterbestätte:* die Welt + das Erbe + die Stätte
*Kultur- oder Naturdenkmäler:* Kulturdenkmäler (die Kultur + die Denkmäler) oder Naturdenkmäler (die Natur + die Denkmäler)

***Markieren Sie die Passivsätze.***
***Wo steht*** *von* ***+ Dativ?***
***Formen Sie die Passivsätze ins Aktiv um.***

# Der Konjunktiv II

Wir unterscheiden Indikativ und Konjunktiv: 168

| | |
|---|---|
| Er **war** Pilot. | = Indikativ (real) |
| Er **wäre** gern Pilot. | = Konjunktiv (irreal) |

## Die Formen 169

Der Konjunktiv II wird vom Präteritum abgeleitet:

| | |
|---|---|
| er **war** | Präteritum |
| → er **wäre** | → Konjunktiv II |
| ich / er / sie **wäre** | Die erste und die dritte Person Singular sind identisch. (→ Präteritum, Nr. 17) |

Die Endungen des Konjunktivs:

| | 1. Person | 2. Person | 3. Person |
|---|---|---|---|
| **Singular** | **-e** | **-(e)st** | **-e** |
| **Plural** | **-en** | **-(e)t** | **-en** |

## Hilfsverben und Modalverben 170

| | sein | haben | dürfen | können | müssen | |
|---|---|---|---|---|---|---|
| (er | war | hat*te* | durf*te* | konn*te* | muss*te*) | (Indikativ Präteritum) |
| ich | **wäre** | **hätte** | **dürfte** | **könnte** | **müsste** | Konjunktiv II |
| du | **wärst** | **hättest** | **dürftest** | **könntest** | **müsstest** | |
| er / sie / es | **wäre** | **hätte** | **dürfte** | **könnte** | **müsste** | |
| wir | **wären** | **hätten** | **dürften** | **könnten** | **müssten** | |
| ihr | **wärt** | **hättet** | **dürftet** | **könntet** | **müsstet** | |
| sie | **wären** | **hätten** | **dürften** | **könnten** | **müssten** | |

Im Konjunktiv II haben die Vokale Umlaut:
*a → ä, o → ö, u → ü.*

**171** **Regelmäßige Verben**

| | | | |
|---|---|---|---|
| | wohnen | | |
| (er | wohn*te*) | (Präteritum) | Die Konjunktiv II-Formen und die Präteritum-Formen Indikativ der regelmäßigen Verben sind identisch. |
| ich | wohn**te** | Konjunktiv II | |
| du | wohn**test** | | |
| er / sie / es | wohn**te** | | |
| wir | wohn**ten** | | |
| ihr | wohn**tet** | | |
| sie | wohn**ten** | | |

**172** **Unregelmäßige Verben**

| | | | | | |
|---|---|---|---|---|---|
| | geben | gehen | bleiben | wissen | |
| er | gab | ging | blieb | wuss*te*) | (Präteritum) |
| ich | gäb**e** | ging**e** | blieb**e** | wüss**te** | Konjunktiv II |
| du | gäb**(e)st** | ging**est** | blieb**est** | wüss**test** | |
| er / sie | gäb**e** | ging**e** | blieb**e** | wüss**te** | |
| wir | gäb**en** | ging**en** | blieb**en** | wüss**ten** | |
| ihr | gäb**(e)t** | ging**et** | blieb**et** | wüss**tet** | |
| sie | gäb**en** | ging**en** | blieb**en** | wüss**ten** | |

*Auch:*

| | | | |
|---|---|---|---|
| | kommen | lassen | |
| er | kam | ließ) | (Präteritum) |
| ich | käm**e** | ließ**e** | Konjunktiv II |

Alle anderen Konjunktivformen der unregelmäßigen Verben sind selten, vor allem in der gesprochenen Sprache.

### *würde*-Konjunktiv 173

| | | | |
|---|---|---|---|
| ich | **würde** | fahren | statt: *ich führe,* |
| du | **würdest** | fahren | *du führest …* |
| er / sie / es | **würde** | fahren | |
| wir | **würden** | fahren | |
| ihr | **würdet** | fahren | |
| sie | **würden** | fahren | |

Ich **würde** gern in die Stadt **fahren**.
(*statt:* Ich führe gern …)

(1) Unregelmäßige Verben: Meistens *würde* + Infinitiv, nicht die veralteten Konjunktiv-II-Formen.

Wir **lebten** gern in Italien.
→ Wir **würden** gern in Italien **leben**.

(2) Regelmäßige Verben: Man kann Indikativ und Konjunktiv nicht unterscheiden. Deshalb *würde* + Infinitiv. (Vergleiche: *Als wir in Italien lebten, …*)

Er **wäre** gern im Ausland.
Er **könnte** dort arbeiten.

(3) Hilfsverben und Modalverben: Keine Umschreibung mit *würde*.

### Gegenwart und Vergangenheit 174

Wenn du zu Hause **bleiben würdest**, **könntest** du in Ruhe **lesen**. = Gegenwart

Wenn du zu Hause **geblieben wärst**, **wäre** der Unfall nicht **passiert**. = Vergangenheit: *wäre / hätte* + Partizip II

### Wozu braucht man den Konjunktiv II? 175

Könnten Sie mir helfen?
Hätten Sie Lust spazieren zu gehen?

(1) höfliche Frage

Du solltest mehr schlafen.
An deiner Stelle würde ich mehr sparen.

(2) Vorschlag, Rat

| | |
|---|---|
| Wenn ich doch / nur / bloß Fremdsprachen könnte! (= Ich kann keine Fremdsprachen.) | (3) Wunsch mit *doch, nur, bloß* |
| Wenn ich fliegen könnte, würde ich nach Australien fliegen. (= Ich kann nicht fliegen.) | (4) Ich habe einen irrealen Wunsch. |
| Du hättest mit deinem Freund reden sollen! | (5) Ich mache jemand einen Vorwurf. |
| Tu nicht so, als ob du nichts wüsstest! (= Tu nicht so, als wüsstest du nichts!) | Nebensatz mit *als ob* |
| Ich hätte nie gedacht, dass er das Examen schafft. | (6) Ich bin erstaunt. |
| Er hat wieder kein Geld, sonst hätte er nicht angerufen. (= Er hat angerufen.) | (7) die Folge = Nebensatz mit *sonst* |
| Er hätte fast / beinahe den Zug verpasst. (= Er hat den Zug nicht verpasst.) | (8) Fast wäre etwas passiert. |
| Die Zahl könnte stimmen. (= vielleicht) | (9) Ich vermute etwas. → Nr. 179 ff. |

Übungen

***13. Seien Sie doch höflich. Der Konjunktiv II hilft Ihnen.***

a) Borg mir mal dein Auto!
b) Gib mir ein Stück Kirschkuchen.
c) Ich brauche einen Löffel.
d) Hier fehlt Salz.
e) Sei mal still!
f) Bringen Sie mich nach Hause!

Könntest …
Ich hätte gern …
Würdest / Könntest du …

**14. *Sagen Sie Wünsche mit* Wenn ich doch ...! / Wenn doch ...!**

a) Der Urlaub ist noch fern. (schon Urlaub haben)
b) Ich habe keinen Hund. (einen Hund haben)
c) Es kommt kein Bus. (der Bus kommen)
d) Ich muss sparen. (nicht sparen müssen)
e) Irene will schon abfahren. (noch bleiben)
f) Paul ist krank. (bald gesund sein)

**15. *Wenn das Wörtchen wenn nicht wär'***

a) Wenn ich musikalisch ___________ (sein), ___________ (werden) ich ein Klavier kaufen.
b) Wenn ich malen ___________ (können), ___________ (werden) ich dir ein Bild schenken.
c) Wenn ich viel Geld ___________ (haben), ___________ (werden) ich ein Künstlerdorf bauen.
d) Wenn ich das Wetter ändern ___________ (können), ___________ (werden) ich am Wochenende die Sonne scheinen lassen.
e) Wenn ich du ___________ (sein), ___________ (werden) ich Thomas heiraten.
f) Wenn ich ein Flugzeug ___________ (haben), ___________ (werden) ich ans Ende der Welt fliegen.

**16. *Martina ist unzufrieden ... Ergänzen Sie die Modalverben im Konjunktiv II.***

a) Du ___________ mir öfters helfen. (können)
b) Du ___________ weniger Fleisch essen. (sollen)
c) Christoph ___________ mal wieder vorbeikommen. (können)
d) Die Geschäfte ___________ länger aufhaben. (müssen)
e) Der Ober ___________ höflicher sein. (können)
f) Das Essen ___________ schon lange fertig sein. (müssen)

**17. *Hier ist guter Rat teuer. Evelyn hat Langeweile und sitzt zu Hause rum. Machen Sie ihr Vorschläge!***

| | |
|---|---|
| a) An deiner Stelle ... | an die frische Luft gehen |
| b) Du (sollen) ... | sich mit Freunden treffen |
| c) Ich ... | ins Kino gehen |

| | | |
|---|---|---|
| d) | Wenn ich du wäre, ... | 3 Tage wegfahren |
| e) | Es wäre besser, wenn ... | etwas lesen |
| f) | Du (können) doch ... | eine CD hören |

**18. *Ostern fahren wir weg. Wer hat den besten Vorschlag?***

| | | |
|---|---|---|
| a) | Hättet ihr Lust, ... (+Infinitivsatz)? | auf die Zugspitze fahren |
| b) | Wie wär's mit ...? | eine Radtour |
| c) | Ich schlage vor, dass ... | zur Oma fahren |
| d) | Wir könnten ... | gemütlich zu Hause bleiben |
| e) | Was haltet ihr davon, wenn ...? | eine Wanderung |
| f) | Wer hat etwas dagegen, wenn ... | nach Trier |
| g) | ... | |
| h) | ... | |

**19. *Ordnen Sie die Konjunktive den Bedeutungen 1–9, Nr. 175 zu.***

a) Er gab an, als ob er im Lotto gewonnen hätte.
b) Wenn er doch ein bisschen bescheidener wäre!
c) Wenn ich du wäre, würde ich mit ihm sprechen.
d) Fast hätte ich ihm die Meinung gesagt.
e) Wenn ich in seiner Situation wäre, wäre ich mäuschenstill.
f) Kannst du vielleicht mit ihm reden?

## *20. Grammatik im Text*

### *a) Ihr persönliches Horoskop – Der Skorpion*

Jupiter schenkt Ihnen die Chance, einen wunderbaren Urlaub zu erleben. Sie sollten aber sorgfältig planen und nichts dem Zufall überlassen. Machen Sie lieber eine kleinere Reise und keinen großen Abenteuerurlaub. Dabei könnte es nämlich zu bösen Überraschungen kommen. Bleiben Sie im Land und machen Sie ein anstrengendes Sportprogramm. Das dürfte für Sie das Richtige sein. Auch würde es Ihren Nerven gut tun.

### *b) Das bringen die Sterne – Der Schütze*

Uranus bringt erfreuliche Überraschungen, aber der negative Jupiter könnte Unfallgefahren bedeuten. Deshalb keine Risiken wie Schitouren, Wildwasserfahrten und Abenteuer-Safaris. Das wäre zwar der ideale

Urlaub für einen Schützen, aber nicht in diesem Jahr. Sonst könnten Sie im Krankenhaus landen.

Vorsichtig sollten Sie das ganze Jahr hindurch sein, denn es droht eine doppelte Gefahr. Erstens: Wenn Sie nicht aufpassen, könnte eine Beziehung kaputt gehen. Zweitens besteht Unfall- und Verletzungsgefahr. Ein persönliches Horoskop könnte Ihnen für das neue Jahr eine große Hilfe sein. Seien Sie diplomatisch und kompromissbereit – auch, wenn es um den Urlaub geht. Dann werden Sie gut durchs Jahr kommen.

***Markieren Sie alle Konjunktivformen in a und b. Benennen Sie die Formen, z. B. Konjunktiv II von*** *sollen*. ***Erklären Sie, warum der Konjunktiv gebraucht wird.***

## Der Konjunktiv I



### Die Formen 176

| | | Indikativ | Konjunktiv I | | Konjunktiv II |
|---|---|---|---|---|---|
| sein | er / sie | ist | sei | | wäre |
| | sie | sind | sei**en** | | wären |
| haben | er / sie | hat | hab**e** | | hätte |
| | sie | haben | hab**en** | → | **hätten** |
| können | er / sie | kann | könn**e** | | könnte |
| | sie | können | könn**en** | → | **könnten** |
| geben | er / sie | gibt | geb**e** | | gäbe |
| | sie | geben | geb**en** | → | **gäben** |

Die 3. Person Singular hat die Endung *-e*, die leicht zu erkennen ist. (Endungen im Konjunktiv → Nr. 169)
Wenn die Konjunktivform und die Indikativform formal zusammenfallen, gebraucht man die Konjunktiv-II-Form.
Konjunktiv I und II werden in der Umgangssprache ohne Unterschied gebraucht.

Übungen

**21. *Notieren Sie die Konjunktivformen.***

| | | Konjunktiv I | Konjunktiv II |
|---|---|---|---|
| a) | ich gebe | __________ | __________ |
| b) | sie hat | __________ | __________ |
| c) | wir brauchen | __________ | __________ |
| d) | sie lesen | __________ | __________ |
| e) | ich bin | __________ | __________ |
| f) | er kommt | __________ | __________ |

***Welche Formen sind mit dem Indikativ identisch?***
***Schlagen Sie Ersatzformen vor.***
***Bilden Sie Beispiele.***

**22. *Ergänzen Sie die Formen im Konjunktiv.***

In der Zeitung steht, dass ...
a) Die Regierung will zurücktreten.
b) Sie hat nicht mehr die Mehrheit.
c) Es wird eine Debatte im Parlament geben.

Die Opposition sagt, dass ...
d) Sie will sofort Reformen.
e) Die Steuern müssen gesenkt werden.
f) Die Bürger können die Preise nicht mehr bezahlen.

***Wiederholen Sie die Sätze ohne** dass.*

177 Syntax-Baustein 17

**Syntax-Baustein 17**

**Die indirekte Rede**

Wir unterscheiden die direkte Rede (= Zitat) und die indirekte Rede.
Die direkte Rede gibt die Aussage einer Person wörtlich wieder.
Bei der indirekten Rede gibt ein Dritter die Aussage wieder.

| | |
|---|---|
| Martina sagt: „Friseurin ist mein Traumberuf. Ich habe schon eine Lehre angefangen.“ | (1) Martina erzählt selbst. (= direkte Rede) |
| Martina sagt, dass Friseurin ihr Traumberuf sei. Sie **habe / hätte** schon eine Lehre angefangen. | (2) Jemand erzählt von Martina. (= indirekte Rede) |
| Sie **sagt / erzählt / berichtet**, dass … | (3) *dass* … steht am Anfang der indirekten Rede. |
| Sie sagt: „**Ich** möchte Friseurin werden.“ → Sie sagt, dass **sie** Friseurin werden möchte. | (4) Die Pronomen ändern sich sinngemäß: ich → er / sie |
| „**Mein** Traumberuf …“ → … **ihr** Traumberuf | mein → ihr / sein |
| Der Meister fragt: „**Wann** wollen Sie anfangen?“ → Er fragt, **wann** sie anfangen wolle. Der Meister fragt: „**Wollen** Sie bei mir anfangen?“ → Er fragt, **ob** sie bei ihm anfangen wolle. | (5) Die indirekte Frage |

***Tipps & Tricks***

Wenn Sie etwas mündlich erzählen, können Sie in der indirekten Rede immer den Indikativ benutzen. In der Umgangssprache sagt man:
*Mirko hat erzählt, dass Anna Fotomodell werden will und schon einen Vertrag hat.* (Nicht: … *werden wolle, … habe.*)

178 Tipps & Tricks

***23. Grammatik im Text – Jugendliche suchen eine Lehrstelle.***

Übungen

*a)* ***Beate Kummer sagt:***
„Ich will Werkzeugmacherin werden und in keinem Mädchenberuf arbeiten. Ich kann das bestimmt und werde sicher noch etwas finden. Langsam weiß ich, was mir Spaß macht.“

**Ihre Freundin sagt**, dass Beate Werkzeugmacherin werden will. Sie will in keinem Mädchenberuf arbeiten. Sie kann das bestimmt und wird sicher etwas finden. Langsam weiß sie, was ihr Spaß macht.

**In der Jugendzeitschrift steht:**

Mädchen ergreifen immer öfter einen Jungenberuf. Zum Beispiel Beate Kummer. Sie will Werkzeugmacherin werden. Sie sagt, dass sie das könne und sicher auch etwas finden werde. Langsam wisse sie, was ihr Spaß macht.

***Markieren Sie die Verben in der indirekten Rede.***

b) ***Claudia erzählt:***

„Früher wollte ich Tischlerin werden. Aber meine Mutter war dagegen, weil es zu gefährlich ist. Jetzt such' ich was als Verkäuferin. Da gibt es aber viele Bewerbungen."

***Fangen Sie so an:***

Claudia hat erzählt, dass ... (+ Indikativ)

***Was steht in der Jugendzeitschrift? Fangen Sie so an:***

Alle in der Klasse wissen, dass Claudia Tischlerin werden will. Sie sagt, dass ... (+ Konjunktiv)

### *24. Aus der Zeitung*

Der Alligator-Dompteur Kenny Press ist mit Bissen an beiden Seiten des Kopfes ins Krankenhaus gebracht worden, nachdem ein Trick in seiner Alligator-Schau misslungen war.

Press sagte, er habe das Programm erst vor kurzem erweitert. Bei dieser Nummer lege er seinen Kopf in das Maul des hundert Kilogramm schweren Alligators. Diesmal habe das Tier ihn aber gerochen, Hunger bekommen und begonnen, die Zähne zu bewegen.

***Markieren Sie die Konjunktivformen.***
***Beginnen Sie den zweiten Abschnitt so:***

Press sagte, dass ... (+ Indikativ)

## 25. *Aus der Zeitung*

*Europameister im Brotverbrauch*
Europaweit lagen die Deutschen beim Brotverbrauch mit 84 Kilogramm pro Kopf an der Spitze. Das teilte die Vereinigung Getreide-, Markt- und Ernährungsforschung am Freitag in Bonn mit. Belegte Brote und Semmeln seien die Hauptgewinner beim Essen außer Haus gewesen. Mehr als ein Drittel aller Brote und Semmeln hätten die Bundesbürger unterwegs gegessen. Der Brotverbrauch zu Hause sei dagegen gleich geblieben.
*(nach tz vom 2. 1. 98)*

***Markieren Sie die Sätze mit indirekter Rede.***

***Die Konjunktion dass wurde hier weggelassen. Ergänzen Sie dass und beginnen Sie mit:***
Die Vereinigung ... teilte am Freitag in Bonn mit, dass belegte Brote und ...

## 26. *Aus der Zeitung*

*Zum Rücktritt aufgefordert*
Unionsabgeordnete haben den BDI-Chef zum Rücktritt aufgefordert. Der Bundesverband der Industrie müsse schnell seinen Präsidenten nach Hause schicken, sagte Vogt der Neuen Zeitung. Henkel verletze die Tarifverträge. Das „ist nicht mehr tragbar. Er müsste den Hut nehmen." Henkel hatte in einem Interview gesagt, dass er es für richtig halte, dass sich Ostdeutschland nicht an die Verträge halte und gegen sie verstoßen werde. Vogt sagte, die Aussagen des BDI-Chefs seien „nicht zu akzeptieren".
*(nach SZ vom 31. 12. 97 / 1. 1. 98)*

BDI = Bundesverband der Deutschen Industrie

***Markieren Sie die Sätze mit indirekter Rede.***

## 27. *Ergänzen Sie die Formen im Indikativ.*

| | |
|---|---|
| „Ich möchte Spanisch lernen." | Michaela hat erzählt, dass ... |
| „Ich habe schon einen Kurs gemacht." | |
| „Ich bin aber nicht weit gekommen." | ______________________ |

„Ich lerne jetzt zu Hause." ______________________

„Im Sommer will ich nach Spanien fahren." ______________________

Sie können *dass* auch weglassen. Beginnen Sie so: *Michaela hat erzählt, sie möchte ...*

## 179 Vermutung und Absicht

Formen des Futurs und des Konjunktivs können eine subjektive Bedeutung haben (= *Ich vermute/glaube/beabsichtige ...*).

### 180 Konjunktiv II

Mit dem Konjunktiv II der Modalverben können Sie eine Vermutung ausdrücken:

| | |
|---|---|
| Fritz **könnte Recht haben**. (= Ich glaube, dass Fritz Recht hat.) | *können* |
| Du willst mit dem 6-Uhr-Zug fahren? Das **dürfte** jetzt **zu spät sein**. (= Ich glaube, dass es zu spät ist.) | *dürfen* |
| Onkel Ernst **müsste** eigentlich **reich sein**. Er ist so sparsam. (= Ich vermute, dass Onkel Ernst reich ist.) | *müssen* |

## Das Futur I

181

*werden* + Infinitiv drückt eine Handlung in der Zukunft aus. (→ Futur I, Nr. 25).

Ich **werde** dich **abholen**.
Ich **werde** dich **bestimmt** abholen.
(= Ich habe die feste Absicht, dich abzuholen.)

Das ist ein Geschehen in der Zukunft.
Das Modaladverb sagt es genauer.

*werden* + Infinitiv drückt auch eine Vermutung aus. Diese Verwendung hat nichts mit der Zukunft zu tun.

Wo ist denn Manfred? –
Er **wird** im Büro **sein**.
(= Ich vermute, dass er im Büro ist.)
Du **wirst wohl** keine Zeit **haben**.
(= Ich nehme an, dass ...)

*wohl, vielleicht, wahrscheinlich* verstärken die Vermutung.

## Futur II

182

Christel **wird** inzwischen nach Köln **gezogen sein**.
(= Ich vermute, dass sie inzwischen nach Köln gezogen ist.)
Sie **wird** ihren Jens **geheiratet haben**.
(= Ich vermute, dass sie ihren Jens geheiratet hat.)

Übungen

***28. Verwenden Sie den Konjunktiv II.***

a) Das kann stimmen.
b) Sie können Recht haben.
c) Das musst du wissen.
d) Das lässt sich machen.
e) Das darf er nicht tun.
f) Das kann man riskieren.

***29. Ergänzen Sie** bestimmt, eigentlich **oder** vielleicht **in Übung 28.***

***30. Beginnen Sie die Sätze in Übung 28 mit:** Ich glaube, dass ... **Sie können die Modalverben manchmal weglassen.***

***31. Verwenden Sie das Futur I.***

Es ist Silvester. Elisabeth hat viele gute Vorsätze für das neue Jahr.
Ich …

a) mehr sparen
b) früher ins Bett gehen
c) gesünder essen
d) mehr Sport treiben
e) den Freunden helfen
f) die Eltern oft besuchen

Elisabeth hat also die Absicht, mehr zu sparen, früher ins Bett zu gehen …

***32. Felix ist ein Vorbild. Drücken Sie eine Vermutung mit dem Futur I oder Futur II aus.***

a) Felix macht eine große Reise. (Er hat gespart.)
b) Er ist nie müde. (Er geht früh ins Bett.)
c) Er ist fit. (Er treibt viel Sport.)
d) Er macht die Prüfung mit Eins. (Er hat viel gearbeitet.)
e) Er hat nie schlechte Laune. (Er hat keinen Ärger zu Hause.)
f) Er verträgt sich mit seinen Geschwistern. (Er ist freundlich und hilfsbereit.)



## Verben mit Präpositionalergänzung

### 183 Verb + Präposition (+ Akk. / Dat.)

Es gibt viele Verben mit einer festen Präposition. Diese Präposition steht mit dem Akkusativ oder dem Dativ. Die Zahl der Präpositionen ist begrenzt.

| | | |
|---|---|---|
| **an + Dativ** | jmdn. erkennen | an der Nase |
| | leiden | am Heimweh |
| | sterben | an der Krankheit |
| | teilnehmen | an der Versammlung |
| | zweifeln | an der Aussage |

| | | |
|---|---|---|
| **an + Akkusativ** | denken | an die Ferien, an den Winter |
| | sich / jmdn. erinnern | an den Urlaub |
| | sich gewöhnen | an den Lärm |
| | glauben | an die Gerechtigkeit, an Gott |
| | schreiben | an den Freund |
| | sich wenden | an den Schaffner |
| **auf + Akkusativ** | achten | auf den Verkehr |
| | aufpassen | auf die Kinder |
| | sich beziehen | auf das Fax |
| | sich freuen | auf das Wochenende |
| | hoffen | auf ein gutes Ende |
| | sich konzentrieren | auf die Arbeit |
| | sich verlassen | auf die Freunde |
| | vertrauen | auf das Glück |
| | verzichten | auf das Geld |
| | sich vorbereiten | auf die Prüfung |
| | warten | auf das Ergebnis |
| **bei + Dativ** | sich bedanken | bei den Eltern |
| | sich beschweren | bei dem Verkäufer (über den Preis) |
| | sich entschuldigen | bei dem Herrn |
| | sich erkundigen | bei der Bahn (nach dem Preis) |
| **für + Akkusativ** | jmdm. danken | für die Einladung |
| | sich eignen | für den Job |
| | sich entscheiden | für das Studium |
| | sich entschuldigen | für den Irrtum (bei dem Kollegen) |
| | jmdn. halten | für einen Dieb |
| | sich interessieren | für den Job |
| | sorgen | für die Eltern |
| **gegen + Akkusativ** | kämpfen | gegen den Wind |
| | protestieren | gegen die Entscheidung |
| **in + Akkusativ** | geraten | in eine Situation |
| | sich verlieben | in die Frau, in den Mann |

| | | |
|---|---|---|
| **mit + Dativ** | aufhören | mit dem Streit |
| | beginnen | mit der Diskussion |
| | sich beschäftigen | mit dem Thema |
| | diskutieren | mit den Kollegen (über Politik) |
| | sprechen | mit den Eltern (über die Schule) |
| | streiten | mit den Nachbarn |
| | sich unterhalten | mit Freunden (über die Sendung) |
| **nach + Dativ** | sich erkundigen | (bei dem Wanderer) nach dem Weg |
| | jmdn. fragen | nach der Straße |
| | riechen | nach Parfüm |
| | schmecken | nach Knoblauch |
| **über + Akkusativ** | sich ärgern | über den Verlust |
| | sich aufregen | über die Preise |
| | berichten | über die Reise |
| | sich beschweren | über den Chef |
| | denken | über die politische Lage |
| | diskutieren | (mit dir) über das Problem |
| | sich freuen | über das Geschenk |
| | sich informieren | über die Verhältnisse |
| | klagen | über die Steuern |
| | lachen | über den Witz |
| | nachdenken | über das Problem |
| | schreiben | über das Ereignis |
| | sprechen | über die Situation |
| | sich streiten | über die Kosten |
| | sich unterhalten | (mit euch) über das Wetter |
| | sich wundern | über das Ergebnis |
| **um + Akkusativ** | sich bemühen | um die Familie |
| | sich bewerben | um die Stelle |
| | jmdn. bitten | um Feuer, um einen Gefallen |
| | es handelt sich | um dich |
| | sich kümmern | um die Eltern |
| | sich streiten | ums Geld |

| | | |
|---|---|---|
| **unter + Dativ** | leiden | unter Stress, unter dem Wetter |
| **von + Dativ** | abhängen | von den Umständen |
| | abhängig sein | vom Vater |
| | sich erholen | von der Arbeit |
| | erzählen | von dem Erlebnis |
| | etwas / nichts halten | von dem Projekt |
| | sprechen | von ihm / ihr |
| | träumen | von ihm / ihr |
| | sich verabschieden | von dir |
| | etwas verstehen | von Psychologie, von der Sache |
| **vor + Dativ** | sich fürchten | vor Räubern |
| | sich schützen | vor Regen, vor Angriffen |
| | sterben | vor Angst |
| | warnen | vor Dieben |
| **zu + Dativ** | jmdn. einladen | zur Hochzeit |
| | gehören | zur Familie |
| | gratulieren | zum Geburtstag |
| | jmdn. raten | zum Studium |

## Gebrauch ohne Präposition 184

Die meisten Verben der Liste oben kann man auch ohne Präposition gebrauchen:

| | ohne Präposition | mit Präposition |
|---|---|---|
| denken | Denk nicht so viel! | Denk an mich! |
| teilnehmen | Nimm doch teil! | Nimm an dem Seminar teil! |
| sich erinnern | Erinnere dich! | Erinnerst du dich an Stefan? |
| sich beschäftigen | Beschäftige dich doch! | Beschäftige dich mit etwas! |

## 185 Gebrauch immer mit Präposition

Die folgenden Verben werden immer mit Präposition gebraucht.
Ohne Präposition haben sie eine andere Bedeutung oder sie haben keinen Sinn:

| | | |
|---|---|---|
| **sich wenden an** | sich an den Lehrer wenden | Wende dich an ihn! |
| **sich gewöhnen an** | sich an den Lärm gewöhnen | Gewöhne dich daran! |
| **achten auf** | auf den Verkehr achten | Achte darauf! |
| **sich beziehen auf** | sich auf das Fax beziehen | Beziehen Sie sich darauf! |
| **sich verlassen auf** | sich auf die Freunde verlassen | Verlass dich auf sie! |
| **jmdn. halten für** | jmdn. für einen Dieb halten | Wir halten ihn dafür. |
| **abhängen von** | von den Umständen abhängen | Davon hängt alles ab. |
| **etw. halten von** | nichts von dem Projekt halten | Wir halten nichts davon. |
| **verstehen von** | etwas von Psychologie verstehen | Ich verstehe viel davon. |
| **gehören zu** | zur Familie gehören | Wir gehören nicht dazu. |
| **jmdm. raten** | jmdm. zum Studium raten | Wir raten dir dazu. |

Übungen

*33. Ein Charakter. – Ergänzen Sie die Präposition.*

a) Er vertraut _________ sein Glück.
b) Er spricht wenig _________ sich selbst.
c) Er glaubt _________ Freundschaft.
d) Er hält sich nicht _________ den Größten.
e) Er verzichtet _________ Dinge, die er nicht braucht.
f) Er kümmert sich _________ seine Mitmenschen.

*34. Ergänzen Sie die richtige Präposition.*

a) Glauben Sie _________ die Vernunft?
b) Warten Sie _________ ein Wunder?
c) Verstehen Sie etwas _________ Pädagogik?
d) Ärgern Sie sich _________ die Politik?
e) Fürchten Sie sich _________ den Folgen?
f) Nehmen Sie _________ dem Seminar teil?

186

## Syntax-Baustein 18

**denken an + Akkusativ**

| | |
|---|---|
| Ich denke an dich. | (1) Subjekt + Verb + Präpositionalergänzung<br>*denken an* + Akk.<br>(siehe Liste der Verben, Nr. 183) |
| Denk **an mich!**<br>**An wen** denkt er?<br>Er denkt **an sie.** | (2) (→ Fragepronomen, Nr. 117–119)<br>**Personen:** *an* + Pronomen |
| Denk **an die Reise!**<br>**Woran** denkt er?<br>Er denkt **daran.** | **Sachen:** *wo(r)-/da(r)* + Präposition |
| Es ist Enrico, **an den** sie denkt. | (3) Relativsatz |
| Er hat versprochen, **an sie** zu denken.<br>Er hat versprochen, **daran** (= an die Reise) zu denken. | (4) Infinitivkonstruktion |
| Bitte denk **daran,** morgen anzurufen.<br>Bitte denk **daran,** dass du morgen anrufst. | (5) Hinweis auf den Nebensatz |



***35. Antworten Sie.***

a) Wofür hältst du den Mann? – Ich halte ihn ______________________ (ein Betrüger).
b) An wen erinnert dich die Frau? – Sie erinnert mich ______________________ (eine Schauspielerin).
c) Über wen habt ihr gesprochen? – ______________________ (du natürlich).
d) Wonach riecht es hier? – Es riecht ______________________ (Benzin).

e) Wovon träumst du? – ______________________ (die große Liebe).
f) Worüber freut sich Andreas? – ______________________ (sein neues Fahrrad).

**36. *Fragen und Antworten. – Ergänzen Sie das Fragepronomen und suchen Sie die passende Antwort.***

Wofür   Welche   Worüber   Was   Zu welchem   für welchen

a) ____________ Hobbys haben Sie?
b) ____________ interessiert Sie besonders?
c) Wenn Sie noch einmal wählen könnten, ____________ Beruf würden Sie sich entscheiden?
d) ____________ Beruf würden Sie raten?
e) ____________ würden Sie kämpfen?
f) ____________ unterhalten Sie sich am liebsten?

☐ Schwimmen und Surfen.
☐ Im Internet surfen.
☐ Für den Naturschutz.
☐ Für denselben.
☐ Auf keinen Fall über das Wetter.
☐ Zu einem Dienstleistungsberuf.

**37. *Ergänzen Sie.***

a) Madeleine interessiert sich ________ das Angebot. – Sie interessiert sich ________.
b) Boris entschuldigt sich ________ den Fauxpas. – Er entschuldigt sich ________.
c) Katinka bedankt sich ________ die Glückwünsche. – Sie bedankt sich ________.
d) Pavel lacht ________ den Witz. – Er lacht ________.
e) Guy verlässt sich ________ sein Glück. – Er verlässt sich ________.
f) Olga hält nicht viel ________ der Schule. – Sie hält nicht viel ________.
g) Sophia beschäftigt sich ________ Sternkunde. – Sie beschäftigt sich ________.

### *38. Ergänzen Sie die Präposition und das Pronomen.*

a) Brigitte verlässt sich auf ihren Mann. – Sie verlässt sich total ____________.
b) Streite nicht mit den Leuten! – Ich streite doch nicht ____________.
c) Warum bedankst du dich nicht bei den Kollegen? – Ich habe mich doch schon ____________ bedankt.
d) Pass auf die Kinder auf! – Ich passe schon seit Stunden ____________ auf.
e) Sprich mit Karla! – Sprich du ____________!
f) Erinnerst du dich an den dicken Kellner? – Ich erinnere mich genau ____________. Warum fragst du?

### *39. Raten Sie mit! Ergänzen Sie und suchen Sie die passende Antwort.*

| | | | | | |
|---|---|---|---|---|---|
| wofür | woran | was | wofür | woher | woran |
| worum | was | um | was | woraus | wo |

a) _________ ist Bayern bekannt?
b) _________ erkennen Sie eine Burg?
c) Er ist 1759 in Marbach geboren und 1805 in Weimar gestorben. Er lernte Arzt und wurde Historiker. Als _________ ist er berühmt?
d) Wer wagt, gewinnt. _________ geht es hier?
e) Die Stichwörter lauten: Vater, Sohn, Apfel, Schweiz. _________ welches Stück handelt es sich?
f) _________ sind Kurt Weill und Hanns Eisler berühmt?
g) „Sie sind ein Herz und eine Seele." _________ bedeutet das und _________ stammt der Spruch?
h) _________ kommen die grammatischen Bezeichnungen?
i) Das Stichwort lautet: „Schöne, blaue Donau." _________ denken Sie?
j) _________ ist ein Heurigenlokal und _________ gibt es das?

- An dem Burgturm.
- Nicht nur fürs Bier, auch für Schlösser, Landschaften und seine Industrie.
- Als Dichter.
- Das ist ein Spruch. Er bedeutet, dass man etwas wagen muss, um zu gewinnen. Wer nichts tut, kann auch nichts erreichen.
- Das ist ein Weinlokal in Österreich.
- Um den „Wilhelm Tell" von Friedrich Schiller.
- An die Operette des österreichischen Komponisten Johann Strauß.
- Für die Musik zu Stücken von Bertolt Brecht.
- Er bedeutet: Sie verstehen sich sehr gut. Er stammt aus der Bibel.
- Aus der lateinischen Grammatik.

# Anhang

## Die unregelmäßigen Verben

| Infinitiv | Präsens *3. P. Sg.* | Präteritum *3. P. Sg.* | Perfekt *3. P. Sg.* | Trennbare Verben<br>Reflexive Verben *1. P. Sg.* |
|---|---|---|---|---|
| **b** | | | | |
| **befehlen** | befiehlt | befahl | hat befohlen | |
| **beginnen** | | begann | hat begonnen | |
| **behalten** | behält | behielt | hat behalten | |
| **bekommen** | | bekam | hat bekommen | |
| **beraten** | berät | beriet | hat beraten | |
| **beschließen** | | beschloss | hat beschlossen | |
| **beschreiben** | | beschrieb | hat beschrieben | |
| **besitzen** | | besaß | hat besessen | |
| **bestehen** | | bestand | hat bestanden | |
| **betragen** | beträgt | betrug | hat betragen | |
| **betrügen** | | betrog | hat betrogen | |
| **beweisen** | | bewies | hat bewiesen | |
| **sich bewerben** | bewirbt | bewarb | hat beworben | ich bewerbe mich |
| **sich beziehen** | | bezog | hat bezogen | ich beziehe mich |
| **bieten** | | bot | hat geboten | an- |
| **binden** | | band | hat gebunden | |
| **bitten** | | bat | hat gebeten | |
| **bleiben** | | blieb | ist geblieben | |
| **braten** | brät | briet | hat gebraten | |
| **(sich) brechen** | bricht | brach | hat gebrochen | ich breche mir |

| | | | | |
|---|---|---|---|---|
| **brennen** | | brannte | hat gebrannt | |
| **bringen** | | brachte | hat gebracht | weg-, zurück- |
| **d** | | | | |
| **denken** | | dachte | hat gedacht | nach- |
| **dürfen** | darf | durfte | hat gedurft / dürfen | |
| **e** | | | | |
| **empfehlen** | empfiehlt | empfahl | hat empfohlen | |
| **enthalten** | enthält | enthielt | hat enthalten | |
| **entlassen** | entlässt | entließ | hat entlassen | |
| **(sich) entscheiden** | | entschied | hat entschieden | ich entscheide mich |
| **sich entschließen** | | entschloss | hat entschlossen | ich entschließe mich |
| **entsprechen** | entspricht | entsprach | hat entsprochen | |
| **entstehen** | | entstand | ist entstanden | |
| **erfahren** | erfährt | erfuhr | hat erfahren | |
| **erfinden** | | erfand | hat erfunden | |
| **erhalten** | erhält | erhielt | hat erhalten | |
| **erkennen** | | erkannte | hat erkannt | an- |
| **erscheinen** | | erschien | ist erschienen | |
| **erschrecken*** | erschrickt | erschrak | ist erschrocken | |
| **essen** | isst | aß | hat gegessen | |
| **f** | | | | |
| **fahren** | fährt | fuhr | ist gefahren | ab-, los- |
| **fallen** | fällt | fiel | ist gefallen | ein- |
| **fangen** | fängt | fing | hat gefangen | an- |
| **finden** | | fand | hat gefunden | statt- |
| **fliegen** | | flog | ist geflogen | ab- |

| | | | | |
|---|---|---|---|---|
| **fließen** | | floss | ist geflossen | |
| **fressen** | frisst | fraß | hat gefressen | |
| **frieren** | | fror | hat gefroren | |
| **g** | | | | |
| **geben** | gibt | gab | hat gegeben | ab-,auf-, aus-, zurück- |
| **geboren werden** | wird geboren | wurde geboren | ist geboren worden | |
| **gefallen** | gefällt | gefiel | hat gefallen | |
| **gehen** | | ging | ist gegangen | an-, aus-, los-, vor-, weg- |
| **gelingen** | | gelang | ist gelungen | |
| **gelten** | gilt | galt | hat gegolten | |
| **geraten** | gerät | geriet | ist geraten | |
| **geschehen** | geschieht | geschah | ist geschehen | |
| **gewinnen** | | gewann | hat gewonnen | |
| **gießen** | | goss | hat gegossen | |
| **greifen** | | griff | hat gegriffen | |
| **h** | | | | |
| **haben** | hat | hatte | hat gehabt | |
| **halten** | hält | hielt | hat gehalten | an-, fest- |
| **hängen*** | | hing | hat gehangen | ab- |
| **heben** | | hob | hat gehoben | ab-, auf- |
| **heißen** | | hieß | hat geheißen | |
| **helfen** | hilft | half | hat geholfen | |
| **k** | | | | |
| **kennen** | | kannte | hat gekannt | |
| **kommen** | | kam | ist gekommen | an-, vor-, mit- |
| **können** | kann | konnte | hat gekonnt / können | |

| | | | | |
|---|---|---|---|---|
| **l** | | | | |
| **laden** | lädt | lud | hat geladen | ein- |
| **lassen** | lässt | ließ | hat gelassen / lassen | |
| **laufen** | läuft | lief | ist gelaufen | |
| **leiden** | | litt | hat gelitten | |
| **leihen** | | lieh | hat geliehen | |
| **lesen** | liest | las | hat gelesen | vor- |
| **liegen** | | lag | hat gelegen | |
| **lügen** | | log | hat gelogen | |
| **m** | | | | |
| **messen** | misst | maß | hat gemessen | |
| **mögen** | mag | mochte | hat gemocht / mögen | |
| **müssen** | muss | musste | hat gemusst / müssen | |
| **n** | | | | |
| **nehmen** | nimmt | nahm | hat genommen | ab-, an- teil-, zu- |
| **nennen** | | nannte | hat genannt | |
| **p** | | | | |
| **pfeifen** | | pfiff | hat gepfiffen | |
| **r** | | | | |
| **raten** | rät | riet | hat geraten | |
| **reißen** | | riss | hat gerissen | auf-, ab- |
| **reiten** | | ritt | ist geritten | |
| **rennen** | | rannte | ist gerannt | |
| **riechen** | | roch | hat gerochen | |
| **rufen** | | rief | hat gerufen | an- |

| | | | | |
|---|---|---|---|---|
| **s** | | | | |
| **schaffen*** | | schuf | hat geschaffen | |
| **scheinen** | | schien | hat geschienen | |
| **schieben** | | schob | hat geschoben | |
| **schießen** | | schoss | hat geschossen | |
| **schlafen** | schläft | schlief | hat geschlafen | ein- |
| **schlagen** | schlägt | schlug | hat geschlagen | auf-, nach-, vor- |
| **schließen** | | schloss | hat geschlossen | ab-, aus- |
| **schmeißen** | | schmiss | hat geschmissen | |
| **schneiden** | | schnitt | hat geschnitten | |
| **schreiben** | | schrieb | hat geschrieben | auf- |
| **schreien** | | schrie | hat geschrien | |
| **schweigen** | | schwieg | hat geschwiegen | |
| **schwimmen** | | schwamm | ist geschwommen | |
| **sehen** | sieht | sah | hat gesehen | an-, aus-, fern-, nach-, sich um- |
| **sein** | ist | war | ist gewesen | |
| **senden*** | | sandte | hat gesandt | |
| **singen** | | sang | hat gesungen | |
| **sinken** | | sank | ist gesunken | |
| **sitzen** | | saß | hat gesessen | |
| **sprechen** | spricht | sprach | hat gesprochen | aus-, nach- |
| **springen** | | sprang | ist gesprungen | |
| **stehen** | | stand | hat gestanden | auf-, fest- |
| **stehlen** | stiehlt | stahl | hat gestohlen | |
| **steigen** | | stieg | ist gestiegen | aus-, ein- |
| **sterben** | stirbt | starb | ist gestorben | |
| **stoßen** | stößt | stieß | hat gestoßen | |
| **(sich) streiten** | | stritt | hat gestritten | ich streite mich |

| | | | | |
|---|---|---|---|---|
| **t** | | | | |
| **tragen** | trägt | trug | hat getragen | bei- |
| **treffen** | trifft | traf | hat getroffen | |
| **treiben** | | trieb | hat getrieben | |
| **treten** | tritt | trat | hat getreten | ein-, bei- |
| **trinken** | | trank | hat getrunken | |
| **tun** | | tat | hat getan | |
| | | | | |
| **ü** | | | | |
| **überfahren** | überfährt | überfuhr | hat überfahren | |
| **übernehmen** | übernimmt | übernahm | hat übernommen | |
| **überweisen** | | überwies | hat überwiesen | |
| **sich unterhalten** | unterhält | unterhielt sich | hat sich unterhalten | ich unterhalte mich |
| **unterscheiden** | | unterschied | hat unterschieden | |
| **unterschreiben** | | unterschrieb | hat unterschrieben | |
| | | | | |
| **v** | | | | |
| **verbieten** | | verbot | hat verboten | |
| **verbinden** | | verband | hat verbunden | |
| **verbringen** | | verbrachte | hat verbracht | |
| **vergessen** | vergisst | vergaß | hat vergessen | |
| **vergleichen** | | verglich | hat verglichen | |
| **sich verhalten** | verhält | verhielt sich | hat sich verhalten | ich verhalte mich |
| **(sich) verlassen** | verlässt | verließ | hat verlassen | ich verlasse mich |
| **verlieren** | | verlor | hat verloren | |
| **verschreiben** | | verschrieb | hat verschrieben | |
| **verschwinden** | | verschwand | ist verschwunden | |
| **versprechen** | verspricht | versprach | hat versprochen | |
| **(sich) verstehen** | | verstand | hat verstanden | miss-; ich ~e mich |

| | | | | |
|---|---|---|---|---|
| **vertreten** | vertritt | vertrat | hat vertreten | |
| **verzeihen** | | verzieh | hat verziehen | |
| **w** | | | | |
| **wachsen** | wächst | wuchs | ist gewachsen | |
| **(sich) waschen** | wäscht | wusch | hat gewaschen | ich wasche mich |
| **(sich) wenden** | | wandte | hat gewandt | an-, ich wende mich |
| **werden** | wird | wurde | ist geworden | |
| **werfen** | wirft | warf | hat geworfen | weg- |
| **(sich) widersprechen** | widerspricht | widersprach | hat widersprochen | ich widerspreche mir |
| **wiegen** | | wog | hat gewogen | |
| **wissen** | weiß | wusste | hat gewusst | |
| **z** | | | | |
| **zerreißen** | | zerriss | hat zerrissen | |
| **ziehen** | | zog | hat gezogen | (sich) an-, aus-, um-, ein-, vor-; ich ~e mich |
| **zwingen** | | zwang | hat gezwungen | |

* **erschrecken** (unregelmäßig): Sie erschrickt leicht.
**jemanden erschrecken** (regelmäßig), erschreckte, hat erschreckt: Sie erschreckt ihn.
**hängen** (regelmäßig → Nr. 143)
**schaffen** (unregelmäßig): Der Künstler schuf das Werk in einem Monat.
**schaffen** (regelmäßig), schaffte, hat geschafft: Wir schaffen die Arbeit nicht.
**senden** (unregelmäßig): Wir senden ein Fax.
**senden** (regelmäßig), sendete, hat gesendet: Nachrichten werden stündlich gesendet.

# Lösungsschlüssel

# I. Das Verb (1)

**Übung 1** Infinitive sind: reisen, sammeln, wechseln, heißen, ändern, lernen
Regel: Der Infinitiv hat die Endung *-en* oder *-n.*

**Übung 2** Ich heiße …; Ich wohne in …; Ich komme aus …; Wohnen Sie in …?; Arbeiten Sie bei …?; Kommen Sie aus …?; Wie heißen Sie?; Wo wohnen Sie?; Woher kommen Sie?

**Übung 4** b) arbeiten – er/sie arbeitet c) reisen – er/sie reist d) studieren – er/sie studiert e) fragen – er/sie fragt f) antworten – er/sie antwortet g) rechnen – er/sie rechnet

**Übung 5** a) Fritz ist Elektrotechniker. b) Er ist jetzt fertig. c) Er hat eine gute Ausbildung. d) Er ist zufrieden. e) Er hat eine Stelle.

**Übung 6** Rainer Faaß ist bei der Firma Sanders. Er ist von Beruf Diplom-Ingenieur. Er hat die Telefon-Nr. 08151/1922-15. Er hat auch eine E-Mail-Adresse. Die Firma ist in Starnberg.

**Übung 7** a) Gibt es hier eine Kantine? b) Der Bus fährt in die Innenstadt.
c) Im Restaurant „Mühle“ isst man gut. d) Wir gehen essen.
e) Nimmst du das Auto? f) Wir laufen.

**Übung 8** Regel: Die 2. und die 3. Person Präsens von *haben* sind unregelmäßig.
Die Formen haben kein *b.*
Die 2. und die 3. Person Präsens von *werden* sind unregelmäßig.
Die Formen haben ein *i.*

**Übung 9** a) Ich arbeite in Dresden. b) Wo arbeiten Sie? c) Mein Name ist Wilhelmsen. d) Wie heißen Sie? e) Ich heiße Naumann. f) Wo arbeiten Sie? g) Ich bin im Export. h) Haben Sie eine Wohnung? i) Nein, ich suche eine Wohnung in Dresden. j) Meine Familie wohnt in Bremen. k) Ich fahre am Wochenende nach Hause. l) Meine Frau und die Kinder kommen auch nach Dresden.

**Übung 10** Mein Name ist —> sein – er/sie ist; ich heiße —> heißen – er/sie heißt; Ich arbeite —> arbeiten – er/sie arbeitet; arbeiten Sie —> arbeiten; Sind Sie —>sein; Ich wohne —> wohnen – er/sie wohnt; suche ich —> suchen – er/sie sucht; Helfen Sie —> helfen – er/sie hilft; Das ist —>

sein; brauchen Sie —>brauchen – er/sie braucht; Ich habe —> haben – er/sie hat; Meine Familie ist —> sein; Die Kinder gehen —> gehen – er/sie geht; wohnen Sie —> wohnen; Ich habe —> haben; Ich bringe —> bringen – er/sie bringt; finden Sie —> finden – er/sie findet; das ist —> sein.

Fragen: Und Sie? Sind Sie aus Frankfurt? Helfen Sie mir? Wie viele Zimmer brauchen Sie? Und wo wohnen Sie jetzt?

**Übung 11** a) Ich bin viel Motorrad gefahren. b) Ich habe einen Unfall gehabt. c) Ich bin in eine Wiese gefallen. d) Ich habe später nichts mehr gewusst. e) Ich bin lange im Krankenhaus gewesen. f) Ich habe Glück im Unglück gehabt.

**Übung 12** a) Habt ihr etwas gegessen? b) Warum hast du nicht gewartet? c) Sind Sie geflogen oder mit dem Zug gefahren? d) Wir haben uns um zehn getroffen. e) Was ist passiert?

**Übung 13** a) Ich bin zuerst in die Gesamtschule gegangen. b) Dann bin ich in die Realschule gewechselt. c) Ich habe eine Lehre gemacht. d) Ich habe dann ein Tischlermeister-Stipendium bekommen. e) Die Prüfung habe ich mit Gut abgeschlossen. f) Ich habe zuerst bei meinem Vater gearbeitet. g) Aber dann bin ich selbstständig geworden und habe eine Firma gegründet. h) Wir haben viele Aufträge gehabt. i) Dann bin ich aber krank geworden und habe schließlich zugemacht. j) Jetzt habe ich Arbeit bei einer Baufirma gefunden.

**Übung 14** a) Er war faul in der Schule. b) Aber er hatte ein Motorrad und viele Freunde. c) Er hatte keine Arbeit. d) Dann hatte er eine Idee. e) Jetzt hat er eine Firma und viele Mitarbeiter. f) Er ist bekannt in der Computerbranche.

**Übung 15** a) Er war Physiker. b) Er lebte von 1879 bis 1955. c) Er besuchte in München das Gymnasium. d) Er verließ es ohne Prüfung. e) Mathematik interessierte ihn sehr. f) Er studierte in Zürich. g) Mit 24 Jahren wurde er Professor. h) Mit 42 Jahren bekam er den Nobelpreis für Physik.
Der Mann heißt Albert Einstein.

a) Sie war Pianistin und Komponistin. b) Sie wurde in Leipzig geboren. c) Sie machte Reisen durch ganz Europa und gab Konzerte. d) Sie heiratete den Komponisten Robert Schumann. e) Sie zog nach

Berlin und lebte später in Baden-Baden und Frankfurt am Main. f) Sie lehrte am Konservatorium. g) Sie interpretierte die Werke ihres Mannes. h) Zusammen mit Johannes Brahms veröffentlichte sie die Werke Schumanns.
Die Frau heißt Clara Schumann.

a) Ich habe ein Buch über Clara Schumann gelesen. b) Das hat mich sehr fasziniert. c) Sie hat Konzerte in ganz Europa gegeben. d) Sie hat eine Familie mit acht Kindern gehabt. e) Sie hat Schumann, Beethoven und Brahms gespielt. f) Sie hat die Werke von Schumann veröffentlicht.

**Übung 16**

u: fuhr, wuchs
a: aß, fand, gewann, trank, kam, nahm
o: flog, fror, zog, schloss, verlor
ie: hieß, lief, blieb, schrieb, überwies, schlief
i: stritt, fing

**Übung 17**

besuchte – besuchen; arbeitete – arbeiten; lernte – lernen; blieb – bleiben; war – sein; ließ – lassen; wartete – warten; studierte – studieren; kam – kommen

Die Verben sind in der 1. und der 3. Person Singular gleich. Sie haben in der 1. und der 3. Person Singular keine Endung. Die regelmäßigen Verben haben *-te-* + Endung. Die unregelmäßigen Verben verändern meistens den Vokal.

**Übung 18**

a) fahren, gefahren b) kommen, gekommen c) sehen, gesehen d) fliegen, geflogen e) finden, gefunden f) helfen, geholfen g) lesen, gelesen h) wissen, gewusst i) rufen, gerufen j) mögen, gemocht k) geben, gegeben l) gehen, gegangen m) essen, gegessen n) trinken, getrunken o) bleiben, geblieben p) sein, gewesen q) schlafen, geschlafen r) senden, gesandt s) werden, geworden t) lassen, gelassen u) verlieren, verloren v) sitzen, gesessen

**Übung 19**

b) trainieren, er/sie trainiert, trainierte, hat trainiert c) buchstabieren, er/sie buchstabiert, buchstabierte, hat buchstabiert d) studieren, er/sie studiert, studierte, hat studiert e) demonstrieren, er/sie demonstriert, demonstrierte, hat demonstriert f) produzieren, er/sie produziert, produzierte, hat produziert

Regel: Verben auf *-ieren* sind regelmäßig.

**Übung 20** a) Tom ist 1970 geboren. b) 1976 ist er in die Schule gekommen. c) 1988 hat er seinen Führerschein gemacht. d) 1989 hat er mit dem Studium angefangen. e) 5 Jahre später hat er endlich Geld verdient. f) Er hat eine Wohnung gemietet. g) Geheiratet hat er aber noch nicht.

**Übung 21 a)** Perfekt: *sind Sie gegangen*, gehen, unregelmäßig; *Ich bin gegangen*; *Ich habe besucht*, besuchen, regelmäßig; *Ich habe gemacht*, machen, regelmäßig; *Ich habe bekommen*, bekommen, unregelmäßig; *haben Sie studiert*, studieren, regelmäßig; *Ich habe gewechselt*, wechseln, regelmäßig; *Ich habe studiert*; *haben Sie studiert*; *habe ich gemacht*; *Haben Sie unterrichtet*, unterrichten, regelmäßig; *Ich habe gegeben*, geben, unregelmäßig; *habe ich gearbeitet*, arbeiten, regelmäßig; *Ich habe mitgebracht*, mitbringen, unregelmäßig

Präteritum: wollte ich, wollen; das war, sein; Ich musste, müssen; war ich, sein; Ich hatte, haben

Verb + Subjekt: sind Sie, ich bin, ich habe, wollte ich, das war, Ich habe, Ich musste, haben Sie, Ich habe, haben Sie, war ich, habe ich, Ich hatte, Haben Sie, Ich habe, habe ich, möchte ich, Ich habe

**Übung 21 b)** war, sein, unregelmäßig; musste, müssen, unregelmäßig; war, sein, unregelmäßig; lernte, lernen, regelmäßig; konnte, können, unregelmäßig; hatten, haben, unregelmäßig; kamen, kommen, unregelmäßig; qualifizierte, qualifizieren, regelmäßig

**Übung 21 c)** Präteritum: wollte, wollen; kam, kommen; lief, laufen; hatte, haben; passierte, passieren; konnte, können; wusste, wissen

Perfekt: hat verändert, verändern; ist passiert, passieren; sind gefahren, fahren; ist liegen geblieben, bleiben; bin geflogen, fliegen; gekommen bin, kommen; habe verbracht, verbringen

| Position I | Position II | Position III |
|---|---|---|
| *Die Saison* | beginnt | im Frühjahr. |
| Da | passieren | *die Unfälle.* |
| Nach der Pause im Winter | haben | *die Motorradfahrer …* |
| *Der April vor vier Jahren* | hat | mein Leben … |
| *Ich* | wollte | eigentlich … |
| Aber dann | kam | *alles* anders. |

| | | |
|---|---|---|
| *Mein Leben* | lief | nicht mehr normal. |
| Und so | ist | *es* passiert: |
| *Ich* | hatte | eine schwere Maschine und |
| *wir* | sind | zum Gardasee gefahren. |
| Plötzlich | passierte | *es*. |
| *Ein Autofahrer* | sieht | nicht … |
| *Ich* | bremse, schleudere und stürze | … |
| Dann | weiß | *ich* nichts mehr. |
| *Mein Motorrad* | ist | auf der Straße … |
| *Ich* | bin | über eine Mauer … |
| Später | konnte | *ich* mich … |
| *Ich* | wusste | nicht einmal … |
| In den folgenden Jahren | habe | *ich* viele Monate … |
| In meinen Träumen | falle | *ich* immer noch, |
| *das* | hört | nicht auf … |
| Heute | besuche | *ich* eine Grafikerschule. |
| *Ich* | bin | der Älteste … |
| Motorrad | fahre | *ich* inzwischen … |

**Übung 22** a) Was wird im Jahr 2000 sein? b) Rauchen wird verboten sein. c) Die Menschen werden noch mehr arbeiten. d) Die Arbeit wird knapp sein. e) Jeder wird mit jedem kommunizieren. f) Werden die Menschen glücklicher sein? g) Das wird wahrscheinlich nicht passieren.

**Übung 23** a) Ende Juli fangen die Ferien an. / Ende Juli werden die Ferien anfangen. b) Ab Juli rollen die Autos nach Süden. / Ab Juli werden die Autos nach Süden rollen. c) Es wird ein Verkehrschaos geben. d) Der Verkehr wird jährlich zunehmen. e) Auch der Flugverkehr wird zunehmen. f) Wir werden Lösungen finden müssen. g) Das wird nicht einfach sein.

**Übung 24** a) Um Mitternacht schlägt die Uhr zwölf Mal. / Um Mitternacht wird die Uhr zwölf Mal schlagen. b) Morgen gibt es Regen. / Morgen wird es Regen geben. c) Das Wochenende wird schön. / Das Wochenende wird schön werden. d) Die meisten fahren schon am Freitag ins Wochenende. / Die meisten werden schon am Freitag ins Wochenende fahren. e) Jeden Freitagnachmittag gibt es viele Verkehrsstaus. / Jeden Freitagnachmittag wird es viele Verkehrsstaus geben. f) Nur bei

Regen bleiben die Menschen zu Hause. / Nur bei Regen werden die Menschen zu Hause bleiben.

**Übung 25** a) Martin und Sigi, ihr werdet sofort euer Zimmer aufräumen. b) Klarissa, du wirst sofort deine Aufgaben machen. c) Martin, du wirst Papa helfen. d) Carola wird abtrocknen. e) Isa wird den Tisch decken. f) Um sieben werden wir essen.

**Übung 26** 2 Vollverben, 4 Hilfsverben

**Übung 27** a) Kannst du kommen? b) Er will in Berlin arbeiten. c) Sie muss zu Hause bleiben. d) Sie darf/dürfen nicht arbeiten. e) Der Arzt sagt, sie soll/sollen zu Hause bleiben.

**Übung 28** a) Wollen/Möchten Sie unsere Exportleiterin kennen lernen? – Ja, gern. b) Darf ich vorstellen? Das ist Herr Moser, unser Vertreter aus Italien, das ist Frau Wiedemann. c) Ich möchte / kann / darf / will Ihnen jetzt den Betrieb zeigen. d) Wir können zuerst in die Auftragsabteilung gehen. e) Möchten/Wollen Sie auch das Lager sehen? f) Sie können noch die Abteilung Fortbildung besuchen. g) Sie können/sollen/müssen an einer Besprechung der Marketing-Abteilung teilnehmen. h) Wir gehen um 12 Uhr in die Kantine. Möchten Sie lieber Fisch oder Fleisch?

**Übung 29** Verben mit regelmäßigen Formen: reden, lernen
Verben mit *-e* + Endung: arbeiten
Verben mit unregelmäßigen Formen: sein, kommen, sprechen, haben, geben, werden, fahren
Modalverben: dürfen, müssen, sollen, können, wollen

**Übung 30** a) wōhnĕn, kŏmmĕn b) dīe Lĭstĕ c) Ēvă und Pētĕr ĕssĕn. d) Dăs wĭssĕn Sīe sĭchĕr.

**Übung 31** a) Der Infinitiv heißt „müssen". b) Wie schreiben Sie „er muss"? c) „Wissen" müssen Sie mit ss schreiben. d) „Er weiß" schreiben Sie mit ß. e) „Die Straße" hat ein ß. Das a ist lang. f) „essen" hat ss. Das e ist kurz. „Er isst" schreiben Sie mit ss. Das ist neu. g) Buchstabieren Sie bitte „reisen": r-e-i-s-e-n. Es gibt Geschäftsreisen und Urlaubsreisen.

**Übung 32** a) Ich kann nicht Klavier spielen. b) Ich möchte nach Hause telefonieren. c) Ich möchte den Chef sprechen. d) Ich kann (nicht) Spanisch sprechen. e) Ich darf keinen Lärm machen. f) Ich darf nicht bei Rot über die Kreuzung gehen. g) Ich möchte Sie zum Kaffee einladen. h) Ich kann leider nicht früher kommen.

**Übung 33** Ich mag dich. Du magst mich. Er/sie mag Mathematik. Wir mögen Sprachen. Ihr mögt Partys. Sie mögen keinen Kaffee.

**Übung 34** wollen, müssen, sollen, können
Könntest du?
wollen und sollen

**Übung 35** Wissen Sie was? – Ich weiß nichts. – Ich weiß schon lange, dass ... – Das wusste ich auch. Aber ich hatte es vergessen. – Na sehen Sie. Alle haben es nämlich gewusst. Und seit gestern weiß ich auch ... – Na klar. Das weiß ich auch ...

**Übung 36** a) Arbeit zu Hause kann schön sein: kein Chef, keine Arbeitszeiten und Essen in der Familie. b) Man kann am Vormittag, am Nachmittag oder abends arbeiten. c) Tele-Arbeit kann die Lösung für die Zukunft sein. d) Besonders Berufe in der Textverarbeitung und Informatik sind geeignet. Tele-Arbeit kann viele Arbeitsplätze schaffen. e) Mütter mit Kindern möchten gern zu Hause arbeiten. f) Sie müssen kochen und die Kinder zur Schule bringen. Daneben können sie aber auch Geld verdienen. g) Tele-Arbeit heißt 60 % der Zeit zu Hause arbeiten und 40 % im Büro. D.h. Tele-Arbeiter können ihren Arbeitsplatz zu Hause verlassen und haben einen Schreibtisch im Büro. h) Sie müssen/sollen regelmäßig ihren Chef und ihre Kollegen sprechen. i) Allein zu Hause arbeiten kann ein Problem sein. Psychologen warnen: Isolation droht. Tele-Arbeiter sollen/müssen deshalb engen Kontakt zu ihrem Büro halten. j) Sie interessieren sich für Tele-Arbeit? Dann müssen Sie genau wissen, was Sie wollen. Tele-Arbeit ist neu und hat Vorteile, aber auch Nachteile.

**Übung 37** a) Könnten Sie mir helfen? b) Könnte ich Sie etwas fragen? c) Dürfte ich kurz telefonieren? d) Dürften wir hier rauchen? e) Könnten wir eine Pause machen? f) Dürfte ich Sie unterbrechen? g) Könnte ich mal die Prospekte sehen? h) Könnten Sie mir ein Taxi rufen? i) Dürfte ich das kopieren? j) Könnten Sie die Auskunft anrufen? k) Könnte ich das Fenster aufmachen? l) Könnten wir einen Kaffee haben? m) Könnte ich ein Fax schicken? n) Könnte ich die CD-ROM haben?

**Übung 38** sollen: Ratschlag; können: Möglichkeit; wollen: Wunsch

**Übung 39** a) Er hat die Briefe liegen lassen. b) Sie hat den Computer reparieren lassen. c) Sie hat Dieter nicht an den Computer gelassen. d) Sie hat ihn links liegen lassen. (idiomatische Wendung: Sie hat ihn nicht beachtet.) e) Er hat den Computer laufen lassen. f) Sie hat das Gerät holen lassen.

**Übung 40** a) Lass das! b) Da lässt sich nichts machen. c) Lass nur! Ich mache das schon. d) Das lässt sich machen. e) Lassen Sie sich nichts gefallen! f) Leben und leben lassen.

**Übung 41** a) Brauchen Sie Hilfe? b) Ist alles in Ordnung oder braucht ihr etwas? c) Ich brauche jetzt einen Kaffee. d) Wir brauchen kein Handy. e) Du wirst ein Handy brauchen. Es ist praktisch. f) Ich brauche nicht mit einem Handy zu telefonieren, ich habe ein Telefon. g) In der Natur oder beim Sport brauche ich nicht zu telefonieren. h) Aber in der Firma oder unterwegs brauchst du die Kommunikation.
Im Satz f) und g) ist *brauchen* modales Hilfsverb.

**Übung 42** Die Mischverben haben im Präteritum und Perfekt den Vokal *a*.

**Übung 43** a) Warum bist du so gerannt? b) Hast du etwas mitgebracht? c) Tante Birgit hat ein Päckchen gesandt. d) Sie hat an deinen Geburtstag gedacht. e) Ich habe sie immer Tantchen genannt. f) Auf dem Foto habe ich sie sofort erkannt. g) Weihnachten hat unser Weihnachtsbaum gebrannt. h) Er rennt/rannte zum Bahnhof. i) Er bringt/brachte die Zeitung. j) Er kennt/kannte die Leute. k) Wir senden/sendeten eine E-Mail. l) Was denkst/dachtest du?

**Übung 45** ab, an, aus, weg, vorbei, um
Es sind Präpositionen und Adverbien.

**Übung 46** a) wiederhólen b) übersétzen c) wíedergeben d) zúhören e) zusámmenarbeiten f) vórschlagen g) féstahalten h) gefällen

Regel: Trennbare Verben betonen die Vorsilbe.
Untrennbare Verben betonen den Verbstamm.

**Übung 47** Trennbare Verben:
*ausholen* – er holt aus – Er holt zum Schlag aus. *abholen* – er holt ab – Er hat seine Oma vom Bahnhof abgeholt. *zurückholen* – er holt zurück – Ihre Freundin hat sie um 50 Mark betrogen; sie hat sich das Geld zurückgeholt. *anmachen* – er macht an – Kurz vor 8 macht er den

Fernseher an. *ausmachen* – er macht aus – Er macht ihn gegen 12 Uhr aus. *weitermachen* – er macht weiter – Nach der Pause machen wir weiter. *vormachen* – er macht vor – Der Lehrer macht uns die schwierigen Übungen vor. *angehen* – etwas geht jemanden etwas an – Das geht dich nichts an. *ausgehen* – er geht aus – Gehen wir heute Abend aus? *weitergehen* – er geht weiter – Nach der Werbung geht der Film weiter. *vorgehen* – er geht vor – Wie seid ihr bei der Lösung vorgegangen? *weggehen* – er geht weg – Nach dem Streit ging sie weg ohne etwas zu sagen. *untergehen* – er geht unter – Nach der Kollision mit dem Eisberg ging die Titanic unter. *zurückgehen* – er geht zurück – Ich habe meinen Schirm vergessen. Ich gehe zurück und hole ihn.

Untrennbare Verben: *erholen* – er erholt sich – Er hat sich im Urlaub gut erholt. *wiederholen* – er wiederholt – Wiederholen Sie bitte die trennbaren Verben. *vermachen* – er vermacht – Seine Großmutter hat ihm das Haus vermacht. *vergehen* – er vergeht – Ich habe eine Tablette genommen; die Schmerzen vergehen gleich. *begehen* – er begeht – Er hat das Verbrechen nicht begangen.

**Übung 48**

a) Wann haben Sie gefrühstückt? Ich habe gestern nicht gefrühstückt. c) er/sie frühstückt d) *frühstücken* betont die Vorsilbe, das Verb ist aber nicht trennbar.

**Übung 49**

a) Schi fahren b) kennen lernen c) Auto fahren d) spazieren gehen e) Maschine schreiben f) sauber machen g) sitzen bleiben h) sitzen bleiben i) stehen bleiben j) wegfahren k) übrig bleiben

**Übung 50**

b) zusammenarbeiten – er/sie arbeitet zusammen c) anmelden – er/sie meldet an d) vorschlagen – er/sie schlägt vor e) beitragen – er/sie trägt bei f) einladen – er/sie lädt ein g) vorstellen – er/sie stellt vor h) übersetzen – er/sie übersetzt i) entscheiden – er/sie entscheidet j) verbrauchen – er/sie verbraucht k) verlieren – er/sie verliert

**Übung 51**

*Auto fahren*, er/sie fährt Auto, fuhr Auto, ist Auto gefahren; *Schi fahren*, er/sie fährt Ski, fuhr Ski, ist Ski gefahren; *Schlittschuh laufen*, er/sie läuft Schlittschuh, lief Schlittschuh, ist Schlittschuh gelaufen; *Maschine schreiben*, er/sie schreibt Maschine, schrieb Maschine, hat Maschine geschrieben; *sitzen bleiben*, er/sie bleibt sitzen, blieb sitzen, ist sitzen geblieben; *fernsehen*, er/sie sieht fern, sah fern, hat ferngesehen; *fest halten*, er/sie hält fest, hielt fest, hat festgehalten; *festhalten*, er/sie hält fest, hielt fest, hat fest gehalten

sitzen lassen, stehen lassen, liegen lassen, kommen lassen, sich gefallen lassen

sitzen bleiben, stehen bleiben, liegen bleiben

**Übung 52** er: sich; du: dich, dir; sie (Sg.): sich; wir: uns; sie (Pl.): sich; ich: mich, mir; Sie: sich; ihr: euch

Das Reflexivpronomen in der 3. Person Singular und Plural lautet *sich.* In der 1. und 2. Person Singular gibt es verschiedene Formen im Dativ und Akkusativ: *mich* und *mir, dich* und *dir.*

**Übung 53** a) Ich habe mich bei der Firma Textil beworben. b) Ich habe mich für einen Beruf im Verkauf entschlossen. c) Das stelle ich mir interessant vor. d) Ich interessiere mich für Mode. e) Ich habe mich vorher genau über die Firma informiert. f) Jetzt freue ich mich auf den Job.

**Übung 54** b) die Verlobung c) die Heirat d) der Streit e) die Trennung f) die Scheidung

**Übung 55** a) sich freuen b) sich wünschen c) sich interessieren d) sich vorstellen e) sich informieren f) sich ereignen g) sich bewerben h) sich unterhalten i) sich anmelden j) sich ärgern k) sich erkälten l) sich irren

**Übung 56** sich lohnen, sich bezahlt machen, sich weiterbilden, sich handeln

**Übung 57** a) Hast du dich bedankt? b) Er interessiert sich für Fußball. c) Warum ärgerst du dich? d) Wir kaufen uns einen Laptop. e) Sie hat sich beeilt. f) Hast du dir den Namen gemerkt? g) Warum enschuldigst du dich nicht? h) Sie hat sich gerade verabschiedet. i) Er hat sich bei Siemens beworben. j) Wir haben uns gut unterhalten. k) Er hat sich zum Sprachkurs angemeldet. l) Was wünschst du dir?

**Übung 58** b) Schreiben Sie bitte ein Fax an die Fa. Kölbel. c) Bereiten Sie bitte die Konferenz vor. d) Holen Sie bitte den Besuch am Empfang ab. e) Reservieren Sie bitte einen Tisch im Restaurant. f) Besorgen Sie bitte die Getränke. g) Bestellen Sie bitte ein Zimmer für eine Nacht. h) Legen Sie bitte die Prospekte hin.

a) Könnten Sie mir bitte den Brief der Firma Karl bringen? b) Könnten Sie bitte ein Fax an die Fa. Kölbel schreiben? c) Könnten Sie bitte die Konferenz vorbereiten? d) Könnten Sie bitte den Besuch am Empfang abholen? e) Könnten Sie bitte einen Tisch im Restaurant reservieren? f) Könnten Sie bitte die Getränke besorgen? g) Könnten Sie bitte ein Zimmer für eine Nacht bestellen? h) Könnten Sie bitte die Prospekte hinlegen?

**Übung 59** b) Informier dich genau. c) Sprich mit Lehrern, Eltern und Freunden über deinen Berufswunsch. d) Diskutier die Vorteile und Nachteile. e) Entscheid dich doch für einen Jungenberuf. f) Sei doch nicht enttäuscht. g) Mach zuerst ein Praktikum.

**Übung 60** a) Schalte das Gerät ein. b) Drück die Taste OPEN. c) Leg die CD ein. d) Starte die Wiedergabe und drücke PLAY. e) Such einen bestimmten Abschnitt. f) Halte die Taste. g) Lass die Taste los. h) Programmier die Titel in einer Reihenfolge. i) Stopp die Wiedergabe. j) Fass nie auf die CD. Halte sie am Rand. k) Spiel keine kaputte CD ab.

**Übung 61** Rufen Sie uns an. – Informieren Sie sich. – Sprechen Sie mit uns. – Fordern Sie unseren Katalog an. – Rufen Sie uns an. – Dann kommen Sie zu uns. – …, dann rufen Sie uns an.

**Übung 62** a) Das Wetter ist nicht schön. b) Das Essen ist nicht gut. c) Die Arbeit gefällt mir nicht. d) Ich trinke keinen Kaffee. e) Ich freue mich nicht auf den Urlaub. f) Ich rufe Herrn Schmidt nicht an.

**Übung 63** a) Herr Eberl arbeitet nicht. b) Er arbeitet nicht gern. c) Er fährt nicht mit dem Auto ins Büro. d) Er interessiert sich nicht für Politik. e) Er hat dem Kollegen nicht gratuliert. f) Er hat kein Fax geschrieben. g) Er kann nicht Auto fahren. h) Er kann nicht gut Auto fahren.

**Übung 64** a) Fahr auf Landstraßen nicht über 100. b) Trink keinen Alkohol. c) Fahr bei Nebel nicht so schnell. d) Brems nicht so plötzlich. e) Fahr nicht so schnell. f) Fahr in der Stadt nicht über 50. g) Telefonier beim Fahren nicht. h) Hup nicht so oft. i) Überhol(e) nicht in der Kurve. j) Fahr nicht so weit links.

# II. Das Substantiv

**Übung 1** a) der Norden b) das Motorrad c) die Rose d) der Motor e) die Wirtschaft f) die Kultur g) der Optimismus h) das Zentrum i) das Essen j) die Einladung k) der Praktikant l) der Nachmittag m) der Sonntag n) das Jahr o) die Partei p) der/die Reisende q) das Auto r) der Wagen s) der Kuchen t) die Woche

**Übung 2** a) der Film b) der Ort c) der Tisch d) das Bett e) der Stuhl

Regel: Einsilbige Substantive sind oft maskulin.

**Übung 3** die Mechanikerin, (die Chefin), die Frisörin / die Frisöse, der Arzthelfer, die Ingenieurin, die Elektronikerin, der Chef, der Leiter, die Schornsteinfegerin, der Redakteur, die Kollegin, die Fachfrau, (die Auszubildende), die Meisterin, die Handwerkerin, der Manager, der Flugzeugbauer

**Übung 4** die Fachgehilfin, die Tischlerin, die Politikerin, die Schülerin, die Pilotin, die Frisörin / die Frisöse, die Gärtnerin, die Malerin, die Ärztin, die Verkäuferin, die Rechtsanwältin, die Kauffrau

Regel: Feminine Berufsbezeichnungen haben meistens die Endung *-in*.
Regel: Berufsbezeichnungen auf *-er* sind maskulin.

**Übung 5** a) die EU b) der IC c) der FC Bayern d) der VW e) die SZ f) die SPD g) die CDU h) die DM i) der Euro j) der PKW k) der LKW

**Übung 6** b) Ja, die ist wichtig. c) Ja, der ist wichtig. d) Ja, der ist wichtig. e) Ja, die ist wichtig. f) Ja, die ist wichtig. g) Ja, der ist wichtig. h) Ja, die ist wichtig. i) Ja, die ist wichtig. j) Ja, das ist wichtig. k) Ja, die ist wichtig.

**Übung 7** Regel: Substantive auf *-e* sind meistens feminin.

**Übung 8** Das Wort heißt: der / die Reisende

**Übung 9** Sind Sie / sie berufstätig?; Was sind Sie von Beruf?

**Übung 10** Das Haus ist eine Schule. Ich bin Motorradfahrer. Fritz fährt Fahrrad. Herr Imhoff kommt aus der Schweiz.

**Übung 11 b)** der Name, der Vorname, der Geburtsort, das Geburtsdatum, die Nationalität, die Adresse / die Anschrift, die Unterschrift

**Übung 12** a) die Einheit b) die Tätigkeit c) die Krankheit d) die Geschwindigkeit e) die Gesundheit f) die Möglichkeit g) die Gelegenheit h) die Faulheit

**Übung 13** a) der Maler, das Gemälde b) der Planer, der Plan, die Planung c) der Fahrer, die Rückfahrt d) der Student, das Studium e) der Leiter, die Leitung f) der Arbeiter, die Arbeit g) der Verkäufer, der Verkauf h) der Tischler, der Tisch, die Tischlerei i) der Fahrradfahrer

**Übung 14** b) das Schifahren c) das Wandern d) der/das Junge e) der/die Jugendliche f) der Braune g) das Helle h) der Klare

**Übung 15** a) das Erlebnis, -se —> die Erlebnisse b) das Foto, -s —> die Fotos c) der LKW, -s —> die LKWs d) der Lehrer, - —> die Lehrer e) die Kartoffel, -n —> die Kartoffeln f) der Apfel, ¨- —> die Äpfel

**Übung 16** a) kein Plural b) die Straßen c) die Busse d) die PKWs e) kein Plural f) kein Plural

**Übung 17** ein Glas / eine Flasche / ein Liter Wein; ein Pfund / eine Portion / ein Stück Butter; ein Liter / ein Pfund / eine Tasse / ein Becher / eine Portion Kaffee; eine Tasse / ein Teller Suppe; ein Glas / ein Pfund / ein Becher / eine Portion Jogurt; ein Glas / ein Pfund / eine Portion Honig; ein Pfund / eine Portion / eine Scheibe / ein Stück Käse; ein Pfund / eine Portion / eine Scheibe / ein Stück Schinken; ein Pfund / eine Portion / eine Scheibe / ein Stück Brot; ein Stück Kuchen; ein Pfund / eine Portion / eine Scheibe / ein Stück Wurst

**Übung 18** der Schüler, die Schüler; das Zimmer, die Zimmer; der Manager, die Manager; der Handwerker, die Handwerker; das Häuschen, die Häuschen; der Maler, die Maler

**Übung 19** Was es nur im Singular gibt: Mineralwasser*, Kaffee, Obst, Fleisch, Zucker, Butter, Tee*, Mehl*, Gemüse, Milch, Müsli*
* Die Plurale *Mineralwässer, Tees, Mehle, Müslis* bedeuten „verschiedene Sorten".
Was es im Singular und Plural gibt: Fisch, Apfel, Wurst, Kirsche, Erdäpfel, Erdbeere, Kartoffel, Getränk, Weintraube

**Übung 21** Singular: Milch, Spinat, Brot, Becher, Sahne; Schnittkäse, Speisequark
Plural: Kartoffeln, Brötchen, Eier, Tomaten

Substantive im Plural: Zwiebeln – die Zwiebel; Kartoffeln – die Kartoffel; Brötchen – das Brötchen; Äpfel – der Apfel; Weintrauben – die Weintraube; Bananen – die Banane; Getränke – das Getränk

Substantive im Singular: der Spinat, das Ei, die Sahne, das Mineralwasser, die Limo(nade), das/die Cola, das Bier, der Frankenwein, das Angebot

**Übung 22** a) der Beruf des Fotografen b) die Mutter von Herrn Neumann c) Gabrieles Kinder d) der Bürgermeister von Bremen e) die Präsidentin des Bundestages f) die Vereinigung Deutschlands g) Er schreibt dem Bundeskanzler einen Brief. h) Sie schreibt einen Leserbrief. i) Kennen Sie meinen Kollegen? j) Ich werde Herrn Petrelli meinem Kollegen vorstellen.

**Übung 23** a) des Mannes b) der Frau c) des Meisters d) der Praktikantin e) des Türken f) des Griechen g) des Namens h) des Albaners i) des Herrn j) der Dame k) des Dozenten l) des Lehrers m) der Lehrerin n) des Brief(e)s

**Übung 24** Ich trage gern Pullover / Turnschuhe / Kleider / Hosenanzüge / Hemden / Hosen / Overalls.

**Übung 25** a) Gib doch den Kindern ein Taschengeld! b) Schreib doch unseren Eltern eine Karte! c) Bring doch den Geschwistern ein Geschenk mit! d) Glaub doch den Politikern kein Wort! e) Schenk doch unseren Gästen einen Atlas!

**Übung 26** Einen Mantel können Männer oder Frauen tragen. Einen Schal können ebenfalls Männer oder Frauen tragen. Frauen tragen eine Bluse. Frauen tragen ein Kleid. Männer tragen eine Badehose. Eine Jacke können Männer oder Frauen tragen. Handschuhe können ebenfalls Männer oder Frauen tragen. Männer tragen ein Hemd. Einen Hut können Männer oder Frauen tragen. In Schottland tragen auch Männer einen Rock. Eine Hose können Männer oder Frauen tragen. Einen Schlips tragen normalerweise nur Männer. Einen Bikini tragen Frauen. Turnschuhe können Männer oder Frauen tragen. Frauen tragen einen

Hosenanzug, Männer einen Anzug. Im letzten Jahrhundert trugen auch Männer einen Badeanzug.

**Übung 27** Regel: Maskulin auf *-er* und feminin auf *-erinnen.*
Maskulin auf *-e* und feminin auf *-in* ohne *-e.*
Regel: *-er* bleibt im Plural *-er.*
Der Plural feminin hat die Endung *-erinnen* oder *-innen.*

**Übung 28 a)** Kennen Sie Herrn Maier? Nein? Warten Sie, ich stelle Sie vor. Guten Tag, Herr Maier. Darf ich Ihnen Frau Schulte vorstellen? ...
der Herr, den Herrn, dem Herrn, des Herrn; die Herren, die Herren, den Herren, der Herren

**Übung 28 b)** geht spazieren – Dr. Faust, treffen – sie, benimmt – der, sind fasziniert – sie, nehmen mit – sie, bellt – der Pudel, beginnt zu wachsen – der Pudel, ist so groß – er, verschwindet – das Tier, tritt heraus – Mephisto, ist verkleidet – Mephisto, war – das, ruft – Faust

**Übung 29** a) Was isst Klaus? b) Morgen schreibt er einen Aufsatz. c) Warum ist er wütend? d) Natürlich finden wir ihn nett. e) Nein, heute brauchst du nicht aufzuräumen. / musst du nicht aufräumen. f) Nächste Woche möchte Martina verreisen.

**Übung 30** Die Subjekte sind: a) Klaus, b) Martin c) Er d) Helmut, ihr e) Du, ich, du f) Martina

**Übung 31** die Hotelanmeldung, der Hotelportier, das Hotelzimmer, der Hoteldirektor, die Hotelrechnung, der Hotelgast

# III. Artikelwörter

**Übung 1** Ich kenne einen Experten. Ich kenne keinen Studenten. Ich kenne keine Biologen. Ich kenne viele Idealisten. Ich kenne einen Philosophen. Ich kenne keinen Juristen. Ich kenne keine Pessimisten. Ich kenne viele Architekten. Ich kenne keinen Bären. Ich kenne keine Bürokraten. Ich kenne viele Optimisten.

**Übung 2** a) Er ist Musiker. b) Er ist sogar ein guter Musiker. c) Er ist aber kein Solist, sondern Orchestermusiker. d) Das/Ein Orchester reist viel, auch ins Ausland. e) Er war schon in Japan und in den USA. f) Die nächste Reise ist Ostern. Es ist eine Europa-Reise.

**Übung 3** a) (Der) Urlaub am Bodensee. b) Der Bodensee ist beliebt. c) In letzter Zeit ist aber die Zahl der Besucher zurückgegangen. d) Die Schweiz, Österreich und die Bundesrepublik machen jetzt ein gemeinsames Programm. e) Im April erscheint die/eine neue Broschüre. f) Es gibt am Bodensee eine Oldtimer-Eisenbahn. g) Für die Eisenbahn sind Aktionstage geplant.

**Übung 4** a) Ich möchte eine Tageszeitung. – Die Süddeutsche oder die Frankfurter Allgemeine? b) Hat die Gruppe einen Reiseleiter? – Ja, der Reiseleiter ist Herr Schwarz. c) Ich wünsche mir einen Urlaub am Meer. – O.k., buchen wir den Urlaub. d) Möchtest du Kaffee oder Tee? – Tee, bitte. Der Kaffee ist alle, glaube ich.

**Übung 5** Was das/ein Konzert kostet; Musik im Fernsehen; Reise und Erholung; Der/Ein Abend im Fernsehen; (Der) Urlaub mit Sport und Spaß.

**Übung 6** Musik im Fernsehen
In der Sendung „Apropos Musik" berichten wir über die türkischen Rap-Superstars „Cartel". Sie haben inzwischen auch in Deutschland ein großes Publikum.

**Übung 7 a)** der Urlaub, *Plural nicht üblich*; der Individualist, die Individualisten; der Sommer, die Sommer; das Gästehaus, die Gästehäuser; das Doppelzimmer, die Doppelzimmer; das Frühstücksbuffet, die Frühstücksbuffets; die Halbpension, *Plural nicht üblich*; das Schwimmbad, die Schwimmbäder; der Strand, die Strände; das Stadtzentrum, die

Stadtzentren; der Massentourismus, *Plural nicht üblich*; die Atmosphäre, *Plural nicht üblich*

**Übung 7 b)** Artikelwörter mit Substantiven, Adjektiven und Präpositionen:
der Urlaub, In diesem Jahr, das Wetter, Dieses Jahr, kein Regen, kein Urlaub, jedes

Mal, eine Überraschung, in diesem Jahr, zum Schifahren, in dieselbe Gegend, in dasselbe Hotel, Im Gegenteil, Jedes Jahr

Ausdrücke ohne Artikelwort: Letztes Jahr, nur Sonne, Auf welche Wochentage, Weihnachten, an Urlaub, Auf Donnerstag und Freitag, schöner Schnee, frische Luft

**Übung 7 c)** eine Anzeige, in der Süddeutschen, eine Anzeige, die Woche, die Pension, jedes Jahr, Jeder Mensch, einer Pension, Die Autobahnen, im August, eine Woche, Den Rest des Urlaubs, ein Vorschlag

ohne Artikel: Insel Sylt, Pension mit Komfort, Mit Komfort, irgendwelche Angebote, viel Reklame, zu Hause, Urlaub, von zu Hause, Zu Hause, Bücher, Computer, Fernseher, Gott, Dank, Rad, zu Hause, Kompromiss, zu Hause

## IV. Personalpronomen

**Übung 1**

Hallo, Max, wie geht's? Man sieht dich ja kaum noch.
Guten Abend, Frau Henrich.
Guten Abend, schön, Sie mal wieder zu sehen.
Guten Abend, herzlich willkommen. Geben Sie mir Ihre Jacke?
Haben Sie / Hast du den Weg gleich gefunden?
Kein Problem. Sie haben / Du hast alles sehr gut beschrieben.
Na, wie geht's denn so? Studierst du noch?
Wir haben uns lange nicht gesehen. Sie sehen / Du siehst ja gut aus. Kompliment!
Komm, hier ist so viel Wirbel! Möchtest du auch eine Bowle?

**Übung 2**

Liebe Tina,
heute muss ich dir unbedingt schreiben. Was machen wir mit Mamas Geburtstag? Du weißt, es ist schwierig wie jedes Jahr. Sie sagt immer, sie braucht nichts, und dann freut sie sich natürlich doch, wenn wir uns etwas ausdenken. Ich möchte dir heute etwas vorschlagen. Wir schenken ihr wirklich nichts, d.h. nicht das Übliche, eine Tasche, einen Pullover oder so was. Wir schenken ihr einen Wochenendausflug und zwar mit uns allen. Wir fahren alle zusammen irgendwohin und essen gemütlich. Wir können auch übernachten. Was hältst du davon? Ruf mich bitte bald an.
Herzlichst Rolf
PS: Wir können uns natürlich auch hier treffen. Vielleicht spielt das Wetter nicht mit. Dann könnt ihr alle zu uns kommen. Du weißt, wir haben genug Platz. Wir müssen natürlich ein Programm machen. Kennst du Spiele? Also melde dich!

**Übung 3**

Wir möchten euch gern mal wieder sehen. – Wann habt ihr mal Zeit? – Passt es euch nächsten Samstag? – Nicht so gut. Da sind wir in Hannover. Leider. – Und in vierzehn Tagen? Was macht ihr da? – Da ist Annette nicht zu Hause. Sie ist auf einer Dienstreise. – Na! Jetzt bist du an der Reihe. Was schlägst du vor? – Ich spreche erst mit Annette. Dann rufe ich dich/euch zurück. – Gut! Melde dich aber bald. Wir gehen noch in den Biergarten. – Ja, wir wollen auch noch weg. Ich melde mich sofort. Tschüs! – Bis gleich.

**Übung 4** kennen wir, haben Sie … erzählt, Ich war … neidisch, fahre ich, wollen wir … „du" sagen, Ich bin, ich bin, müssen wir anstoßen, machst du

**Übung 5** a) Markus hat mir zum Geburtstag gratuliert. b) Er hat mich angerufen. Er möchte mich besuchen. c) Jörg hat mir nicht geantwortet. d) Frag mich doch! Ich erklär es dir. e) Christine ist verreist. Sie hat mir nichts gesagt. f) Kannst du mir helfen?

**Übung 6** a) Bernd hat mir geschrieben. Ich muss ihm sofort antworten. b) Beate, schmeckt es dir nicht? Was fehlt dir? c) Was wünscht ihr euch zu Weihnachten? d) Wir schenken ihnen etwas Praktisches. e) Ich habe einen Jogging-Anzug für Fred. Ich schenke ihn ihm. f) Für meine Schwester haben wir ein Fahrrad. Wir schenken es ihr.

**Übung 7** a) Hast du deinem Bruder das Päckchen geschickt? b) Schreib mir eine Karte aus dem Urlaub! c) Christoph erklärt die Regel seinem Nachbarn. d) Der Ober empfiehlt dem Gast das Schnitzel. e) Ich erzähle dir jetzt eine Geschichte. f) Martin schenkt seiner Freundin eine Kette zum Geburtstag.

**Übung 8** a) Das ist Maria Dolores Branco. Sie kommt aus Portugal. b) Kennen Sie Jan Maler? Er ist der Kollege von Konstantin. c) Das ist Paolo. Wir haben ihn in Florenz kennen gelernt. d) Wo sind denn die Kinder? Ich glaube, sie sind in Martins Zimmer. e) Kommt ihr? – Wir kommen sofort. f) Wir haben euch lange nicht gesehen.

**Übung 9** a) Herr Ober, was können Sie uns heute empfehlen? b) Ich habe von Achim ein Lexikon. – Und wann musst du es ihm zurückgeben? c) Wolf braucht eine Zange. Kannst du sie ihm bringen? d) Felix kann den Brief nicht lesen. Kannst du ihn ihm übersetzen? e) Der Vater verbietet den Kindern das Fernsehen. – Warum verbietet er es ihnen denn? f) Mario hat dir eine Geschichte erzählt. Kannst du sie mir noch einmal erzählen? g) Das Buch ist etwas für Christine. Schenk es ihr doch!

**Übung 10** a) Ich erkläre den Kollegen die Tabelle. b) Das Geschenk gefällt dem Jungen nicht. c) Der Fremdenführer zeigt den Touristen die Stadt. d) Frau Ehlers schreibt der Firma eine Karte aus dem Urlaub.

# V. Possessivartikel

**Übung 1** Wo ist dein Fotoapparat? Oh, den habe ich vergessen. Wie dumm! – Wo ist deine Taucherbrille? Oh, die habe ich vergessen. – Wo sind deine Schischuhe? Oh, die habe ich vergessen. – Wo sind deine Flossen? Oh, die habe ich vergessen. – Wo sind deine Badeschuhe? Oh, die habe ich vergessen. – Wo sind deine Tabletten? Oh, die habe ich vergessen. – Wo sind deine Schisocken? Oh, die habe ich vergessen. – Wo ist deine Sonnenbrille? Oh, die habe ich vergessen. – Wo ist dein Pullover? Oh, den habe ich vergessen. – Wo sind deine Handschuhe? Oh, die habe ich vergessen.

**Übung 2** Habt ihr euren Fotoapparat dabei? Habt ihr eure Taucherbrille dabei? Habt ihr eure Schischuhe dabei? Habt ihr eure Flossen dabei? Habt ihr eure Badeschuhe dabei? Habt ihr eure Tabletten dabei? Habt ihr eure Schisocken dabei? Habt ihr eure Sonnenbrille dabei? Habt ihr euren Pullover dabei? Habt ihr eure Handschuhe dabei?

**Übung 3** a) Das sind ihre CDs. b) Das ist sein CD-Player. c) Das ist sein Computer. d) Das ist ihre Plattensammlung. e) Das ist ihr Handy. f) Das ist ihr Videorekorder. g) Das ist sein Segelboot. h) Das ist sein Tennisschläger. i) Das ist ihr Surfbrett. j) Das sind seine Schier.

**Übung 4** a) Du meinst, unser nächster Urlaub. b) … unser Auto. c) … unsere Freunde d) … unser Feierabend e) … unser Wochenende f) … unsere Zeitung

**Übung 5** a) Die Mutter von meinem Vater. Das ist meine Großmutter. b) Der Vater von meinem Vater. Das ist mein Großvater. c) Die Schwester von meiner Mutter. Das ist meine Tante. d) Der Bruder von meiner Mutter. Das ist mein Onkel. e) Mein Vater und meine Mutter haben drei Kinder, eine Tochter und zwei Söhne. Ich bin der jüngste Sohn / die jüngste Tochter. f) Ich habe also zwei Geschwister. g) Mein Bruder hat einen Sohn und eine Tochter. Das sind mein Neffe und meine Nichte. h) Die Frau von meinem Sohn. Das ist meine Schwiegertochter. i) Der Mann von meiner Tochter. Das ist mein Schwiegersohn.

**Übung 7** mein Bruder, meine Schwägerin, dein Bruder, Meine Schwester, Meine Schwester Eva, bei unseren Eltern, meine Schwester Christine, meine Eltern, meine Familie

# VI. Das Adjektiv

**Übung 1** a) Ich habe großen Durst und riesigen Hunger. b) Ich trinke gern heißen Tee mit Rum. c) Ich mag nichts Warmes, Bier ist mir lieber. d) Ich freue mich auf einen grünen / großen / gesunden Salat. e) Ich esse lieber etwas Süßes / Heißes / Warmes. f) Salat ist aber gesund. g) Das Essen ist ja kalt. h) Die Soße ist so dick / süß / bitter, die schmeckt mir nicht. i) Der Braten ist hart / kalt / heiß / weich. j) Die Nudeln sind weich. k) Herr Ober, das Bier ist nicht kalt. l) Ich möchte frische Brötchen mit Butter und ein weiches Ei. m) Das Ei ist ja ganz hart! Die Konfitüre ist mir zu süß. n) Ich habe doch grüne Nudeln bestellt und keine Spagetti.

**Übung 2** a) ein schneller VW, ein schneller BMW, ein schnelles Motorrad b) das kalte Jahr, das kalte Wetter c) eine teure Reparatur d) ein gutes Essen, ein guter Kuchen, ein guter Wagen e) die internationale Politik f) das weite Meer g) das hässliche Kleid

**Übung 3** a) die großen Hotels b) die billigen Tickets c) die gelben Blumen d) die weißen Hemden e) die alten Villen f) die berufstätigen Menschen g) die neuen Büros h) die kalten Getränke

**Übung 4** a) mit großen Koffern b) mit guten Freunden c) mit alten Fahrrädern d) in billigen Hotels e) auf schönen Inseln f) mit schnellen Schiffen g) auf kleinen Campingplätzen h) an ruhigen Stränden i) mit schweren Rucksäcken j) in feinen Restaurants

**Übung 5 a)** Regel: Das Adjektiv ohne Artikel übernimmt die Endung des Artikels. Ausnahmen: Genitiv Singular maskulin und neutral.

**Übung 5 b)** Singular: die gesunde Luft, die gesunde Luft, mit der gesunden Luft, die Folge der gesunden Luft; gesunde Luft, gesunde Luft, bei gesunder Luft, die Folge gesunder Luft

das schlechte Wetter, das schlechte Wetter, mit dem schlechten Wetter, die Folge des schlechten Wetters; schlechtes Wetter, schlechtes Wetter, bei schlechtem Wetter, die Folge schlechten Wetters

**Übung 6** a) intelligent – dumm b) mutig – feige c) ordentlich – unordentlich/chaotisch d) zufrieden – unzufrieden e) fair – unfair

f) lustig – traurig g) zuverlässig – unzuverlässig h) aktiv – passiv i) groß – klein j) dünn – dick k) hübsch – hässlich l) jung – alt

Aussehen: i) bis l); Charaktereigenschaften: a) bis h)

**Übung 7** a) Ich wollte ein dunkles Bier. Tut mir Leid, das Bier ist hell. Aber helles Bier schmeckt auch besser. b) Ich wollte trockenen Wein. Tut mir Leid, der Wein ist halbtrocken. Aber halbtrockener Wein schmeckt auch besser. c) Ich wollte reife Bananen. Tut mir Leid, die Bananen sind grün. Aber grüne Bananen sind auch nicht so weich. d) Ich wollte billige Orangen. Tut mir Leid, die Orangen sind teuer. Aber teure Orangen schmecken auch besser. e) Ich wollte kalten Saft. Tut mir Leid, der Saft ist warm. Aber warmer Saft ist auch besser für den Magen. f) Ich möchte (eine) gesunde Ernährung. Tut mir Leid, unsere Ernährung ist ungesund. Aber ungesunde Ernährung ist auch billiger.

**Übung 8** a) Dieses Problem besprechen wir nicht. Das ist ein ganz heißes Eisen. b) Er hat viel versprochen und nichts gehalten. Er hat uns goldene Berge versprochen. c) Sie ist immer optimistisch, sie ist immer guter Dinge. d) Wir müssen ganz vorsichtig mit ihm sein. Wir müssen ihn wie ein rohes Ei behandeln. e) Tu das nicht! Das macht nur böses Blut. f) Das ist nicht seine Idee. Er schmückt sich wieder mit fremden Federn.

**Übung 9** Deklinierte Adjektive: Guten, guten, bekanntes, gute, regionale, neue, leichte, bayerische, sächsische, westfälische, geringer, kalte

Undeklinierte Adjektive: kalt, dünn, kalt, trocken

Satzteile mit Adjektiv: Guten Appetit, einen guten Appetit, Ein bekanntes Sprichwort, die gute Küche, die regionale Küche, die neue Küche, die leichte Küche, die bayerische Küche, die sächsische Küche, die westfälische Küche, bei geringer Hitze, Das kalte Fleisch, ein Weißherbst trocken

**Übung 10** a) ruhig b) täglich c) billig d) richtig e) schriftlich f) glücklich g) pünktlich h) farbig i) menschlich j) schwierig k) schuldig l) vergeblich

**Übung 11** albanisch, der Albanier, die Albanierin; belgisch, der Belgier, die Belgierin, bulgarisch, der Bulgare, die Bulgarin; chinesisch, der Chinese, die Chinesin; dänisch, der Däne, die Dänin; deutsch, der Deutsche, die Deutsche; englisch, der Engländer, die Engländerin; finnisch, der Finne, die Finnin; französisch, der Franzose, die Französin; griechisch, der Grieche, die Griechin; irisch, der Ire, die Irin; isländisch, der Isländer, die Isländerin; italienisch, der Italiener, die Italienerin; japanisch, der Japaner, die Japanerin; koreanisch, der Koreaner, die Koreanerin, kroatisch, der Kroate, die Kroatin; luxemburgisch, der Luxemburger, die Luxemburgerin, niederländisch, der Niederländer, die Niederländerin; norwegisch, der Norweger, die Norwegerin; österreichisch, der Österreicher, die Österreicherin; polnisch, der Pole, die Polin; portugiesisch, der Portugiese, die Portugiesin; rumänisch, der Rumäne, die Rumänin; russisch, der Russe, die Russin; schwedisch, der Schwede, die Schwedin; schweizerisch/Schweizer, der Schweizer, die Schweizerin; serbisch, der Serbe, die Serbin; slowenisch, der Slowene, die Slowenin; spanisch, der Spanier, die Spanierin; tschechisch, der Tscheche, die Tschechin; türkisch, der Türke, die Türkin; ukrainisch, der Ukrainer, die Ukrainerin; ungarisch, der Ungar, die Ungarin; afrikanisch, der Afrikaner, die Afrikanerin, amerikanisch, der Amerikaner, die Amerikanerin; asiatisch, der Asiate, die Asiatin; australisch, der Australier, die Australierin; europäisch, der Europäer, die Europäerin

**Übung 12**

b) Das sind neuseeländische Äpfel. c) Das sind holländische Tomaten. d) Das sind israelische Erdbeeren. e) Das sind japanische Pilze. f) Das sind polnische Kartoffeln. g) Das sind südafrikanische Weintrauben. h) Das sind französische Bananen. i) Das sind italienische Pfirsiche. j) Das sind spanische Apfelsinen. k) Das sind türkische Aprikosen.

Adjektive von Ländernamen und Erdteilen haben das Suffix *-isch*.

**Übung 13**

a) Gestern war er sehr unfreundlich. b) Ich bin sehr unglücklich. c) Da ist er leider unvorsichtig. d) Im Gegenteil, ich bin unzufrieden. e) Für Menschen ist das noch nicht möglich / unmöglich. Für eine Marssonde ist das schon möglich. f) So? Mir ist alles unklar. g) Man sagt: Das sind künstliche Blumen. Aber: Er benimmt sich unnatürlich.

**Übung 14**

b) süß c) gesund/krank d) arbeitslos e) tätig f) zufrieden g) wahr h) richtig i) krank j) verwandt k) fremd l) bekannt m) berufstätig n) arbeitslos o) verletzt p) verliebt

Gegenteil: c) ungesund e) untätig f) unzufrieden g) unwahr h) unrichtig l) unbekannt o) unverletzt

**Übung 15** a) Wien ist eine sehr alte Stadt. b) Um Christi Geburt war das heutige Österreich Teil des römischen Reiches. c) Die Römer brachten die ersten Weinreben an die Donau. d) Die Wiener Küche ist eine der berühmtesten Küchen der Welt. e) Man bestellt einen Kleinen oder einen Großen, einen Schwarzen oder einen Braunen. Welcher Kaffee schmeckt am besten? f) Grüne Bohnen heißen Fisolen und Schlagobers ist süße Sahne.

**Übung 16** a) Es könnte etwas wärmer sein. b) Er könnte etwas trockener sein. c) Er könnte etwas süßer sein. d) Es könnte etwas weicher sein. e) Er könnte etwas frischer sein. f) Es könnte etwas größer sein. g) Er könnte etwas reifer sein. h) Es könnte etwas kälter sein. i) Er könnte etwas stärker sein.

**Übung 17** a) Der höchste Berg Deutschlands ist die Zugspitze mit 2962 Metern. b) Der größte See in Deutschland ist der Bodensee. c) Der längste Fluss in Europa ist die Wolga. d) Der kürzeste Tag ist der 21. Dezember. e) Der Sommer ist die wärmste Jahreszeit. f) Der Januar ist der kälteste Monat. g) Der heißeste Monat ist der Juli. h) Die teuersten Wohnungen gibt es in München. i) Die besten deutschen Weine wachsen im Rheintal. j) Die ältesten Universitätsstädte sind Prag, Wien und Heidelberg.

**Übung 19** das Höchstgewicht, die Höchstgeschwindigkeit, der Höchstpreis, höchst einfach, höchst gefährlich, die Höchstleistung

**Übung 20** Die Vorsilbe hat die Bedeutung eines Superlativs.

**Übung 21** a) Das Obst ist sehr teuer. Es ist wieder teurer geworden. b) Das Obst ist mir zu teuer. Das kaufe ich heute nicht. c) Der Pullover ist dir zu groß. Du brauchst einen kleineren. d) Die neue Kamera ist sehr schön. Meine Bilder sind super geworden. e) Der Computer ist sehr / zu alt. Ich brauche einen neuen. f) Mit dem Lexikon kann ich nicht arbeiten. Das ist zu alt.

**Übung 22** Wussten Sie schon, dass Frau Müller einen Hund im Büro hat? b) Wussten Sie schon, dass Herr Koch keine Spagetti isst? c) Wussten Sie schon, dass Franz Xaver gelogen hat? d) Wussten Sie schon, dass es keine weißen Mäuse mehr gibt? e) Wussten Sie schon, dass alle Charterflugzeuge blau sind? f) Wussten Sie schon, dass Menschen zum Mars fliegen können?

**Übung 23** a) Die Ware ist teurer, als ich dachte. b) Der Kaffee ist stärker, als ich dachte. c) Das Gewürz ist schärfer, als ich dachte. d) Die Kirschen sind saurer, als ich dachte. e) Der Wein ist älter, als ich dachte. f) Die Jacke ist wärmer, als ich dachte.

**Übung 24** a) der längste Fluss – Ich glaube, dass der Rhein der längste Fluss ist. b) die größte Stadt mit den meisten Einwohnern – Ich glaube, dass die größte Stadt mit den meisten Einwohnern Berlin ist. c) die älteste Messestadt – Ich glaube, dass die älteste Messestadt Leipzig ist. d) das berühmteste Volksfest – Ich glaube, dass das berühmteste Volksfest das Oktoberfest ist. e) das bekannteste Lied – Ich glaube, dass das bekannteste Lied das Lied von der Loreley ist. f) das Bundesland mit den meisten Einwohnern – Ich glaube, dass Nordrhein-Westfalen das Bundesland mit den meisten Einwohnern ist. g) das kleinste Bundesland – Ich glaube, dass das Saarland das kleinste Bundesland ist.

**Übung 25** a) Er freut sich wie ein Schneekönig. b) Er frisst wie ein Scheunendrescher. c) Er raucht wie ein Schlot. d) Er fährt wie eine gesengte Sau. e) Er schläft wie ein Bär. f) Er arbeitet wie ein Pferd. g) Er schimpft wie ein Rohrspatz. h) Er benimmt sich wie ein Elefant im Porzellanladen. Das sind Ausdrücke für Superlative: *sehr, viel, sehr viel / schnell / tief / laut, unmöglich*

**Übung 26** a) Er ist dreiundsechzig Komma sechs sechs Meter lang. b) Die Flügel sind sechzig Komma drei null Meter breit. c) Die Kabine ist fünf Komma vier null Meter breit. d) Das Flugzeug tankt (ein)hundertvierzigtausend Liter Kerosin. e) Das Flugzeug ist beim Start zweihunderteinundsiebzig Tonnen schwer. f) Das Flugzeug fliegt zwölf Komma fünf Kilometer hoch. g) In zwölf Kilometer Höhe ist es minus fünfzig Grad Celsius kalt. h) Das Flugzeug fliegt ohne Stopp fünfzehntausend Kilometer weit. i) Wie weit sind fünfzehntausend Kilometer? j) Das Flugzeug fliegt achthundert bis neunhundert Kilometer pro Stunde schnell. k) Eins Komma fünf Millionen Menschen fliegen jährlich weltweit.

**Übung 27** zweihundertzwölf, zweiundfünfzig, eintausendfünf, siebenhundertachtundneunzig, achtundneunzig Komma neun null, fünfhundertdrei Komma acht null

**Übung 29** Ja natürlich, es ist zwanzig nach zwölf. … halb acht. … Viertel vor sieben. … Viertel nach acht. … halb elf. … fünf nach zwölf.

**Übung 31** a) der Vierundzwanzigste Dezember b) der Erste Januar c) mein dreißigster Geburtstag d) Philipp der Zweite e) Das Brett ist einen Meter lang. f) Das kostet Milliarden. g) Geschichten aus Tausendundeiner Nacht. h) Eine der Orangen war schlecht. i) Auf Landstraßen ist die Höchstgeschwindigkeit achtzig Kilometer pro Stunde. j) Es ist dreiundzwanzig Uhr fünfundfünfzig. Es ist kurz vor Mitternacht.

**Übung 32** a) Die Französische Revolution war im Jahr siebzehnhundertneunundachtzig. b) Die Öffnung der Berliner Mauer war im Jahre neunzehnhundertneunundachtzig. c) Das Ende des Zweiten Weltkriegs war im Mai neunzehnhundertfünfundvierzig. d) Achtzehnhundertfünfundneunzig entdeckte Röntgen die X-Strahlen, die bald Röntgenstrahlen heißen. e) Fünfzehnhundertdreiundvierzig ist das Todesjahr des Kopernikus. Erst in diesem Jahr erschien sein Hauptwerk über das heliozentrische Weltbild. f) Neunzehnhundertdrei unternahmen die Brüder Wright einen ersten Flug von 39 Sekunden mit einem Motorflugzeug.

# VII. Partizip I und Partizip II

**Übung 1** a) die kommende Woche b) die laufenden Kosten c) das fließende Wasser d) der haltende Bus e) der verletzte Passant f) das verliebte Paar g) die bezahlten Rechnungen h) die vor zehn Jahren gebauten Häuser

**Übung 2** a) in der kommenden Woche b) mit laufendem Motor c) mit wachsender Begeisterung d) mit geeigneten Geräten e) auf verbotenen Wegen f) auf einer gut besuchten Messe g) mit enttäuschtem Gesicht h) bei strömendem Regen i) in geheizten Räumen j) mit frisch gewaschenem Hemd

**Übung 3** Der wütende Herr bekam einen roten Kopf. Die Künstlerin ist eine faszinierende Frau. Wir haben einen aufregenden und spannenden Film gesehen. Das war ein anstrengender Tag. Sie nimmt ein erfrischendes Bad. Eine ausreichende Note ist oft nicht ausreichend. Dies ist ein ausgezeichneter Wein. Sie hat eine geeignete Arbeit gefunden. Die befreundeten Kollegen machen gemeinsam Urlaub. Die viel beschäftigten Eltern haben keine Zeit. Der beliebte Fernsehstar gibt ein Interview. Er macht einen entschlossenen Eindruck. Dieser Film ist nicht für Kinder, das ist ein für Kinder verbotener Film. In dem voll besetzten Flugzeug gab es ein erfrischendes Getränk.

**Übung 4** a) Wir nehmen das empfohlene Essen. b) Was machst du mit der gewonnenen Million? c) Ein zerrissenes Seil kann man nicht reparieren. d) Sie schläft bei geschlossenem Fenster. e) Er fährt mit dem gestohlenen Fahrrad davon. f) Sie bekommt das verlorene Portmonee zurück. g) Der Patient kauft die verschriebenen Tabletten. h) Die importierte Ware ist versichert.

**Übung 5** a) Achtung, spielende Kinder. b) Springen Sie nicht auf einen fahrenden Bus! c) Die Menschen hatten das brennende Haus verlassen. d) Wir beobachten das startende Flugzeug. e) Es gibt Bodenpersonal und fliegendes Personal. f) Wir haben strahlendes Wetter.

**Übung 6** a) Es gab zum Glück nur Leichtverletzte. b) Der Film ist für Jugendliche empfohlen. c) Die Hälfte der Abgeordneten war anwesend. d) Habt ihr etwas Schönes erlebt? – Nein, nichts Besonderes. e) Wir müssen den Auszubildenden helfen.

**Übung 7** a) die verletzten Fahrgäste b) das behinderte Mädchen c) die angeklagten Männer d) der gefangene Räuber

**Übung 8** a) Familienstand: Eva ist ledig. Frau Franz war verheiratet, jetzt ist sie geschieden. b) Ein altes Spiel geht so: Sie zupfen die Blätter einer Blume. 1. Blatt: verliebt, 2. Blatt verlobt, 3. Blatt verheiratet und wieder von vorn verliebt, verlobt, verheiratet. Das letzte Blatt sagt Ihnen die Zukunft.

**Übung 9** a) Gut, ich bin erholt. ... ausgeschlafen. b) Schlecht, ich bin wütend. ... völlig geschafft. ... verzweifelt. ... gestresst. ... beleidigt.

**Übung 10** a) Sie waren Freunde, jetzt sind sie geschiedene Leute. b) Es hat lange gedauert, aber dann war das Eis gebrochen. c) Er hat wieder einmal kein Geld, er ist völlig abgebrannt. d) Ich habe wenig geschlafen, jetzt bin ich total kaputt. Ich bin völlig gerädert. e) Was ist mit ihm los? Er spricht kaum und ist unfreundlich. Er ist so kurz angebunden.

# VIII. Die Pronomen

**Übung 1** a) Wer hat angerufen? b) Was hat er bestellt? c) Was hat er? d) Wessen Sekretärin kommt? Wer kommt? e) Mit wem hat sie gesprochen? f) Was hat sie gemacht?

**Übung 2** a) Wen hast du heute getroffen? b) Mit wem hast du dich unterhalten? c) Von wem habt ihr gesprochen? d) Von was habt ihr gesprochen? e) Wem hast du von Herrn Hunzinger erzählt? / Von wem hast du Erika erzählt? f) Was hast du ihr erzählt?

**Übung 3** a) Was für eine Uhr? Eine Swatch? b) Welches Stockwerk? Das Stockwerk mit Dachgarten? c) Welche Tür? Die Tür zum Garten? d) Was für eine Vase? Eine Vase aus Frankreich? e) Was für ein Museum? Das Museum in Köln? f) Was für eine Schule? Eine Schule für Lernbehinderte?

**Übung 4** a) Auf wen wartest du? b) Womit fahrt ihr? c) Warum fahrt ihr nicht mit dem Auto? d) Wie lange werdet ihr unterwegs sein? e) Wisst ihr, wann ihr ankommt? f) Mit welchem Zug fahrt ihr? g) Mit was für einem Zug fahrt ihr?

**Übung 5** a) Theodor Fontane ist Dichter. b) Der alte Goethe lebte in Weimar. c) Bremen ist die Hauptstadt des Bundeslandes Bremen und Hafenstadt. d) „Das Tüpfelchen auf dem i" bedeutet „das letzte, aber auch wichtige Detail". e) Das Gebirge im Süden Deutschlands heißt Alpen. f) In Deutschland gibt es zwei Meere, die Nordsee und die Ostsee.

**Übung 6** b) Manuela weiß, was wir für die Reise brauchen. c) … wann wir losfahren. d) … wer die Tickets hat. e) … wen wir benachrichtigen. f) … wem der Schlüssel gehört. g) … wessen Schlüssel das ist. h) … worauf / auf was wir warten. i) … auf wen wir warten. j) … mit was / wie / womit wir fahren. k) … mit wem wir fahren. l) Manuela weiß nicht, ob wir sofort fahren. m) Manuela fragt ihn, ob er uns abholt.

**Übung 7** a) Weißt du, wer Theodor Fontane ist? b) Weißt du, wo der alte Goethe lebte? c) Weißt du, was für eine Stadt Bremen ist? d) Weißt du, was das „Tüpfelchen auf dem i" bedeutet? e) Weißt du, wie das Gebirge im Süden Deutschlands heißt? f) Weißt du, wie viele Meere es in Deutschland gibt?

**Übung 8** Im Nebensatz wandert das konjugierte Verb ans Satzende. Das konjugierte Verb kann sein: a) ein Vollverb b) ein Modalverb c) ein Hilfsverb.

**Übung 9** a) Ja, das ist meine. b) Ja, das ist meiner. c) Ja, das ist meines / meins. d) Ja, das sind meine. e) Ja, das ist meine. f) Ja, das ist meiner. g) Ja, das ist meiner. h) Ja, das sind meine. i) Ja, das ist ihre. j) Ja, das sind seine. k) Ja, das ist unseres. l) Ja, das ist unsere.

**Übung 10** a) Erich, ist das deine? b) Monika, ist das deines/deins? c) Frau Ullrich, ist das ihre? d) Peter, ist das deine? e) Peter und Monika, sind das eure? f) Fritz, ist das deines? / deins? g) Herr Paulsen, ist das ihrer? h) Claudia, ist das deiner? i) Wolf und Isa, sind das eure? j) Kurt, sind das deine?

**Übung 11** a) das alte Haus – unser altes Haus – Das ist unseres. b) der alte Kassettenrekorder – mein alter Kassettenrekorder – Das ist meiner. c) der neue Koffer – dein neuer Koffer – Das ist deiner. d) das schwere Gepäck – euer schweres Gepäck – Das ist eures. e) die schöne Kamera – seine schöne Kamera – Das ist seine. f) der teure Kugelschreiber – ihr teurer Kugelschreiber – Das ist ihrer. g) der weiße Bademantel – mein weißer Bademantel – Das ist meiner. h) das gelbe T-Shirt – sein gelbes T-Shirt – Das ist seines. / seins. i) die engen Jeans – ihre engen Jeans – Das sind ihre. j) die bequemen Turnschuhe – unsere bequemen Turnschuhe – Das sind unsere.

**Übung 12** a) Ich brauche ein neues Fahrrad. Meines/Meins hat keine Gangschaltung. b) Ihr braucht eine neue Kamera. Eure ist schon zu alt. c) Er braucht einen dicken Pullover. Seiner ist zu dünn. d) Du brauchst einen neuen Badeanzug. Deiner ist nicht mehr schön. e) Meine Eltern brauchen einen neuen Koffer. Ihrer hat keine Räder. f) Sie braucht einen neuen Reisewecker. Ihren hat sie verloren.

**Übung 13** du, deinen Ausweis, Den, ich, Man; euer Autoschlüssel, unserer, Den, ich; dir, die Sonnenbrille, Die, Meine; das Portmonee, Das, es; T-Shirts, das, deine, das, meine, deine Sachen

**Übung 14** a) Der kopiert viel zu langsam. b) Der ist viel zu klein. c) Die ist nicht hell genug. d) Der ist nicht leistungsfähig genug. e) Das ist viel zu alt. f) Die ist viel zu unmodern.

**Übung 15** a) Der ist viel zu teuer. b) Auf dem kann ich nicht sitzen. c) Ja, den brauchen wir dringend. d) Die sind nicht schöner als die alten. e) Ja, die können wir gebrauchen. f) Ja, von denen brauchen wir zwanzig Stück. g) Die kenne ich. Mit der war ich nicht zufrieden. h) Das ist schön. Von dem nehmen wir drei Stück.

**Übung 16** a) Der ist aber schön! b) Das ist aber modern! c) Die ist ja supermodern! d) Ach was, das ist viel zu bunt. e) Ach was, der ist viel zu unpraktisch. f) Ach was, die sehen doch unnatürlich aus. g) Das ist nicht sicher. Das werden wir sehen. h) Ich glaube, unsere Kinder haben dieselben. – Nein, sie haben nicht dieselben, sie haben die gleichen. i) Jetzt hast du zwei Mal dasselbe erzählt. j) Hans ist derjenige, der im Haus alles repariert.

**Übung 17** **Den** ... – **Das** ist unserer. **Den** ... – **Die** sieht teuer aus. **Meine** ist ... – **Das** ist meins. Sind **das** deine? Ja **das** sind meine.
Redewendungen: **Das** ist ein heißes Eisen. (ein heikles Thema, das man vorsichtig behandeln muss) **Das** schlägt dem Fass den Boden aus. (etwas Unerhörtes, Unverschämtes)

**Übung 18** b) ein Motor, der läuft c) die Sonne, die aufgeht d) ein Flugzeug, das startet e) ein Geschäft, das gut geht f) die Arbeiter, die streiken g) Preise, die steigen

**Übung 19** b) ein Fest, das gelungen ist c) eine Ausstellung, die gut besucht ist d) Wäsche, die frisch gewaschen ist e) Liebe, die verboten ist

**Übung 20** a) Eine Büroangestellte ist eine Frau, die in einem Büro angestellt ist. b) Ein Reisewecker ist ein Wecker, den man auf eine Reise mitnehmen kann. c) Ein Fahrradhändler ist jemand, der mit Fahrrädern handelt. d) Ein Hotelschlüssel ist ein Schlüssel, den man für sein Hotelzimmer bekommt. e) Reiseerlebnisse sind Erlebnisse, die man auf einer Reise hat. f) Ein Holzhäuschen ist ein kleines Haus, das aus Holz gebaut ist. g) Ein Anmeldeformular ist ein Formular, mit dem man sich anmelden kann.

**Übung 21** a) Wie gefällt dir die Kamera? Du suchst doch eine. Ich brauche keine. b) Wie gefällt euch der Küchenschrank? Ihr sucht doch einen. Wir brauchen keinen. c) Wie gefallen euch die Stühle? Ihr sucht doch welche. Wir brauchen keine. d) Wie gefällt dir der Geschirrspüler? Du suchst doch einen. Ich brauche keinen. e) Wie gefällt dir die Mikrowelle? Du suchst doch eine. Ich brauche keine. f) Wie gefällt euch der

Tisch? Ihr sucht doch einen. Wir brauchen keinen. g) Wie gefällt dir das Geschirr. Du suchst doch welches? Ich brauche kein(e)s. h) Wie gefällt euch der Fernseher? Ihr sucht doch einen. Wir brauchen keinen. i) Wie gefällt Ihnen die Kaffeemaschine? Sie brauchen doch eine. Ich brauche keine.

**Übung 22** a) Das ist jemand, der auch abends und am Wochenende arbeitet. b) Das ist jemand, der keine Pause nach der Büroarbeit macht. c) Das ist jemand, dessen Gedanken immer um die Arbeit kreisen. d) Das ist jemand, der seine Freundin vergisst. e) Das ist jemand, der keine Feste mag. f) Das ist jemand, für den Freizeit ein Fremdwort ist. g) Das ist jemand, der in der Freizeit Schuldgefühle hat. h) Das ist jemand, der den Stress braucht. i) Das ist jemand, der nichts liegen lassen kann. j) Das ist jemand, der für alles länger als andere braucht.

**Übung 23** a) Derjenige, der als Letzter geht, muss das Licht ausmachen. b) Keiner verlässt den Raum! Wo ist ...? c) Was ist hier eigentlich los? d) Etwas stimmt hier nicht. e) Alles in Ordnung! Keine Panik! f) Nichts passiert.

**Übung 24** a) Der Nominativ lautet: einer. b) Dieses unbestimmte Pronomen bezeichnet etwas Allgemeines. c) Das macht mir nichts. Das freut mich. Das kann mir egal sein.

**Übung 25** 1. Herr Schuster hat schon drei Mal in Augsburg angerufen. Er möchte Herrn Oertl sprechen. 2. Keiner ist ans Telefon gegangen. 3. Er hat auch seine Privatnummer. 4. Die ruft er dann an. 5. Auch dort geht niemand ans Telefon. 6. Es ist immer dasselbe. 7. Wieder nichts. 8. Herr Schuster ist verzweifelt. Was für ein Tag. 9. Da kommt ihm eine Idee. In Bayern ist bestimmt wieder ein Feiertag. 10. Alle sind auf dem Weg in die Berge und an die Seen.

**Übung 26** Mein, ich, Sie, etwas, worum, es, Ich, jemand, der, Das, ich, Unsere, Ihr, welcher, Sie, was für, Sie, Ich, ich, Sie, Sie, meinen, Das, Sie, mich

Ich, Es, niemand, Ich, mich, wen, Sie, er, seine, Sie, die, Das, Was, alle

# IX. Präpositionen

**Übung 1** a) In der Nähe von Dipfelfingen. b) Dipfelfingen liegt bei Holzkirchen. c) Das ist zehn Kilometer südlich von München. d) Von Holzkirchen nach Dipfelfingen geht eine Landstraße. e) Bis Entenhausen sind es noch drei Kilometer. f) Das ist ein schöner Ausflug mit dem Fahrrad.

**Übung 2** a) Vom Sportplatz. b) Vom Baden. c) Aus der Schule. d) Aus dem Kino. e) Von Frau Müller. f) Von der Arbeit. g) Aus der Fabrik. h) Aus dem Wasser.

a) Zum Sportplatz. b) Zum Baden. c) In die Schule. d) Ins Kino. e) Zu Frau Müller. f) Zur Arbeit. g) In die Fabrik. h) Ins Wasser.

**Übung 3** a) Mit einem bequemen Reisebus. b) Mit dem eigenen Auto. c) Mit der Deutschen Bahn. d) Mit dem schnellsten Verkehrsmittel, mit dem Flugzeug. e) Mit dem Fahrrad. f) Mit dem Schiff.

**Übung 4** a) Nehmen Sie zuerst den Zug ab Hauptbahnhof. b) Fahren Sie in Richtung Holzkirchen. c) Steigen Sie in Holzkirchen um. d) Fahren Sie mit dem Bus. e) Dann kommen Sie durch Dipfelfingen. f) Gehen Sie am besten die letzten zwei Kilometer zu Fuß.

**Übung 5** a) Wir fahren mit den Kindern / … ohne die Kinder. b) Wir verreisen mit großem Gepäck. / … ohne großes Gepäck. c) Ich fahre mit der Familie. / … ohne die Familie. d) Ich komme mit meinem Hund. / … ohne meinen Hund. e) Ich komme mit meiner Freundin. / … ohne meine Freundin. f) Ihr fahrt doch mit eurem Campingbus? / … ohne euren Campingbus?

**Übung 6** a) bis in die Innenstadt b) bis zum Bahnhof c) bis zur Haltestelle d) bis an die Nordsee / bis zur Nordsee e) bis in die Alpen f) bis nach Australien g) durch Amerika h) einmal um die Welt i) zum Mond j) zu den Sternen

**Übung 7** a) aus dem Haus b) zum Metzger c) mit dem Schiff d) zu den Großeltern e) aus der Schweiz f) nach Kärnten in Österreich g) zum Gärtnerplatz h) in die Salzburger Straße i) aus dem Bad j) in die Volkshochschule, zur Volkshochschule

**Übung 8** Das Gebäude ist ein Bahnhof.

**Übung 9** a) in der Garage b) auf der Terrasse c) im Keller d) auf dem Dach e) im Garten f) auf der Treppe g) im Hof h) im Bad i) in der Dusche j) in der Küche k) im Wohnzimmer l) auf der Toilette m) in der Badewanne

**Übung 10** a) im Sessel b) auf der Couch c) auf dem Stuhl d) am Ofen e) an der Heizung f) auf der Bank

**Übung 11** a) auf der / in der / bei der Sparkasse/Bank. b) auf der / in der / bei der Post. c) bei den Eltern. d) auf der Autobahn. e) im Restaurant. f) im Zug. g) bei meinem Freund. h) bei Claudia.
Merke: Bei Personen sagt man *bei.*

**Übung 12** a) Nach Hause. b) In den Süden. c) Nach Polen. d) In die Tschechische Republik. e) Nach Asien. f) In die Vereinigten Staaten / In die USA.

**Übung 13** a) Aus dem / Vom Supermarkt. Im Supermarkt. Zum / In den Supermarkt. b) Aus der / Von der Bank. Auf der / In der Bank. In die / Zur Bank. c) Vom Arzt. Beim Arzt. Zum Arzt. d) Aus dem Büro. Im Büro. Ins Büro. e) Vom Baden. Beim Baden. Zum Baden. f) Aus dem Schwimmbad. Im Schwimmbad. Ins Schwimmbad. g) Von meiner Schwester. Bei meiner Schwester. Zu meiner Schwester. h) Vom Karlsplatz. Auf dem / Am Karlsplatz. Zum Karlsplatz.

**Übung 14** a) Wir stehen nicht vor 9 Uhr auf. b) Dann frühstücken wir bis 10. c) Danach fahren wir an einen See oder in die Stadt zum Einkaufen oder steigen auf einen Berg oder rennen durch den Wald oder fahren zu Freunden oder bleiben zu Hause.

**Übung 15** a) Gehen Sie zuerst geradeaus bis zur Kirche. b) Dann um die Kirche herum. Hinter der Kirche ist die Verdistraße. c) Die Verdistraße gehen Sie geradeaus bis zum Alpenplatz. d) Vom Alpenplatz bis zu der kleinen Brücke ist es nicht weit. e) Gehen Sie über die Brücke. f) An der großen Schule vorbei. g) Dann sehen Sie den Aussichtsturm auf einem kleinen Berg. h) Gehen Sie durch den Wald den Berg hoch bis zum Aussichtsturm.

**Übung 16** a) Butter und Wurst sind im Kühlschrank. b) Fertiggerichte sind in der Tiefkühltruhe. c) Handtücher habe ich ins Bad gehängt. d) Getränke findest du im Keller. e) Die Bettwäsche liegt auf dem Bett. f) Die Fahrräder stehen hinter dem Haus.

**Übung 17** a) Warum stellst du das Fahrrad nicht in den Keller? Es steht doch schon im Keller. – Ach so, entschuldige! b) Warum räumst du das Geschirr nicht in den Schrank? Es steht doch schon im Schrank. c) Warum setzt du dich nicht bequem auf die Couch? Ich sitze lieber auf dem Stuhl. d) Warum hängst du den Mantel nicht an die Garderobe? Der hängt doch an der Garderobe. e) Warum stellst du die Schuhe nicht vor die Tür? Die stehen doch vor der Tür. Hast du die nicht gesehen? f) Warum legst du dich nicht in den Liegestuhl? Ich habe doch zwei Stunden im Liegestuhl gelegen.

**Übung 18** a) im Jahr 2000 b) in einer Stunde c) um Mitternacht d) an einem Sonntag e) am Wochenende f) in der nächsten Woche g) im Frühling h) am frühen Morgen i) zu Ostern j) in 14 Tagen k) zur Zeit Napoleons

**Übung 19** a) Die liegt auf dem Tisch. b) Das ist in deiner Aktentasche. c) Die liegt auf der Couch. d) Der liegt in der zweiten Schublade. e) Der ist im Keller. f) Das Werkzeug gehört ins Regal. g) Die Zeitungen gehören in den Papierkorb. h) Die schmutzige Tischdecke gehört in die Wäsche. i) Das kaputte Glas gehört in den Mülleimer. j) Der Abfall gehört in die verschiedenen Abfalltonnen.

**Übung 20** a) Er lacht aus vollem Hals. b) Er kriecht auf allen Vieren. c) Er spricht mit vollem Mund. d) Er träumt mit offenen Augen. e) Er fällt aus der Rolle. f) Er kommt gleich an die Reihe.

**Übung 21** a) etwas nicht übers Herz bringen. Wir haben es nicht übers Herz gebracht. b) jemanden ins Herz schließen. c) etwas auf dem Herzen haben d) sich etwas zu Herzen nehmen e) das Herz auf dem rechten Fleck haben f) jemandem etwas ans Herz legen

**Übung 22** Herkunft: aus, von
Ort: entlang, um, ab, bei, gegenüber, außerhalb, innerhalb, an, auf, hinter, in, neben, unter, vor, zwischen
Richtung: bis, durch, gegen, nach, zu an, auf, hinter, in, neben, unter, vor, zwischen

**Übung 23** Zeitpunkt: gegen, um, nach, von, zu, während, an, auf, in, vor, zwischen
Zeitdauer: bis, für, ab, seit, über

**Übung 24 a)** Wechselpräpositionen sind: über, in, vor, an, zwischen

**Übung 24 b)** 1) für die Leser 2) Auf dem schnellsten Weg 3) an die Ostsee 4) mit Augsburg Airways 5) im ... Flugzeug 6) für Sie 7) mit max. 37 Passagieren

**Übung 24 c)** durch das Land der Magyaren, Für die Leser, Dank seiner Geschichte, in Ungarn, neben barocken Kirchen und Schlössern, aus türkischer Zeit, neben Ziehbrunnen und Csardas, zu der Weite der Puszta, mit ihren verstreuten Gasthöfen, am Plattensee, in eine mediterrane Landschaft, auf dieser Reise, im Salonbus, in guten Hotels, in Budapest

**Übung 24 d)** Aus dem Reiseführer, Von Garmisch-Partenkirchen, auf die Zugspitze, vom Bahnhof Garmisch, mit der Bahn, durch das Dorf Grainau, am Eibsee entlang, zum Schneefernerhaus, in 2650 m Höhe, Von dort, auf den 2963 m hohen Gipfel, mit dem Auto, zum Eibsee, in die Seilbahn, Bei gutem Wetter, von Deutschlands höchstem Berg, Von Einsamkeit in der Natur, für Hunderte von Touristen, Bis zum Gipfelkreuz

# X. Adverbien

**Übung 1** c) Du siehst auch ausgeschlafen aus. d) Du siehst auch nicht müde aus. e) Du siehst auch topfit aus. f) Du hast auch gestresst ausgesehen. g) Du hast auch nervös ausgesehen. h) Du hast auch schlecht gelaunt ausgesehen.

**Übung 2** a) Heute ist er rückwärts in eine Parklücke gefahren. b) Vorwärts ist es einfacher. Das kann er schon. c) Er ist zuerst den Berg raufgefahren, dann wieder runter. Am Berg hat er gestoppt. d) Er ist zuerst rechts eingebogen, dann links. e) Mitten auf der Kreuzung hat er den Motor abgewürgt. f) Von rechts ist nämlich ein Auto gekommen. g) Er hat nach vorn geschaut und das Auto nicht gesehen. h) Plötzlich kamen von überall her viele Autos und es gab ein großes Chaos. i) Trotzdem ist er bald mit dem Führerschein nach Hause gekommen.

**Übung 3** a) Hast du jemals gedacht, dass wir noch einmal hierher kommen? b) Wir haben neulich mit dem alten Herrn gesprochen. Er hat erzählt, dass er früher zur See gefahren ist. c) Ich habe jetzt keine Zeit. Kannst du später noch einmal vorbeikommen? Kein Problem. Ich komme dann gegen drei. d) Du bist nie zu Hause und zum Essen kommst du immer zu spät. Ich bin abends oft weg, das stimmt. Am Nachmittag bin ich aber fast immer da und mache Schulaufgaben. e) Wir essen gleich und nachher gibt's einen Pudding. Ich muss aber jetzt weg! / Wir essen jetzt und nachher gibt's einen Pudding. Ich muss aber gleich weg. f) Ich wasche jetzt ab. Du kannst inzwischen mit Christine spielen.

**Übung 4** a) Ich komme sofort. b) Wir waren kürzlich / vor kurzem bei Neumanns. c) Heike hat gerade / eben angerufen. d) Habt ihr später noch etwas Zeit? e) Was machen wir danach? / hinterher? f) Fritz ruft kaum an.

**Übung 5** a) Bitte kommen Sie doch rein. b) Karla ist gerade unten im Keller. c) Der Verkehr von rechts hat Vorfahrt. d) Tut mir Leid, ich muss jetzt nach Hause. e) Wir sind eingeladen. Gehst du hin? f) Ralph hat bereits / vorhin / vor kurzem seinen Führerschein gemacht. g) Zuerst kam er oft / immer, dann immer seltener. h) Du musst die Tropfen morgens nehmen. i) Es ist schon ziemlich spät. j) Zuerst wollte er nicht, dann hat er überlegt, danach hat er noch gezögert, zuletzt war er fast dafür und schließlich hat er ja gesagt.

**Übung 6** a) Er hat wahrscheinlich den Bus verpasst. / Wahrscheinlich hat er den Bus verpasst. b) Sie hat vor kurzem die Prüfung gemacht. / Vor kurzem hat sie die Prüfung gemacht. c) Danke, ich habe gerade gegessen. d) Siehst du, er hat doch Recht. e) Es hat gestern hier auf dem Tisch gelegen. / Gestern hat es hier auf dem Tisch gelegen. f) Zuerst war sie ruhig. Dann taute sie auf.

**Übung 7 b)** Manchmal – sind – es – sogar – sechs Ampeln – auf 500 Meter. Verkehrsexperten – halten – sie – aber – trotz Staugefahr – wegen der hohen Verkehrsdichte – für notwendig. Ein Versuch der Versicherungen – ergab – dass – bei abgeschalteten Ampeln – die Unfallzahlen – auf das Drei- bis Achtfache – steigen. In der Bundesrepublik – sind – etwa 50 000 Kreuzungen – mit Ampeln – geregelt. Der Kauf einer Anlage – kostet – rund 100 000 Mark. Wartung und Strom – kosten – jährlich – bis zu 30 000 Mark.

**Übung 8** a) Sie macht deshalb eine Fortbildung. b) Er macht trotzdem das Abitur. c) Er hilft gleichzeitig im Betrieb seines Vaters. d) Er macht danach den Zivildienst. e) Sie ist nämlich schon viele Jahre in der Firma. f) Sie hat dadurch viel Erfahrung.

**Übung 9** a) Deshalb macht Sie eine Fortbildung. b) Trotzdem macht er das Abitur. c) Gleichzeitig hilft er im Betrieb seines Vaters. d) Danach macht er den Zivildienst. f) Dadurch hat sie viel Erfahrung.
Satz e) kann man nicht umformen.

**Übung 10** a) Warum? Wie spät ist es denn? b) Ach, ist er denn schon achtzehn? c) Kommt er denn aus Bayern? d) Das stimmt nicht. Was willst du denn? e) Ja was gibt es denn? f) Was ist denn passiert?

**Übung 11** a) Das ist doch der Schumacher. b) Kommen Sie doch mit! c) Nimm doch den Bus! d) Frag doch mal den Mann da! e) Das ist doch nicht wahr. f) Das macht doch nichts.

**Übung 12** a) Du hast ja Nerven! b) Das ist ja phantastisch. c) Du hast ja gar kein Geld. d) Ich komme ja schon. e) Du hast ja Recht.

**Übung 13** Kennen Sie Vorurteile? – Und ob! Sie etwa nicht? – Klar. Geben Sie mal ein Beispiel. – Es heißt, das meiste Bier kommt aus München. –

Das ist doch richtig, oder etwa nicht? – Nein, das meiste Bier kommt aus Dortmund, nicht aus München. Die Dortmunder produzieren circa 6 Millionen Hektoliter im Jahr, die Münchner aber nur 5,5 Millionen. Die Hauptstadt des Biers liegt also in Nordrhein-Westfalen. Zweites Vorurteil: Stierkampf ist eine spanische Erfindung. – Aber, das stimmt doch. – Falsch. Stierkampf ist keine spanische Erfindung. Schon die Römer und sogar die Chinesen haben Stierkämpfe veranstaltet. – Aha. Sie sind also ein Spezialist! – Drittes Vorurteil: Blitz und Donner gehören zusammen. – Etwa nicht? – Nein. Die meisten Blitze, circa 40 Prozent, haben keinen Donner. Das haben Statistiker festgestellt. Und die Blitze gehen auch nicht alle vom Himmel zur Erde. – Wie denn sonst? – Viele gehen von der Erde zum Himmel. – Na, da können wir doch froh sein!

**Übung 14** a) Komm mal her! b) Frierst du denn nicht? c) Wirf doch die alten Zeitungen weg! / Wirf die alten Zeitungen doch weg! d) Frag mal den Schaffner, wann wir ankommen. / Frag den Schaffner mal, wann wir ankommen. e) Das ist vielleicht eine Pleite! f) Sei bloß vorsichtig! g) Sag einfach ja! h) Wir haben eben kein Glück.

Partikeln stehen meistens gleich nach dem Verb, manchmal auch nach dem Subjekt.

# XI. Satzverbindungen / Konnektoren

**Übung 1** a) Er ging durch die Straßen und es regnete. b) Es war dunkel und die Laternen brannten noch. c) Er ging am Rathaus vorbei und überquerte den Großen Platz. d) Schritte folgten ihm und er lief schneller. e) Die Schritte kamen näher und er lief zum Fluss hinunter. f) Er sah den Fluss und fühlte eine Hand an der Schulter.

**Übung 2** a) Edith wollte Malerin werden, aber sie hatte keinen Erfolg. b) Knut ist nicht im Büro, sondern beim Segeln. c) Er ist in Italien oder Slowenien. d) Sie hat sich bei der Lufthansa beworben, denn sie möchte Stewardess werden. e) Nina tanzt sehr gut und möchte Tänzerin werden. f) Sie möchte Tänzerin werden, aber zuerst macht sie die Schule fertig.

**Übung 3** a) Ein Brötchen heißt in Süddeutschland Semmel und in Berlin Schrippe. b) Viele meinen: Bairisch klingt gut und Sächsisch klingt nicht so gut. c) Das war einmal anders, denn Sächsisch galt im 17. Jahrhundert als sprachliches Vorbild. d) „Hart arbeiten" oder „schuften" heißt „roboten" oder „wurachen" in Sachsen und „wurzeln" und „haudern" in Hessen und „schinageln" in Schwaben und Bayern. e) Unser Lehrer spricht mehrere Sprachen und verschiedene Dialekte. f) Die Bäuerin spricht Dialekt, aber kein Hochdeutsch.

**Übung 4** a) Ich binde mir eine Krawatte um, wenn ich heirate. ..., wenn ich mich vorstellen muss. ..., wenn ich einen guten Eindruck machen will. b) Ich binde mir keine Krawatte um, wenn ich Urlaub habe. ..., wenn ich keine Lust habe. ..., wenn ich ein wenig schockieren möchte.

**Übung 5** a) Ich fühle mich so richtig wohl, wenn ich Besuch von Freunden habe. b) ..., wenn mein Fußballclub gewonnen hat. c) ..., wenn es nur einen Tag regnet und die Sonne dann wieder scheint. d) ..., wenn 40 Jahre alt kein Thema ist. e) ..., wenn meine Partei die Wahlen gewinnt. f) ..., wenn mich Freunde nach einem guten Essen nach Hause fahren.

**Übung 6** a) Ich fahre nach Ägypten, weil die Pyramiden hoch sind und die Sonne schön heiß ist. b) Ich fahre nach Kiribati, weil niemand weiß, wo das liegt. c) Ich fahre nach Bayern, weil die Berge dort am höchsten sind. d) Ich fahre nach Spitzbergen, weil ich auch mal Eisberge sehen will. e) Ich fliege nach Spanien, weil alle Nachbarn schon dort waren. f) Ich mache eine Schiffsfahrt, weil ich mich einmal richtig ausschlafen möchte.

**Übung 7** a) Berlin, weil die Stadt die größte Baustelle der Welt ist. b) Hamburg, weil die Nächte dort lang sind. c) Köln, weil das Kölsch so gut schmeckt. d) München, weil das Oktoberfest dort stattfindet. e) Trier, weil man überall römischen Ruinen begegnet. f) Dresden, weil ich alles über die Frauenkirche wissen muss. g) Hinteroberbergheim, weil Sie bestimmt nicht wissen, wo das liegt. h) Füssen, weil ich das Schloss Neuschwanstein sehen will. i) Bad Birnbach, weil dort aufregend wenig los ist und ich mich richtig erholen kann. j) Frankfurt, weil es dort Deutschlands höchste Hochhäuser gibt.

**Übung 8** a) Fassen Sie nie ein Elektrogerät an, wenn Sie nasse Hände haben oder wenn Sie auf nassem Boden stehen. b) Prüfen Sie, wo elektrische Leitungen in der Wand sind, bevor Sie die Bohrmaschine bedienen. c) Benutzen Sie kein elektrisches Gerät beim Baden, weil das lebensgefährlich ist. d) Wenn Sie sich mit einer heißen Flüssigkeit den Mund verbrannt haben, hilft Butter oder süße Sahne. e) Lassen Sie nie Zigaretten liegen, damit Kleinkinder sie nicht verschlucken. f) Achtung mit Plastiktüten, weil Kinderspiele tödlich sein können, wenn Kinder diese Tüte vor Mund und Nase pressen. g) Rasenpflege ist einfach, seitdem es Rasenmäher gibt. h) Fassen Sie nie in die Messer des Rasenmähers. Es könnte sein, dass sie sich noch drehen, obwohl das Gerät schon ausgeschaltet ist.

**Übung 9** a) 3 Infinitivsatz b) 2 Kausalsatz c) 4 Indirekter Fragesatz d) 5 *dass*-Satz e) 4 Indirekter Fragesatz f) 1 Relativsatz
Alle Sätze haben einen Nebensatz.

**Übung 10 a)** 1. Wenn man Zwiebeln zwei Minuten in kochendes Wasser legt, kann man sie besser schälen. 2. Wenn man Gewürze in Olivenöl legt, halten sie länger. 3. Da Öle empfindlich gegen Licht sind, sollte man Senf in den Kühlschrank tun. 4. (In diesem Satz ist der Nebensatz schon auf Position I). 5. Wenn Sie einen reifen Apfel mit in die Papiertüte tun, reifen Kiwis schneller. 6. Wenn Sie Paranüsse 10 Minuten bei 200 Grad erhitzen, lassen sie sich leichter knacken.

**Übung 10 b)** Der Nebensatz steht am Anfang in Satz 5, 6, 9 und 10. Nach dem Komma steht immer das Verb.

**Übung 10 c)** Seit Jahren lerne ich Deutsch in der Schule. Aber es wird noch etwas dauern, bis ich es richtig kann. Ich glaube, jeder Mensch ist so wie die Sprache, die er spricht. Französisch zum Beispiel ist eine schöne Sprache, die aber ein bisschen affektiv wirkt. Englisch klingt trocken und pointiert wie die Engländer. Deutsch klingt in meinen Ohren exakt, kantig, praktisch wie ein Automotor. Passt zu einem Land, in dem jede Familie ungefähr zwei Autos in der Garage hat. In unserem Deutschbuch ist sogar ein ganzes Kapitel über das Auto. Damit haben wir das Passiv gelernt und Vokabeln wie ein Automechaniker. Wenn ich in ein paar Wochen mein Abschlussexamen habe, werde ich an der Uni anfangen. Weil wir in Polen neben Englisch auch Deutsch brauchen, möchte ich auch nach Deutschland fahren und mich auf Deutsch unterhalten, damit ich später Deutschlehrerin werden kann.

# XII. Das Verb (2)

**Übung 1** a) Christine möchte Schi fahren lernen. b) Christine und Gerhard beschließen, in Schiurlaub zu fahren. c) Sie hat immer Angst, hinzufallen und sich etwas zu brechen. d) Sie hat vor, einen Kurs zu machen. e) Dort braucht sie keine Angst zu haben. f) Sie lässt sich vom Schilehrer die Übungen zeigen. g) Sie vergisst immer, sich auf den richtigen Schi zu stellen. h) Sie beschließt, schneller zu fahren. i) Das scheint leichter zu gehen. j) Sie fängt an, ehrgeizig zu werden. k) Zum Schluss möchte sie eine Privatstunde nehmen. l) Sie hat das Gefühl, schon sicherer zu sein.

**Übung 2** Ich fliege mit dem Paragleiter. Ich fliege mit dem Drachen. Ich boxe. Ich klettere auf Berge. Ich fliege mit dem Segelflugzeug. Ich spiele Fußball. Ich springe mit dem Fallschirm. Ich spiele Eishockey. Ich fahre Kanu und Kajak. Ich tauche. Ich mache Schitouren. Ich mache Snowboarding. Ich mache Rafting.

Es ist am gefährlichsten, mit dem Paragleiter zu fliegen und mit dem Drachen zu fliegen. Es ist sehr gefährlich, zu boxen. Es ist gefährlich, zu klettern, mit dem Segelflugzeug zu fliegen, Fußball zu spielen und Fallschirm zu springen. Fast genauso gefährlich ist es, Eishockey zu spielen. Es ist weniger gefährlich Kanu und Kajak zu fahren und zu tauchen. Am wenigsten gefährlich ist es, Schitouren, Snowboarding und Rafting zu machen.

**Übung 3 a)** 80 % der Menschen schlucken und sagen nichts, wenn sie Stress und Ärger haben. 67 % reden mit Freunden darüber, während 60 % sich sportlich betätigen. 55 % machen Spaziergänge und 50 % werden wütend. 31 % trinken Alkohol und nur 5 % meditieren.

**Übung 3 b)** Der Schispezialist rät, zuerst die müden Knochen auf Trab zu bringen und Schigymnastik zu machen. Er schlägt vor, die schönsten Schiorte nachzuschlagen und rechtzeitig das Hotel zu buchen. Er empfiehlt, bei Sportgeräten auf Qualität zu achten. Er rät, nicht Schlange zu stehen, sondern neue Pisten auszuprobieren und etwas Neues auszuprobieren, z.B. Snowboarden.

**Übung 4** a) Wir empfehlen Ihnen, das neueste Schimodell zu kaufen. b) Wir raten allen, nicht außerhalb der Piste zu fahren. c) Die Sportlerin glaubt gewinnen zu können. d) nicht möglich e) nicht möglich f) Sie verspricht ihr Bestes zu geben.

**Übung 5** a) Die Freunde treffen sich, um zu diskutieren. b) Sie machten Lesungen, um / ohne / anstatt zu diskutieren und zu kritisieren. c) Anstatt zu arbeiten, feierten sie oft. d) Sie bildeten eine Gruppe, ohne ein Programm zu haben. e) Sie kamen zusammen, um Verantwortung zu zeigen. f) Anstatt die Politik zu kommentieren, verhielten sie sich passiv.

**Übung 6 a)** Infinitivkonstruktionen: um einander ihre Texte vorzulesen; die Rolle der Gruppe zu idealisieren, die Arbeit der Gruppe realistisch darzustellen

**Übung 6 b)** Infinitivkonstruktionen: um Deutsch zu lernen; die Märchen der Brüder Grimm zu lesen; etwas Schwieriges zu lesen; einen Krimi anzuschauen; um sich von den Infinitivkonstruktionen eines langen Schultags zu erholen.

Außerdem gibt es: weil ich sie gut verstehen kann (Kausalsatz); den ich schon auf Italienisch gelesen habe (Relativsatz); Wenn ich müde vom Sprachkurs heimkomme (Temporalsatz)

**Übung 7** a) Die Ware wird geliefert. Die Ware wurde geliefert. Die Ware ist geliefert worden. b) Der Angeklagte wird vernommen. Der Angeklagte wurde vernommen. Der Angeklagte ist vernommen worden. c) Der Fernseher wird repariert. Der Fernseher wurde repariert. Der Fernseher ist repariert worden. d) Die Straße wird gesperrt. Die Straße wurde gesperrt. Die Straße ist gesperrt worden. e) Das Konzert wird verschoben. Das Konzert wurde verschoben. Das Konzert ist verschoben worden. f) Das Auto wird verkauft. Das Auto wurde verkauft. Das Auto ist verkauft worden.

**Übung 8** a) Beim Alter wird am häufigsten gelogen. b) Auch die Haarfarbe wird nicht verraten. c) Die Größe wird höher angegeben. d) Das Gewicht wird geringer angegeben. e) Das Einkommen wird oft erhöht. f) Sehr oft wird beim Beruf übertrieben. g) Bei der Kinderzahl wird untertrieben. h) Die Hobbys werden abenteuerlich dargestellt.

**Übung 9** a) Die Wäsche muss gewaschen werden. b) Die Briefe müssen eingesteckt werden. c) Die Kinder müssen abgeholt werden. d) Die Blumen müssen gegossen werden. e) Die Wohnung muss aufgeräumt werden. f) Die Schuhe müssen geputzt werden.

a) Ich muss heute noch die Wäsche waschen. b) Ich muss die Briefe einstecken. c) Ich muss die Kinder abholen. d) Auch die Blumen muss ich noch gießen. e) Ich muss die Wohnung aufräumen. f) Ich muss die Schuhe putzen.

**Übung 10** a) 1820 wird in Preußen das Turnen verboten. b) 1810 wird in München das Oktoberfest gegründet. c) 1881 wird in Deutschland der erste Fernsprecher eingerichtet. d) 1906 wird in Paris der Hosenrock abgelehnt. e) 1878 wird die Postkarte von Heinrich Stephan eingeführt. f) 1948 wird der Staatsmann Mahatma Gandhi ermordet.

**Übung 11** Es wurde kurz gemeldet. Das Deutsche Museum wird international empfohlen. Eine Radlerin wurde angefahren und schwer verletzt. Die Konferenz wurde erfolgreich beendet.

Keine Passivformen sind: 60-Meter-Sturz überlebt; Flugzeug notgelandet; 300 Menschen erkrankt.

Regel: Überschriften sind oft Passivformen oder Perfektformen.

**Übung 12 a)** Passivsätze: Mehr als drei Millionen Exemplare wurden bis 1991 gebaut. – Um die Wendezeit wurde der Trabi noch begeistert gefeiert. – Die Produktion wurde eingestellt … – Fahrzeuge und Materialien wurden in Automobilmuseen ausgestellt. Einzelne Exemplare wurden poppig angemalt … – … die über den Trabant und seine Geschichte gedreht wurden.

Aktiv: Man baute bis 1991 mehr als 3 Millionen Exemplare. – Um die Wendezeit feierte man den Trabi noch begeistert. – Man stellte die Produktion ein … – Fahrzeuge und Materialien stellte man in Automobilmuseen aus – Einzelne Exemplare malte man poppig an, … – die man über den Trabant und seine Geschichte drehte.

**Übung 12 b)** Passivsätze: Ausgesprochen wird das Zeichen „ät", … – … wurden Kurzzeichen für häufig vorkommende Wörter erfunden. – So wurde das lateinische Wort „ad" durch ein Kurzzeichen ersetzt, … – … und wurde **von Buchhaltern** benutzt. – Am PC wird das Zeichen aufgerufen mit den Tasten „Alt-GR" und „Q" oder „Alt+Shift" und „1".

Aktiv: Man spricht das Zeichen „ät" aus, … – … erfand man Kurzzeichen für häufig vorkommende Wörter. – So ersetzte man das lateinische Wort „ad" durch ein Kurzzeichen, … – … und Buchhalter benutzten es. – Am PC ruft man das Zeichen mit den Tasten „Alt-GR" und „Q" oder „Alt+Shift" und „1" auf.

**Übung 12 c)** Passivsätze: ... die in die Liste der „Welterbestätten" aufgenommen wurden. – Die Vorschläge werden von den einzelnen Staaten gemacht, ... – ... die von 147 Staaten unterschrieben wurde. – Über 500 Objekte in über 100 Ländern wurden in die Welterbeliste aufgenommen, ... – Der jeweilige Staat wird verpflichtet ...

Aktiv: ... die man in die Liste der „Welterbestätten" aufgenommen hat. – Die einzelnen Staaten machen die Vorschläge, ... – ... die 147 Staaten unterschrieben haben. – Man hat über 500 Objekte in über 100 Ländern in die Welterbeliste aufgenommen, ... – Man verpflichtet den jeweiligen Staat, ...

**Übung 13** a) Würdest du mir dein Auto borgen? b) Ich hätte gern ein Stück Kirschkuchen. c) Könntest du mir einen Löffel geben? d) Ich hätte gern Salz. e) Würdest du mal bitte still sein? f) Könntest du mich nach Hause bringen?

**Übung 14** a) Wenn ich doch schon Urlaub hätte. b) Wenn ich doch einen Hund hätte. c) Wenn der Bus doch kommen würde. / käme. d) Wenn ich doch nicht sparen müsste. e) Wenn Irene doch noch bleiben würde. / bliebe. f) Wenn Paul doch bald gesund wäre.

**Übung 15** a) Wenn ich musikalisch wäre, würde ich ein Klavier kaufen. b) Wenn ich malen könnte, würde ich dir ein Bild schenken. c) Wenn ich viel Geld hätte, würde ich ein Künstlerdorf bauen. d) Wenn ich das Wetter ändern könnte, würde ich am Wochenende die Sonne scheinen lassen. e) Wenn ich du wäre, würde ich Thomas heiraten. f) Wenn ich ein Flugzeug hätte, würde ich ans Ende der Welt fliegen.

**Übung 16** a) Du könntest mir öfters helfen. b) Du solltest weniger Fleisch essen. c) Christoph könnte mal wieder vorbeikommen. d) Die Geschäfte müssten länger aufhaben. e) Der Ober könnte höflicher sein. f) Das Essen müsste schon lange fertig sein.

**Übung 17** a) An deiner Stelle würde ich an die frische Luft gehen. b) Du solltest dich mit Freunden treffen. c) Ich würde ins Kino gehen. d) Wenn ich du wäre, würde ich 3 Tage wegfahren. e) Es wäre besser, wenn du etwas lesen würdest. f) Du könntest doch eine CD hören.

**Übung 18** a) Hättet ihr Lust auf die Zugspitze zu fahren? b) Wie wär's mit einer Radtour? c) Ich schlage vor, dass wir zur Oma fahren. d) Wir könnten gemütlich zu Hause bleiben. e) Was haltet ihr davon, wenn wir eine Wanderung machen? f) Wer hat etwas dagegen, wenn wir nach Trier fahren?

**Übung 19** a) irrealer Vergleichssatz b) Wunsch c) Vorschlag/Rat d) Fast wäre etwas passiert. e) Vorschlag/Rat f) Höfliche Frage (Indikativ)

**Übung 20 a)** sollten, könnte, dürfte, würde … tun

**Übung 20 b)** könnte, wäre, könnten, sollten, könnte, könnte

**Übung 21** a) ich gebe – ich gebe – ich gäbe b) sie hat – sie habe – sie hätte c) wir brauchen – wir brauchen – wir brauchten (wir würden brauchen) d) sie lesen – sie lesen – sie läsen (sie würden lesen) e) ich bin – ich sei – ich wäre f) er kommt – er komme – er käme (er würde kommen)

**Übung 22** a) In der Zeitung steht, dass die Regierung zurücktreten wolle. b) …, dass sie nicht mehr die Mehrheit habe. c) …, es im Parlament eine Debatte geben werde. d) Die Opposition sagt, dass sie sofort Reformen wolle. e) …, dass die Steuern gesenkt werden müssten. f) …, dass die Bürger die Preise nicht mehr bezahlen könnten.

a) In der Zeitung steht, die Regierung wolle zurücktreten. b) …, sie habe nicht mehr die Mehrheit. c) …, es werde eine Debatte im Parlament geben. d) Die Opposition sagt, sie wolle sofort Reformen. e) …, die Steuern müssten gesenkt werden. f) …, die Bürger könnten die Preise nicht mehr bezahlen.

**Übung 23 a)** Indirekte Rede: Sie sagt, dass sie das könne und sicher auch etwas finden werde. Langsam wisse sie, …

**Übung 23 b)** Claudia hat erzählt, dass sie früher Tischlerin werden wollte. Aber ihre Mutter war dagegen, weil es zu gefährlich ist. Jetzt sucht sie was als Verkäuferin. Da gibt es aber viele Bewerbungen.

Alle in der Klasse wissen, dass Claudia Tischlerin werden will. Sie sagt, dass ihre Mutter dagegen gewesen sei, weil es zu gefährlich sei. Jetzt suche sie was als Verkäuferin. Da gebe es aber viele Bewerbungen.

**Übung 24** Konjunktivformen: er habe; lege er; habe das Tier

Press sagte, dass er das Programm erst vor kurzem erweitert hat. Bei dieser Nummer legt er seinen Kopf in das Maul des hundert Kilogramm schweren Alligators. Diesmal hat das Tier ihn aber gerochen, Hunger bekommen und begonnen, die Zähne zu bewegen.

**Übung 25** Sätze mit indirekter Rede: Belegte Brote und Semmeln seien die Hauptgewinner beim Essen außer Haus gewesen. Mehr als ein Drittel aller Brote und Semmeln hätten die Bundesbürger unterwegs gegessen. Der Brotverbrauch zu Hause sei dagegen gleich geblieben.

Die Vereinigung Getreide-, Markt- und Ernährungsforschung teilte am Freitag in Bonn mit, dass belegte Brote und Semmeln die Hauptgewinner beim Essen außer Haus gewesen seien. Sie sagte außerdem, dass die Bundesbürger mehr als ein Drittel aller Brote und Semmeln unterwegs gegessen hätten, und ergänzte, dass der Brotverbrauch zu Hause dagegen gleich geblieben sei.

**Übung 26** Sätze mit indirekter Rede: Der Bundesverband der Industrie müsse schnell seinen Präsidenten nach Hause schicken, ... Henkel verletze die Tarifverträge. ..., dass er es für richtig halte, dass sich Ostdeutschland nicht an die Verträge halte und gegen sie verstoßen werde. ..., die Aussagen des BDI-Chefs seien „nicht zu akzeptieren".

**Übung 27** Michaela hat erzählt, dass sie Spanisch lernen möchte. ..., dass sie schon einen Kurs gemacht hat. ..., dass sie aber nicht weit gekommen ist. ..., dass sie jetzt zu Hause lernt. ..., dass sie im Sommer nach Spanien fahren will.

Michaela hat erzählt, sie möchte Spanisch lernen. Sie hat schon einen Kurs gemacht. Sie ist aber nicht weit gekommen. Sie lernt jetzt zu Hause. Im Sommer will sie nach Spanien fahren.

**Übung 28** a) Das könnte stimmen. b) Sie könnten Recht haben. c) Das müsstest du wissen. d) Das ließe sich machen. e) Das dürfte er nicht tun. f) Das könnte man riskieren.

**Übung 29** a) Das könnte vielleicht stimmen. b) Sie könnten vielleicht Recht haben. c) Das müsstest du bestimmt wissen. d) Das ließe sich bestimmt machen. e) Das dürfte er bestimmt nicht tun. f) Das könnte man bestimmt riskieren.

**Übung 30** a) Ich glaube, dass das stimmt. b) Ich glaube, dass Sie Recht haben. c) Ich glaube, dass du das wissen musst. d) Ich glaube, dass sich das machen lässt. e) Ich glaube, dass er das nicht tun darf. f) Ich glaube, dass man das riskieren kann.

**Übung 31** a) Ich werde mehr sparen. b) Ich werde früher ins Bett gehen. c) Ich werde gesünder essen. d) Ich werde mehr Sport treiben. e) Ich werde den Freunden helfen. f) Ich werde die Eltern oft besuchen.

Elisabeth hat also die Absicht, mehr zu sparen, früher ins Bett zu gehen, gesünder zu essen, mehr Sport zu treiben, den Freunden zu helfen und die Eltern oft zu besuchen.

**Übung 32** a) Er wird gespart haben. b) Er wird früh ins Bett gehen. c) Er wird viel Sport treiben. d) Er wird viel gearbeitet haben. e) Er wird zu Hause keinen Ärger haben. f) Er wird freundlich und hilfsbereit sein.

**Übung 33** a) Er vertraut auf sein Glück. b) Er spricht wenig über sich selbst. c) Er glaubt an die Freundschaft. d) Er hält sich nicht für den Größten. e) Er verzichtet auf Dinge, die er nicht braucht. f) Er kümmert sich um seine Mitmenschen.

**Übung 34** a) Glauben Sie an die Vernunft? b) Warten Sie auf ein Wunder? c) Verstehen Sie etwas von Pädagogik? d) Ärgern Sie sich über die Politik? e) Fürchten Sie sich vor den Folgen? f) Nehmen Sie an dem Seminar teil?

**Übung 35** a) Ich halte ihn für einen Betrüger. b) Sie erinnert mich an eine Schauspielerin. c) Über dich natürlich. d) Es riecht nach Benzin. e) Ich träume von der großen Liebe. f) Er freut sich über sein neues Fahrrad.

**Übung 36** a) Welche Hobbys haben Sie? b) Was interessiert Sie besonders? c) Wenn Sie noch einmal wählen könnten, für welchen Beruf würden Sie sich entscheiden? d) Zu welchem Beruf würden Sie mir raten? e) Wofür würden Sie kämpfen? f) Worüber unterhalten Sie sich am liebsten?

**Übung 37** a) Madeleine interessiert sich für das Angebot. Sie interessiert sich dafür. b) Boris entschuldigt sich für den Fauxpas. Er entschuldigt sich dafür. c) Katinka bedankt sich für die Glückwünsche. Sie bedankt sich dafür. d) Pavel lacht über den Witz. Er lacht darüber. e) Guy verlässt sich auf sein Glück. Er verlässt sich darauf. f) Olga hält nicht viel von der Schule. Sie hält nicht viel davon. g) Sophia beschäftigt sich mit Sternkunde. Sie beschäftigt sich damit.

**Übung 38** a) Sie verlässt sich total auf ihn. b) Ich streite doch nicht mit Ihnen. c) Ich habe mich doch schon bei Ihnen bedankt. d) Ich passe schon seit Stunden auf sie auf. e) Sprich du mit ihr! f) Ich erinnere mich genau an ihn. Warum fragst du?

**Übung 39** a) Wofür ist Bayern bekannt? Nicht nur fürs Bier, auch für Schlösser, Landschaften und seine Industrie. b) Woran erkennen Sie eine Burg? An dem Burgturm. c) Er ist 1759 in Marbach geboren und 1805 in Weimar gestorben. Er lernte Arzt und wurde Historiker. Als was ist er berühmt? Als Dichter (Friedrich Schiller). d) Wer wagt, gewinnt. Worum geht es hier? Das ist ein Spruch. Er bedeutet, dass man etwas wagen muss, um zu gewinnen. Wer nichts tut, kann auch nichts erreichen. e) Die Stichwörter lauten: Vater, Sohn, Apfel, Schweiz. Um welches Stück handelt es sich? Um den „Wilhelm Tell" von Friedrich Schiller. f) Wofür sind Kurt Weill und Hanns Eisler berühmt? Für die Musik zu Stücken von Bertolt Brecht. g) „Sie sind ein Herz und eine Seele." Was bedeutet das und woher stammt der Spruch? Er bedeutet, sie verstehen sich sehr gut. Er stammt aus der Bibel. h) Woher kommen die grammatischen Bezeichnungen? Aus der lateinischen Grammatik. i) Das Stichwort lautet: „Schöne, blaue Donau." Woran denken Sie? An die Operette des österreichischen Komponisten Richard Strauß. j) Was ist ein Heurigenlokal und wo gibt es das? Das ist ein Weinlokal in Österreich.

# Register

Die Ziffern beziehen sich auf die Nummerierung am Buchrand.

# Übersicht über Hörtexte und mündliche Übungen

Viele Übungen finden Sie auch auf den Kassetten oder CDs.
Kassetten: Teil 1, Basisübungen ISBN 3–19–017447–4
CDs: Teil 1, Basisübungen ISBN 3–19–027447–9

Sie können die Texte hören, Ihre Lösungen kontrollieren und mündlich üben.

I. **Das Verb (1)**
Übungen 2, 4, 5, 6, 7, 9, 10, 11, 13, 14, 15a, 15b, 15c, 20, 21, 22, 25, 26, 28, 30, 33, 35, 37, 40, 41, 43, 46, 49, 50a, 50b, 53, 54, 58a, 58b, 59, 60, 61, 63

II. **Das Substantiv**
Übungen 4, 5, 11, 15, 21, 24, 25

III. **Artikelwörter**
Übungen 2, 3, 4, 5, 7a, 7b, 7c

IV. **Die Personalpronomen**
Übungen 1, 2, 3, 4, 6, 9

V. **Die Possessivartikel**
Übungen 4, 5, 7

VI. **Das Adjektiv**
Übungen 1, 4, 6, 8, 9, 12, 29, 32